考える保険法

● 制度趣旨から見直す重要論点

吉澤卓哉・原 弘明
山下徹哉・野口夕子
Takuya Yoshizawa, Hiroaki Hara,
Tetsuya Yamashita, Yuko Noguchi

THINKING
ABOUT
INSURANCE
LAW

法律文化社

はしがき

　本書は、大学生、大学院生、保険実務家向けの、保険契約法に関する教科書です。この書籍の意図は、保険契約法に関する重要な法的論点について、制度の趣旨に立ち返って深く考えてみる契機を提供することにあります。そのため、第2部〜第4部の各章は、概説的な部分（「Ⅰ　基礎的な説明」）と、熟考を求める部分（「Ⅱ　考えてみよう」）とに分かれていますが、Ⅱの部分が中核であることはいうまでもありません。Ⅱの部分で取りあげた論点は、必ずしも学界において共通の理解が確立しているものではありませんので、様々な見解があり得るところです。本書の書名が「考える保険法」と謳っていることの由縁です。

　本書は、第1部（第1章および第2章）を読んだ上で、第2部以下のいずれかの章のⅠの部分を理解すれば、当該章のⅡの部分に取り組めるように構成されています。なお、第2部以下は、各種の保険契約類型に共通の規律（第2部）、損害保険契約に共通の規律（第3部）、人定額保険契約に共通の規律（第4部）に分かれています。

　第2部以下のⅡの部分で取りあげた論点は保険契約法における主要論点うちの一部に過ぎませんし、また、Ⅰの部分はⅡの部分を取り組むために必要な事項の説明にほぼ限定されています。そのため、本書は保険法全体を解説するものではありません（保険法全体の解説書を求めている読者には他の教科書をお勧めします）。

　このような異例ともいえる教科書の作成をご快諾いただいた法律文化社、および、丁寧に執筆者をご指導いただいた同社の舟木和久様に、この場を借りてお礼を申し上げます。

　　2024年10月

執筆者一同

目　　次

はしがき

図表目次

本書の使い方

第1部　保険総論

第1章　保険と保険契約 ……………………………………………… 2

1．保　　険　2

(1) 保険の仕組み(2)　　(2) 収支相等の原則(3)　　(3) 給付反対給付均等の原則(3)

2．保険契約　4

(1) 保険契約の定義(4)　　(2) 保険法における保険契約の分類(5)
(3) 保険の対象と保険給付方式に基づく保険契約の分類(7)　　(4) 保険契約の関係者(7)　　(5) 代表的な保険商品(9)

第2章　保険契約法の法源と保険契約 ……………………………… 12

1．保険契約法の法源　12

(1) 保険法(12)　　(2) 商　法(12)　　(3) 特別法(12)　　(4) 保険業法における私法規定(13)

2．保険法　13

(1) 保険法の構造(13)　　(2) 各規定の性格の相違(13)　　(3) 片面的強行規定(14)　　(4) 強行規定・任意規定の区別(15)

3．保険契約の契約内容　15

(1) 保険契約申込書(15)　　(2) 保険約款(16)

4．保険契約の流れ　16

iii

(1) 保険契約の成立(16) (2) 保険契約の変動(18) (3) 保険給付(20) (4) 保険契約の終了(21)

第2部　各種保険契約に共通の規律

第3章　保険約款 ……………………………………………… 24

Ⅰ. 基礎的な説明　24

1. 約款取引と約款規制　24

(1) 約款の意義とその必要性(24) (2) 約款の拘束力の根拠(25)
(3) 約款規制の必要性とその手法(25)

2. 約款による拘束力の発生　26

(1) 定型約款規定に基づく効力の発生(26) (2) 約款内容の表示義務(27) (3) 約款内容の変更(27)

3. 約款解釈　28

(1) 客観的解釈の原則(28) (2) 約款規定の趣旨(28) (3) 作成者不利の原則(28) (4) 裁判所による修正的解釈(29)

Ⅱ. 考えてみよう：保険約款に反する個別合意の拘束力　29

1. 約款の拘束力　29

2. 設　　例　29

3. 多様な考え方　30

(1) 設例1について(30) (2) 設例2について(31)

第4章　告知義務と告知義務違反 ……………………………… 34

Ⅰ. 基礎的な説明　34

1. 告知義務の必要性　34

2. 告知義務の内容　35

3. 告知義務違反の効果　36

(1) 総　説(36) (2) 解除権(36) (3) 保険者の免責と因果関係不存在特則(37) (4) 因果関係不存在特則の意義(38)

Ⅱ．考えてみよう：因果関係不存在特則における
　　　　　　　　　　因果関係の存否　40

1．因果関係不存在特則における因果関係の意義　40

2．設　　例　41

3．多様な考え方　42

(1)　告知事項と因果関係不存在特則(42)　　(2)　あり得る考え方：
因果関係不存在特則の適否(44)　　(3)　検討：因果関係不存在特則
の趣旨からの考察(44)

第5章　故意免責 ………………………………………………… 47

Ⅰ．基礎的な説明　47

1．故意免責の概要　47

(1)　故意の主体(47)　　(2)　故意の対象事象(47)

2．故意免責の趣旨　48

Ⅱ．考えてみよう：保険受益者の故意による
　　　　　　　　　　事故招致と公益違反　49

1．故意免責規定の強行性　49

2．設　　例　50

3．多様な考え方　52

(1)　設例1（保険金取得目的の殺人）について(52)　　(2)　設例2
（無理心中目的の殺人）について(52)　　(3)　設例3（保険金取得
目的の車両自損事故）について(54)　　(4)　設例4（自殺目的の車
両自損事故）について(55)　　(5)　設例5（意図的なホールインワ
ン）について(56)　　(6)　小括：一つの考え方(58)

第6章　重大事由解除 …………………………………………… 63

Ⅰ．基礎的な説明　63

1．保険契約と重大事由による解除権　63

2．解除要件となる重大事由　64

(1)　故意の保険事故招致またはその未遂行為（各1号）(64)　　(2)
保険給付請求についての詐欺またはその未遂行為（各2号）(64)

目　次　v

⑶　その他の信頼破壊行為〔各3号〕(66)

　3．解除の対象　　66

　4．解除の効果　　67

　5．重大事由解除と除斥期間・因果関係不存在特則　　68

Ⅱ．考えてみよう：反社会的勢力排除条項の有効性　　68

　1．反社会的勢力排除条項と重大事由解除　　68

　2．設　　例　　69

　3．多様な考え方　　70

　⑴　設例1について：反社条項の有効性と「反社会的勢力」該当要件(70)　　⑵　設例2について：反社会的勢力と「社会的に非難されるべき関係」(72)　　⑶　更なる検討(73)

第3部　損害保険契約に共通の規律

第7章　被保険利益と利得禁止原則……………………………………76

Ⅰ．基礎的な説明　　76

　1．損害保険契約特有の強行法ルール　　76

　2．被保険利益　　76

　3．利得禁止原則　　77

　⑴　利得禁止原則の趣旨(77)　　⑵　利得禁止原則の帰結(77)

Ⅱ．考えてみよう：被保険利益・利得禁止原則の弾力化　　78

　1．被保険利益・利得禁止原則における例外的取扱い　　78

　2．設　　例　　79

　3．多様な考え方　　80

　⑴　設例1について：他者に生じた損害(80)　　⑵　設例2について：費用損害発生の擬制(82)　　⑶　設例3について：建物損害発生の擬制(85)

第8章　偶然性要件と故意免責の関係 …………………………… 88

Ⅰ. 基礎的な説明　88

1. 「偶然」という概念　88

2. 保険給付要件における偶然性とその二つの意味　88

3. 傷害保険の偶然性要件と故意免責の関係　89

(1) 問題の所在(89)　(2) 判例法理(90)

4. 損害保険の偶然性と故意免責の関係　91

(1) 火災保険（個別列挙型）(91)　(2) 車両保険における水没事故（オール・リスク型）(92)　(3) 車両保険における盗難事故(93)

5. 判例法理の理解　94

Ⅱ. 考えてみよう：「偶然性」の意味の再考　95

1. 判例法理の再検討　95

2. 設　　例　95

3. 多様な考え方　96

(1) 設例1について：車両保険におけるひっかき傷(96)　(2) 設例2について：傷害保険における創傷(101)

第9章　保険代位 ………………………………………………… 104

Ⅰ. 基礎的な説明　104

1. 「保険代位」とは　104

2. 残存物代位　105

(1) 残存物代位の趣旨(105)　(2) 残存物代位の要件(105)　(3) 残存物代位の効果(106)

3. 請求権代位　107

(1) 請求権代位の趣旨(107)　(2) 請求権代位の要件(108)　(3) 請求権代位の効果(109)

Ⅱ. 考えてみよう：請求権代位と「対応の原則」　110

1. 「対応の原則」と権利移転の範囲　110

2. 設　　例　111

目　次　vii

３．多様な考え方　　112

⑴　設例１について：代位の対象となる権利(112)　　⑵　設例２について：項目別比較法と積算額比較法(114)　　⑶　更なる検討(115)

第10章　責任保険契約に関する特則 …………………………………117

Ⅰ．基礎的な説明　　117

１．責任保険契約　　117

２．責任保険は誰のために存在すると捉えるのか　　117

⑴　責任保険をめぐる当事者関係(117)　　⑵　責任保険に関する規律のあり方(118)

３．特別先取特権　　119

４．被保険者による保険給付請求権の権利行使要件　　119

Ⅱ．考えてみよう：被害者による請求と被害者の
ファースト・パーティ型保険者による請求との競合　　121

１．被害者のファースト・パーティ型保険者による請求権代位　　121

２．設　　例　　121

３．多様な考え方　　124

⑴　債権者と一部弁済代位者との優劣関係(124)　　⑵　被保険者と一部保険代位者との優劣関係(125)

第11章　事業者向け損害保険契約 ……………………………………130

Ⅰ．基礎的な説明　　130

１．消費者保護法としての保険法と事業者向け損害保険契約　　130

２．事業者向け損害保険契約と片面的強行規定の適用除外　　130

⑴　保険法における片面的強行規定の趣旨(130)　　⑵　事業者向け損害保険契約における片面的強行規定の適用除外(131)

３．保険法と海上保険法　　133

⑴　総　　説(133)　　⑵　海上保険契約における告知義務——自発的申告義務(133)

Ⅱ．考えてみよう：事業者向け損害保険契約における告知義務の
自発的申告義務化　　134

viii

1．任意規定としての保険法規定の効力　134

2．設　　例　135

3．多様な考え方　137

(1) 任意規定としての保険法4条の効力と商法820条の意味(137)
(2) あり得る考え方：保険法4条対商法820条(140)　(3) 検討(140)

第4部　人定額保険契約に特有の規律

第12章　被保険者同意と被保険者の解除請求権 ……………144

Ⅰ．基礎的な説明　144

1．被保険者同意　144

(1) 他人の生命の保険契約(144)　(2) 他人の生命の保険契約の要件：同意主義(144)　(3) 保険法における改正点(145)　(4) 関連規定(146)　(5) 立法が見送られた内容(146)　(6) 同意の方式(147)　(7) 同意の時期・遡及効の有無(148)

2．被保険者による解除請求　148

(1) 同意の撤回の可否(148)　(2) 保険法の対応(148)　(3) 保険者への直接請求の可否(149)

Ⅱ．考えてみよう：親族関係の変化と被保険者の解除請求　149

1．解除請求事由の多様性　149

2．設　　例　150

3．多様な考え方　151

(1) 設例1について(151)　(2) 設例2について(152)

第13章　保険金受取人の指定・変更 ……………………………156

Ⅰ．基礎的な説明　156

1．自己・第三者のためにする保険契約　156

2．固有権説　156

目　次　ix

3．保険金受取人変更権　　157

　　4．受取人変更の方法　　158

　　5．受取人変更の効力発生時　　158

　　6．遺言による受取人変更　　159

　　7．受取人先死亡　　159

　Ⅱ．考えてみよう：受取人先死亡・同時死亡　　160

　　1．保険法46条と判例法理との関係　　160

　　2．設　　例　　161

　　3．多様な考え方　　162

　　⑴　受取人先死亡(162)　　⑵　受取人の同時死亡(163)

第14章　自殺免責・自傷免責 ……………………………………166

　Ⅰ．基礎的な説明　　166

　　1．保険法・保険約款における自殺免責・自傷免責　　166

　　2．参考：自殺の実態　　167

　　3．自殺免責（・自傷免責）の趣旨　　168

　　⑴　自殺免責の趣旨に関する学説(168)　　⑵　最高裁平成16年判決(169)

　Ⅱ．考えてみよう：免責期間経過後の自殺　　170

　　1．免責事由とされる「自殺」の範囲　　170

　　2．設　　例　　170

　　3．多様な考え方　　171

　　⑴　設例1について(171)　　⑵　設例2について(172)

第15章　傷害保険 …………………………………………………175

　Ⅰ．基礎的な説明　　175

　　1．傷害保険の典型契約化　　175

　　2．傷害疾病定額保険契約における保険給付要件の定め方　　175

　　3．傷害保険契約における保険給付要件　　176

　　4．原因事故3要件　　177

(1) 原因事故の急激性(178)　(2) 原因事故の偶然性(178)　(3) 原因事故の外来性(178)

Ⅱ．考えてみよう：約款解釈と保険法規定との関係性　179

1．実体法規定の意味　179

2．設　　例　179

3．多様な考え方　180

(1) 偶然性要件と故意免責条項の関係(180)　(2) あり得る考え方：任意規定の意味(182)　(3) 検　討(182)

保険法条文、商法条文（抜粋）

判例索引

事項索引

図表目次

図表1－1：保険保護の対象と保険給付方法による保険の分類　8

図表1－2：保険契約の関係者　8

図表2　　：保険契約の流れ　17

図表3　　：誤説明と損害発生との事実的因果関係　32

図表4－1：告知義務違反の対象事実と因果関係のある保険事故（ケース1-1）　38

図表4－2：告知義務違反の対象事実と因果関係のない保険事故（ケース1-2）　38

図表4－3：告知義務違反の対象事実と因果関係があるか不明確な保険事故　41

図表5－1：故意の主体別の故意免責規定　48

図表5－2：対象事象自体の反公益性と保険給付の反公益性　58

図表6　　：各保険契約類型における1号事由　65

図表9　　：残存物代位と請求権代位の異同　104

図表10－1：直接請求権　118

図表10－2：被害者優先権　119

図表10－3：被保険者による保険給付請求権の行使方法　120

図表10－4：被害者の保険金先取特権とファースト・パーティ型保険者の
　　　　　　保険金先取特権の競合　123

図表12－1：設例1の人物関係図　150

図表12－2：設例2の人物関係図　151

図表13－1：設例1の人物関係図　161

図表13－2：設例2の人物関係図　161

図表14－1：自殺者数の年次推移　166

図表14－2：年齢階級別の自殺原因　167

図表15　　：傷害保険の保険給付要件　177

本書の使い方

1．学習の進め方

　まず、第1部（第1章および第2章）を学習してください。保険や保険契約や保険法の概要を学ぶことができます。

　その上で、第2部〜第4部を学習してください。第2部では各種保険契約に共通の規律を取りあげているのに対して、第3部および第4部では特定の保険契約に特有の規律を取りあげています。第2部〜第4部については、いずれの部、いずれの章から学習を開始することも可能です。ただし、第2部〜第4部のいずれの部・章においても、第1部を学習済みであることを前提としています。

　第2部〜第4部の各章を学習するに当たっては、各章の「I．基礎的な説明」を学習してください。その上で、当該章の「II．考えてみよう」に進んでください。IIの部分においては、Iの部分が理解していることを前提としています。Iの部分を理解した上で、IIの部分について深く考えてください。IIの部分で考えがまとまらない場合には、規定の趣旨に立ち返って検討してみてください。

2．さらに深く勉強する方法

　さらに深く勉強するには他の書籍や論文で学習することになりますが、本書は教科書であるため個別の記載において参照文献を明示していません。

　そのため、第1章の末尾には、保険全般に関する商学・経済学に関する書籍を、第2章の末尾には、保険法全般に関する書籍を参考文献として掲載しました。第2部以下に関しても、これらの参考文献の該当箇所を学習することが可能です。

　また、第2部以下の各章のIIの部分に特に関連する文献（主に論文や判例評釈）は、当該章の末尾に掲載しました。さらに深く学習するには、こうした文献を参照することをお勧めします（当然のことながら、こうした文献を参照しながら、執筆者は担当章を執筆しています）。

3．法令名および条文番号の表記

　本書は保険法（平成20年法律56号）に関する教科書ですので、文中の括弧書においては、単に条文番号を示し、「保険法」とは記載しないことを原則としています。ただし、他の法令条文と紛らわしい場合には、あえて「保険法」と明記しています。

　また、同一法令の複数の条文番号を列挙する場合には、原則として、読点（「、」）で区切っています。ただし、保険法の条文であって、2章〜4章に共通する条文、また

xiii

は、3章および4章に共通する条文については、中点（中黒ともいう。「・」）で区切っています（例：「告知義務およびその違反時の解除に関する規定（4条・37条・66条、28条・55条・84条）においては、・・・」）。

4．判例集略称

判例集の略称は以下の通りです。なお、最高裁判所のウェブサイト（https://www.courts.go.jp/app/hanrei_jp/search1）においても、多くの裁判例を無料で閲覧することが可能です。

【大審院時代】
　民集：大審院民事判例集
　民録：大審院民事判決録
　新聞：法律新聞
　判決全集：大審院判決全集
【最高裁判所時代】
　民集：最高裁判所民事判例集
　裁判集民：最高裁判所裁判集民事
　金判：金融・商事判例
　金法：金融法務事情
　交民：交通事故民事裁判例集
　自保：自動車保険ジャーナル／自保ジャーナル
　生判：生命保険判例集
　判時：判例時報

5．参考文献

本書全体の商学・経済学関係の参考書籍を第1章末尾に、本書全体の法学関係の参考書籍を第2章末尾に掲載しています。

さらに、第3章以下の各章のⅡに関する参考文献であって、第2章末尾掲載の書籍以外のものを、各章末尾に掲載しています。

6．条文掲載

巻末に保険法と海上保険法（商法第3編第7章）の条文を掲載しています。

第 1 部

保険総論

第1章　保険と保険契約

1．保　　険

(1)　保険の仕組み

　人（経済学においては、家計）は、生活する上で様々な経済的損失を受けるリスクを抱えている。たとえば、家族の生計を立てなければならないのに早く死亡するリスクや、保有する住宅・自動車が火災・盗難などにあうリスクである。

　また、企業も、事業を営む上で様々な経済的損失を受けるリスクを抱えている。たとえば、カリスマ社長に頼っている企業において当該社長が早く死亡するリスクや、保有する施設・店舗・工場が火災・盗難などにあうリスクである。

　そのため、このような経済的損失のリスクが現実化した場合の対処方法が必要になる。予め預金や準備金積立をしておくなどして、リスクが現実化したときに備える方法もある（事故の発生確率等に基づいて準備金を積み立てることを自家保険という）。

　しかし、預金や準備金が十分に積み上がる前に事故が発生してしまうかもしれない。また、そもそもリスクは必ずしも自分だけで抱え込む必要はない。

　そこで、保険という経済制度が考案された。具体的には、(a)リスクを抱えている者（保険契約者）が他者（保険者）に対してリスクを移転し、(b)リスク移転の対価として保険契約者が保険者に拠出を行う（一般にこの拠出は金銭で行われるが、当該金銭を保険料という）。(a)′ そして、リスクが現実化して保険契約者に経済的損失が発生した場合には、保険者は保険契約者に対して保険給付（一般にこの保険給付は金銭で行われるが、当該金銭を保険金という）を行う。

　このようにすれば保険契約者は自己のリスクを他者に移転させることができる（リスク移転）。また、その結果として、保険契約者間のリスクは分散される

ことになる（リスク分散）。他方、(c)保険者は多数の保険契約者から同質のリスクを移転してもらい、同質のリスクを集積させることで、リスクが現実化する可能性を予測可能なものにすることができる（リスク集積）。(d)そして、保険料総額（正確には、純保険料の総額）が予測可能な総支払見込額に見合うように、保険者は保険料を保険契約者から徴収する（収支相等の原則）。

　このような仕組みを保険と呼ぶ。保険を利用する者は、事故の発生（および、発生時の損害の程度）自体が予測困難なリスク（保険引受リスクという）や、事故の発生（および、発生時の損害の程度）は確実だが発生時期が予測困難なリスク（タイミングリスクという）に備えることができる。そして、こうしたリスクを保険料という費用に変換することができる。

(2)　収支相等の原則

　保険者は保険契約者のリスクを引き受ける代わりに、保険契約者から保険料を受け取る。

　保険料に、保険契約者から移転するリスクに応じた部分（純保険料）と、保険契約の締結・維持や保険金の支払に必要な保険者のコストや保険者の利潤となる部分（付加保険料）から構成される。個々の保険者において、個々の保険商品毎に（このような保険契約の集まりを保険集団という）、純保険料の総額は見込み支払保険金の総額と釣り合うように算出されていなければならない。これを収支相等の原則と呼ぶ。収支相等の原則が実現可能なのは、保険者が過去データ等に基づく将来予測とリスク集積に基づく大数の法則・中心極限定理を利用して、リスクの現実化によって発生する見込み支払保険金の総額をある程度予測することが可能だからである（ただし、実際には純保険料の保険収支が完全にゼロとなる（あるいは、予定額となる）ことは保証されていない）。けれども、集積するリスクが多ければ多いほど、大数の法則や中心極限定理によって分散（予定された保険収支からの乖離・ばらつき）は小さくなる。

(3)　給付反対給付均等の原則

　理念的には、ある保険契約者が保険契約について支払う純保険料が、当該保険契約が担保する当該保険契約者のリスクに関する損失発生の期待値（すなわ

ち、当該保険契約者の事故時の平均発生損失額×当該保険契約者の事故発生確率）と釣り合っているという原則である。保険集団に属する保険契約者全員のリスクが全て同一であると仮定した上で、収支相等の原則を変形すると給付反対給付均等の原則となる。

現実の保険集団においては、個々の保険契約者における事故発生確率は同一ではない（また、保険給付額が一定である保険（これを定額保険という）でなければ、事故発生時の平均損失額も同一ではない）。そのため、同一の保険集団内部においても、給付反対給付均等の原則は、保険契約締結時点において既に成立していない。つまり、同一の保険集団内部には、平均的なリスクの保険契約者のみならず、よりリスクの低い保険契約者（グッドリスクという）や、よりリスクの高い保険契約者（バッドリスクという）が混在しているのである（つまり、グッド・リスクの保険契約者からバッドリスクの保険契約者への、実質的な資金移転が行われていることになる。これを経済学では内部補助という）。

２．保険契約

⑴　保険契約の定義

保険法２条１号は、保険契約を「保険契約、共済契約その他いかなる名称であるかを問わず、当事者の一方が一定の事由が生じたことを条件として財産上の給付（生命保険契約及び傷害疾病定額保険契約にあっては、金銭の支払に限る。以下、「保険給付」という。）を行うことを約し、相手方がこれに対して当該一定の事由の発生の可能性に応じたものとして保険料（共済掛金を含む。以下同じ。）を支払うことを約する契約をいう。」と定義する。

この定義の中には、前述した保険の要素（前述(a)～(d)）のうち、①保険契約者が保険者に保険料を支払うこと（前述(b)を金銭で行うこと）、②一定の事由が生じた場合に保険者が保険給付を行うこと（前述(a)および(a)'）が明示されている。

また、保険法は私保険を規律の対象としているので、保険関係は契約によって成立する。そのため、③保険料と保険金が契約を通じて結び付けられていること（「……を約し、相手方がこれに対して……を約する契約をいう。」という文言）が同号の定義で明示されている。ちなみに、保険は公保険と私保険に分類するこ

とができるが、保険法は私保険を規律対象とするものであり、公保険を規律対象としていない。公保険では保険関係は必ずしも契約によって成立するものではないため、公保険も包含する保険概念としては、保険契約の締結自体は要件ではない。

なお、収支相等の原則（前述(d)、1(2)）や給付反対給付均等の原則（前述1(3)）が保険契約の要素に含まれているかは争いがあり、明示的な文言はないが当然の前提として含まれていると解する説が有力である。他方、両原則を保険契約の要素と考えると、保険の名を冠した詐欺商法のように、保険制度が成り立っていないような商品については保険契約者・被保険者保護が機能しなくなるとして、保険契約の要素と考えない立場もある。

ただし、収支相等の原則（前述(d)）やリスク集積（前述(c)）は保険（集団）全体について求められる原則であって、個々の保険契約について求められるものではない。そのため、個々の保険契約に関する同号の定義では触れられていないとも考えられる。また、給付反対給付均等の原則は、そもそも保険の要件ではないので（前述1(3)）、同号の定義に織り込まれていないとも考えられる。

(2) 保険法における保険契約の分類

保険法は、保険契約を３種類に分類する。損害保険契約、生命保険契約、傷害疾病定額保険契約である。

㋐ 損害保険契約

損害保険契約は、保険契約のうち、保険者が一定の偶然の事故によって生ずることのある損害をてん補することを約するものをいう（2条6号。漢字では「塡補」または「填補」と記す。商法の海上保険においては「塡補」と記されている。商法815条1項参照）。

損害保険契約の下位類型のうち、保険法は次の損害保険契約に関して特別の規定を置いている（なお、これらの下位類型の損害保険契約は、損害保険契約を網羅するものではない）。

(a)物保険

物保険契約とは、有体物を対象として、当該有体物の経済的価値を被保険利益とする損害保険契約のことである（ただし、法文に明示されていない）。火災保

第1章　保険と保険契約　5

険は物保険の一種である。そして、物保険における付保対象物のことを「保険の目的物」という（6条1項7号）。この物保険特有のみに適用される規定として、保険法9条（超過保険）、10条（保険価額の減少）、15条（保険の目的物の減失）、18条2項（損害額の算定）、19条（一部保険）、24条（残存物代位）がある。また、物保険のうちの火災保険にのみ適用される規定として保険法16条（火災保険の特則）がある。

　(b)責任保険

　「責任保険契約」とは、被保険者の損害賠償責任負担損害（損害賠償責任を負うことによって生ずることのある損害）をてん補する損害保険契約のことである（17条2項）。

　(c)傷害疾病損害保険

　「傷害疾病損害保険契約」とは、「人の傷害疾病によって生ずることのある損害（当該傷害疾病が生じた者が受けるものに限る。）をてん補する」損害保険契約のことである（2条7号）。この傷害疾病損害保険契約のみに適用される規定として、保険法第2章第5節（34条・35条）がある。

　(d)海上保険

　「海上保険契約」とは、航海に関する事故によって生ずることのある損害をてん補する損害保険契約のことである（保険法36条1号、商法815条1項）。海上保険のみに適用される規定として、保険法36条1号、商法815条〜830条がある。

　(イ)　生命保険契約

　生命保険契約は、「保険契約のうち、保険者が人の生存または死亡に関し一定の保険給付を行うことを約するもの（傷害疾病定額保険契約に該当するものを除く。）」をいう（2条8号）。ただし、金銭給付方式のものに限定される（2条1号）。

　生命保険契約は、死亡保険（被保険者の死亡を保険事故とする生命保険。たとえば、定期保険、終身保険）と、生存保険（被保険者の一定時期における生存を保険事故とする生命保険。たとえば、年金保険）に大別することができる。なお、生死混合保険（被保険者の死亡および一定時期における生存を保険事故とする生命保険。たとえば、養老保険）も存在するが、必要に応じて死亡保険部分と生存保険部分と

に分けて検討すればよい。

死亡保険のみに適用される規定として、保険法38条（被保険者同意）、39条（遡及保険）、45条（保険金受取人変更についての被保険者同意）、50条（被保険者死亡の通知）、51条（保険者免責）、57条（保険者免責）1号、58条（被保険者による解除請求）、60条〜62条（介入権）がある。

㋒　傷害疾病定額保険契約

傷害疾病定額保険契約は、「保険契約のうち、保険者が人の傷害疾病に基づき一定の保険給付を行うことを約するもの」をいう（2条9号）。ただし、金銭給付方式のものに限定される（2条1号）。

保険法は傷害疾病定額保険について下位類型を規定していないが、保険給付が死亡給付のみである傷害疾病定額保険契約にだけ適用される規定として、保険法67条（被保険者同意）2項、74条（保険金受取人変更についての被保険者同意）2項がある。

(3)　保険の対象と保険給付方式に基づく保険契約の分類

保険契約を保険の対象から分類すると、財産の損害が生じた場合に保険金を支払う財産保険と、人の生死・傷害・疾病などが生じた場合に保険金を支払う人保険に大別することができる。

また、保険契約を保険給付の方法から分類すると、発生した損害額を限度に保険給付を行う損害てん補の保険と、損害額の有無・多寡にかかわらず、保険契約で予め定められた一定額を保険給付する定額給付の保険とがある。

保険法における保険契約の分類をこれらの区分に対応させると、損害保険契約は損害てん補給付方式の保険の全てである（人保険か財産保険かを問わない。なお、傷害疾病損害保険契約は、損害保険のうちの人保険のうちの一定のものである）。生命保険契約および傷害疾病定額保険契約は人保険かつ定額給付方式の保険ということになる（図表1−1参照）。

(4)　保険契約の関係者

保険法は、保険契約の関係者について、以下のような定義規定を置いている。

【図表 1 － 1：保険保護の対象と保険給付方法による保険の分類】

		保険給付方法			
		定額給付方式 ＝「定額保険契約」		損害てん補給付方式 ＝「損害保険契約」	
		金銭給付	現物給付	金銭給付	現物給付
保険保護 の対象	人　間 ＝人保険	【P類型】 ①「生命保険契約」 ②「傷害疾病定額保険契約」 ③非典型契約	【Q類型】 非典型契約	【R類型】 「損害保険契約」	【S類型】 「損害保険契約」
	財　産 ＝財産保険	【T類型】 NA	【U類型】 NA	【V類型】 「損害保険契約」	【W類型】 「損害保険契約」

(筆者作成)

「保険者」とは、「保険契約の当事者のうち、保険給付を行う義務を負う者」をいう（2条2号）。

「保険契約者」とは、「保険契約の当事者のうち、保険料を支払う義務を負う者」をいう（2条3号）。

「被保険者」とは、損害保険契約においては「損害保険契約によりてん補することとなる損害を受ける者」（2条4号イ）、生命保険契約においては「その者の生存または死亡に関し保険者が保険給付を行うこととなる者」（同号ロ）、傷害疾病定額保険契約においては「その者の傷害または疾病（以下「傷害疾病」という。）に基づき保険者が保険給付を行うこととなる者」（同号ハ）をいう。

「保険金受取人」とは、「保険給付を受ける者として生命保険契約または傷害疾病定額保険契約で定めるもの」をいう（2条5号）。

以上を整理すると図表1－2の通りとなる。「被保険者」という法令用語が、損害保険契約と、生命保険契約・傷害疾病定額保険契約とでは異なる意味に定

【図表 1 － 2：保険契約の関係者】

	損害保険契約	生命保険契約 傷害疾病定額保険契約
保険の受益者	「被保険者」	「保険金受取人」
保険の対象物・対象者	「保険の目的物」	「被保険者」

(筆者作成)

義されていることに注意を要する。

(5) 代表的な保険商品

(ア) 損害保険

損害保険会社の販売する損害保険商品には、家計向け商品と事業者向け商品
とがある。

家計向け保険商品としては、家計向け自動車保険、住宅火災保険、家計向け
賠償責任保険、旅行・ゴルフなど特定の活動に関する保険商品がある。

自動車保険は、対人事故における賠償責任を補償する対人賠償（責任）保
険、対物事故における賠償責任を補償する対物賠償（責任）保険、搭乗者等の
人身損害を補償する人身傷害（補償）保険、事故や盗難による車両損害を補償
する車両保険などから構成される。なお、対人賠償に関しては、自動車損害賠
償保障法（以下、自賠法という）に基づく強制加入制度が採られている自動車損
害賠償責任保険（自賠責保険）があるが、自動車保険の対人賠償保険は自賠責
保険の上乗せ保険となる。なお、強制保険である自賠責保険との対比で、これ
と別個に締結される自動車保険を任意保険と呼ぶことがある。

住宅火災保険は、住宅やその家財の火災・落雷・水災・日常災害リスクに
よって生じる損害を補償する保険である（水災危険に関しては特約方式となってい
ることが多い）。なお、地震や地震によって生じた火災による損害については住
宅保険でも保険金支払の対象とならない（別途、（家計向け）地震保険が用意され
ている。任意加入）。

家計向け賠償責任保険は、日常生活における被保険者の偶然な事故によって
他人の身体・財産などに損害を生じさせた場合に、その賠償責任負担損害を補
償する保険である。

事業者向け保険商品としては、事業者向け自動車保険、事業者向け火災保
険、事業者向け賠償責任保険（PL保険、D&O保険など）、利益保険・費用保険
などがある。

(イ) 生命保険

生命保険会社の販売する生命保険商品にも、家計向け商品（個人保険）と企
業保険とがある。

第1章 保険と保険契約 9

家計向け保険商品としては、死亡保障（や財産形成）を目的とする死亡保険、貯蓄性の高い養老保険、老後の生活保障を目的とした年金保険などがある。

　死亡保険は、終身保険と定期保険に大別される。終身保険は保険期間が被保険者の一生涯にわたって継続して必ず保険事故（＝被保険者の死亡）が発生するため（つまり、必ず死亡保険金が支払われる）、貯蓄性を有する保険商品である。これに対し定期保険は、保険期間が一定期間内に限られるため（したがって、保険期間中に被保険者が死亡せず、死亡保険金が支払われないことがある）、被保険者の早期の死亡による遺族の生活保障などが目的とされる。

　養老保険は、死亡保険と、被保険者が一定の期間生存した場合の生存給付金支給とを組み合わせた生死混合保険であり、死亡保険金または生存保険金のいずれかが必ず支払われるので貯蓄性を有する。

　個人年金保険は、一定の期間保険料を払い込むか一時払いすると、年金支払開始時から一定期間（または、終身にわたり）、一定額が保険金として支払われる仕組みの保険である。また、扶養者が保険契約者、子どもを被保険者とする生存保険と、扶養者を被保険者とする定期保険を組み合わせ、子どもの教育費用と扶養者の死亡時の保障を確保するための子ども保険も販売されている。

　生命保険のうち企業保険には、一定の企業・団体が保険契約者となり、その所属員を被保険者とし、当該被保険者またはその遺族が保険金を受け取ることが原則である団体生命保険・団体年金保険や、役員や幹部従業員を被保険者とし、団体が保険金受取人となる役員保険（キーマン保険）などがある。

　なお、保険金額は固定されていることが多いが、払い込まれた保険料資産の運用実績に応じて保険金額が変動する変額保険も存在する。

　㈡　傷害疾病保険

　傷害疾病保険は、損害てん補の商品であろうと定額給付の商品であろうと、いわゆる「第三分野の保険」として、損害保険会社・生命保険会社とも引き受けることができる（保険業法3条4項2号・3条5項2号）。

　定額給付の保険としては、傷害による入通院・死亡・後遺障害などを保障する傷害保険や、特定の疾病による入院・死亡・高度障害などを保障する疾病保険（たとえば、がん保険・三大疾病保険）や、傷害や疾病による入院や手術等を保障する医療保険などがある。損害てん補の保険としては、たとえば、海外旅行

保険における傷害治療費用保険や疾病治療費用保険がある。

（原　弘明＝吉澤　卓哉）

〈本書全体に関する参考書籍（商学・経済学）〉

下和田功編『はじめて学ぶリスクと保険〔第5版〕』（有斐閣、2024年）

諏澤吉彦『リスクファイナンス入門』（中央経済社、2018年）

諏澤吉彦『基礎からわかる損害保険の理論と実務』（保険毎日新聞社、2023年）

近見正彦ほか編『保険学〔補訂版〕』（有斐閣、2016年）

中出哲ほか監修『基礎からわかる損害保険』（有斐閣、2018年）

ニッセイ基礎研究所編『概説 日本の生命保険』（日本経済新聞出版社、2011年）

S. E. ハリントン＝G. R. ニーハウス（米山高生監訳）『保険とリスクマネジメント』（東洋経済新報社、2005年）

松澤登『はじめて学ぶ生命保険』（保険毎日新聞社、2021年）

柳瀬典由ほか『リスクマネジメント』（中央経済社、2018年）

家森信善編著『はじめて学ぶ保険のしくみ〔第3版〕』（中央経済社、2020年）

米山高生『リスクと保険の基礎理論』（同文舘出版、2012年）

第2章　保険契約法の法源と保険契約

1. 保険契約法の法源

(1) 保険法

　保険契約も保険契約者と保険者との間の契約であるから、民法の適用がある。もっとも、保険契約に関する法規制の多くは、民法の特別法である保険法によってなされている。第1章で述べた通り、保険法は、保険契約の成立・変動・終了、保険給付について規定を置いている。

　保険法（平成20年法律第56号）は平成22年（2010年）4月1日に施行された。保険法の規定は、施行日以後に締結された保険契約について適用されるのが原則であり（保険法附則2条。ただし同3条から6条までに経過措置が定められている）、保険法施行日以前に締結された保険契約については、平成20年改正前商法が適用される。

(2) 商　法

　海上保険契約については、保険法の特別法として、商法第3編海商第7章海上保険（商法815条以下）が存在する。保険法（平成20年法律第56号）制定時には運送法・海商法の改正（平成30年法律第29号）が実現しておらず、海商法の一部である海上保険に関する規定もその見直しとあわせて検討されることとなったため、海上保険契約法改正時期は保険法制定時期と異なっている。

(3) 特別法

　海上保険契約以外でも、一定の種類の保険契約には、保険法の特別法が制定されている。たとえば、自動車損害賠償責任保険・同共済に関する自動車損害賠償保障法（以下、自賠法という）や、原子力損害賠償責任保険に関する原子力損害の賠償に関する法律、タンカーや一般船舶の油濁損害賠償保障契約および

難破物除去損害賠償保障契約に関する船舶油濁損害等賠償保障法がある。

(4) 保険業法における私法規定

保険業法においては、公法規定が大半を占めるが、保険者・保険契約者間の契約条件の変更手続（保険業法240条の2以下）、保険契約のクーリング・オフ（同法309条）などの保険契約に関する私法規定も置かれている。

2. 保険法

(1) 保険法の構造

保険法は、第1章総則・第2章損害保険・第3章生命保険・第4章傷害疾病定額保険・第5章雑則と附則からなる。

第1章では、保険法の趣旨と各種定義規定が設けられている。

第2章・第3章・第4章では、各保険契約類型に応じて、その成立（各章第1節）、効力（各章第2節）、保険給付（各章第3節）、終了（各章第4節）に分けて各種規定が置かれている。なお、前述した通り傷害疾病損害保険契約については損害保険契約の特則が置かれており（34条・35条）、また、一部の損害保険契約については片面的強行規定の適用除外規定が設けられている（36条）。第3章と第4章は共に人定額保険であり、両章の規律内容は類似性が高い。

第5章には消滅時効（95条）・保険者の破産（96条）の各規定が置かれている。附則には主として保険法・改正前商法のいずれの規定がどの保険契約に適用されるかが定められている。

(2) 各規定の性格の相違

保険法の規定は、任意規定・（絶対的）強行規定・片面的強行規定の3種類に分類される。任意規定とは、保険契約の当事者が合意すれば、その規定を適用しないことが認められるような規定を指す。言い換えれば、当事者が任意規定と異なる契約内容（特約）を定めた場合も、当該契約内容は有効である。（絶対的）強行規定とは、その規定に反する契約内容（特約）が認められないような規定を指す。

これらに対し、片面的強行規定とは、その規定に反する特約で保険契約者等

第2章 保険契約法の法源と保険契約 **13**

に不利なものは無効とされるような規定を指す。（絶対的）強行規定とは異なり、保険契約者等に有利であって保険者に不利な特約を定めることは妨げられない。

(3) 片面的強行規定

保険法には、片面的強行規定が多く設けられている（片面的強行規定であることを規定する条文は第2章〜第4章の各節の末尾の条文である。すなわち、損害保険契約につき7条・12条・26条・33条、生命保険契約につき41条・49条・53条・65条、傷害疾病定額保険契約につき70条・78条・82条・94条である）。

本来保険契約も保険契約者・保険者間の契約である以上、契約自由の原則（民法521条2項）の範囲内にあるはずである。そうである以上、保険法の内容と異なる契約内容を定めた場合には、当該契約内容が優先するのが原則となるはずである（このような法規定を任意規定と呼ぶ）。

しかし、第1章で前述したような保険の仕組みを用いて保険制度が成立している以上、保険契約の内容は画一的かつ詳細である必要がある。そのため、保険者は多数の契約条項を保険約款として定めており、保険契約者は保険約款の内容を契約内容として受け入れるか、保険契約を締結しないかの二者択一を迫られることになる（保険契約の附合契約性と呼ばれる）。この関係に乗じて、保険者が自己に有利で保険契約者等に不利な約款条項を挿入するおそれがあるため、特に片面的強行規定が設けられているのである。

すなわち、片面的強行規定とは、保険契約の内容が片面的強行規定で規定する内容よりも保険契約者（・被保険者・保険金受取人）に不利である場合には、当該約款条項を無効とする規定である。その場合には、当該約款条項は無効となるので、片面的強行規定に規定されている内容が当該保険契約関係に適用されることになる。なお、保険契約の内容が片面的強行規定で規定する内容よりも保険契約者側に有利である場合には、当該約款条項が有効なものとして当該保険契約関係に適用される。

ただし、片面的強行規定は民法における契約自由の原則（民法521条2項）を修正するものであるため、民法の原則をそのまま適用すべき保険契約には片面的強行規定性は付与されない。そのような保険契約は一部の損害保険契約に認

められる（36条。詳細は第11章を参照）。同条が適用される損害保険契約に関しては、片面的強行規定性が付与されないため、他の保険契約について片面的強行規定となる条項は任意規定として適用されることになる。なお、人定額保険契約である生命保険契約および傷害疾病定額保険契約には片面的強行規定の適用除外は存在しない。また、損害保険契約のうち傷害疾病損害保険契約は常に適用除外とならない（36条4号括弧書）。

(4) 強行規定・任意規定の区別

　保険法では片面的強行規定については明文の規定がある（第2章～第4章の各節の末尾の条文）。片面的強行規定でない規定は、法からの逸脱を許さない（絶対的）強行規定、または、当事者間の特約を認める任意規定のいずれかであることになる。けれども、どの規定が（絶対的）強行規定であるのか、または、任意規定であるのかについての明文の規定はなく、各条文の制度趣旨に応じて解釈上振り分けられることになる（絶対的強行規定と任意規定の区別が明示されていない点は、保険法に限ったことではない）。

　保険法の立案担当者は、①規定の内容からして当該規定に反する特約が他の法律との関係で認められないものの例として、責任保険の先取特権の規定（22条）や、第三者も含めた法律関係を定める介入権の規定（60条～62条・89条～91条）、②規定の趣旨が公序の点にあるため、当該規定に反する特約が認められないものの例として被保険者の同意（38条・67条）、被保険者による解除請求（34条・58条・87条）を挙げている。

3．保険契約の契約内容

　保険契約の契約内容は、保険契約者等が保険契約申込書に記載し、保険者が承諾した事項と、当該保険契約に適用される保険者作成の保険約款により構成される。

(1) 保険契約申込書

　保険契約申込書には、保険契約者・被保険者・保険金受取人などを特定する事項や主要な契約内容（保険者が予め印刷されたものを用意してくることも多い）、

重要事項・主要な契約内容について説明を受けた旨のチェック欄、当該保険契約の契約内容が保険約款によることを承諾する旨のチェック欄などが設けられている。これによって、保険契約者が保険契約の内容を理解した上で契約を締結する意思が書面上明確になるとともに、他人の生命の保険契約・傷害疾病定額保険契約の効力要件である被保険者の同意などもあわせて得ることができる。

(2) 保険約款

保険約款には、同種の保険契約に共通して適用される普通保険約款と、個別の保険契約者・被保険者のニーズに応じて付帯される特約とがある。特約には基本的な保険商品に付帯する別の保険商品のほか、保険でカバーする対象を制限したり拡張したりするもの（一定の事故・疾病・身体部位に関しては保険給付の対象外とすることなど）も含まれる。

4．保険契約の流れ

保険募集から保険契約の終了までの流れは、おおよそ図表2のようになる（保険契約の変動を除く）。

(1) 保険契約の成立

㋐ 保険募集・保険契約の申込み

まず、保険会社などが主体となって、保険契約者となろうとする者に保険募集を行う。保険商品の販売主体としては、保険会社の従業員である営業職員・直販社員、および、保険会社が保険募集を委託している保険代理店（なお、いわゆる銀行窓販の場合には、当該銀行が保険代理店となっている）が中心となっている。なお、電話販売やネット販売（インターネットを用いた保険販売）においては、保険会社の従業員が販売していることもあれば、保険代理店が販売していることもある。

保険契約の締結に際しては、保険者側は保険契約者に対し、保険契約締結の判断に必要となる重要な事項を説明する信義則上の義務を負う（なお、保険会社は、保険監督法上の情報提供義務や意向把握義務も負っている。保険業法294条、294

16　第1部　保険総論

【図表2：保険契約の流れ】

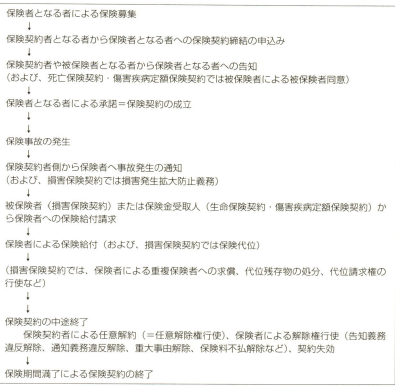

(筆者作成)

条の2）。

　なお、損害保険代理店（保険業法275条1項2号参照）は損害保険会社から契約締結の代理権を授与されていることが多いが、生命保険会社の営業職員（生命保険募集人。同条1項1号参照）は、生命保険会社から契約締結の代理権を授与されていないことが通常である。

　その上で、保険契約者となろうとする者は、保険者に対し保険契約の締結を申し込む。

第2章　保険契約法の法源と保険契約　17

(イ) 告　知

　保険契約者または被保険者になる者は、保険契約の締結に際し告知義務を負う（4条・37条・66条）。死亡保険の場合、必要に応じて医師による診査も行われる。保険者は告知内容に基づいて、保険引受の可否および保険料率等の保険引受条件を判断する。

(ウ) 保険契約の締結

　保険者が保険契約の申込みを承諾した場合、保険契約が成立する。

　保険契約が成立すると、保険者は保険契約者に対し、一定の事項を記載した書面（一般には保険証券と称されている）を交付しなければならない（6条・40条・69条）。これらの規定は任意規定であるので、保険者・保険契約者間の合意によりペーパーレス（保険証券不発行）とすることも可能である。

(エ) 被保険者同意

　保険契約者以外の者を被保険者とする死亡保険契約・傷害疾病定額保険契約を締結するには、被保険者同意が必要である（38条・67条）。被保険者同意は契約の成立要件ではなく効力要件と解されており、被保険者同意を欠くこれらの保険契約は効力を生じない。

(2)　保険契約の変動

(ア) 保険契約者の変更（保険契約の譲渡）

　保険契約者の変更（保険契約の譲渡）については保険法上特に規定はない。一般法である民法では、契約の当事者の一方が第三者との間で契約上の地位を譲渡する旨の合意をした場合において、その契約の相手方がその譲渡を承諾したときは、契約上の地位は、その第三者に移転する旨定められている（民法539条の2）。

　なお、生命保険契約においては、約款上被保険者の同意を要する旨も規定されていることが多い（保険法にはその旨の規定が存在しない）。

(イ) 保険の対象に関する変動

　自動車保険における被保険自動車の買替えの場合などには、従来の自動車保険の等級を維持できるための車両入替制度が設けられている。

(ウ)　危険の減少・増加

　損害保険契約においては、締結後の保険価額の著しい減少（10条）があった場合、保険契約者は、保険者に対し将来に向かって保険料の減額を請求できる。損害保険・生命保険・傷害疾病定額保険における危険の著しい減少（11条・48条・77条）があった場合も同様である。また、告知事項につき危険が増加した場合、保険契約者・被保険者の通知がなければ解除事由となる可能性がある。保険法は、保険料の増額によって保険契約を維持できる場合に関する定めのみを置いている（29条1項・56条1項・85条1項）。一方で、危険増加により引受けが不可能になる場合や、一定の契約条件（特定の疾病や部位を不担保とする特約など）を付加する場合については、保険法には特に規定はなく、約款規定や解釈に委ねられることになる。

(エ)　保険金受取人の変更

　生命保険契約・傷害疾病定額保険契約においては、保険契約者は保険事故・給付事由が発生するまで保険金受取人を変更できる（43条・72条）。保険金受取人の変更は、遺言によってもできる（44条・73条）。この場合には、被保険者の同意が効力要件となる（45条・74条）。

(オ)　保険給付請求権の譲渡・質入れ

　死亡保険契約・傷害疾病定額保険契約における保険給付請求権は、譲渡・質入れすることができる。この場合にも被保険者の同意が効力要件となる（47条・76条）。

(カ)　保険契約者の破産等・介入権

　保険契約者の差押債権者・破産管財人等は、生命保険契約を解除できる（差押債権者につき民事執行法155条1項、最高裁平成11年9月9日判決・民集53巻7号1173頁。破産管財人につき破産法53条1項。効力発生日につき保険法60条1項・89条1項）。この場合、保険金受取人は、保険契約者の同意を得て、解除権者に対して支払うべき金額を解除権者に支払い、保険者に通知したときは、解除は効力を生じない（各条2項）。これを介入権と呼ぶ。

第2章　保険契約法の法源と保険契約　19

⑶　保険給付

㋐　事故発生の通知・保険給付請求

損害保険契約においては、保険契約者・被保険者は保険者に対し事故発生の通知義務を負う（14条）とともに、損害の発生・拡大の防止義務を負う（13条）。生命保険契約のうち死亡保険契約の場合は保険契約者・保険金受取人に（50条）、傷害疾病定額保険契約の場合には保険契約者・被保険者・保険金受取人に（79条）、事故発生の通知義務が課されている。

損害保険契約の被保険者、生命保険契約・傷害疾病定額保険契約の保険金受取人は、保険給付の請求を行う。また、生命保険契約・傷害疾病定額保険契約の場合には、保険金受取人が保険給付請求を行うことが現実的に困難である場合もあることから指定代理請求人制度が設けられている場合も多い。

㋑　保険給付

保険給付の請求を受けた保険者は、必要に応じて調査を行った上で、保険金の支払などの保険給付を行う。保険給付要件に該当する保険事故が発生し、かつ、保険者免責事由に該当しない場合には、保険金請求権者が保険者に対して保険給付を請求すると、保険者が保険給付を行うことになる。他方、保険給付要件を充足しない場合や、保険契約者等に免責事由があると判断した場合には、保険者は保険給付を拒絶する。

保険給付要件は保険約款で規定されている。他方、保険者免責事由は、法定のもの（17条・51条・80条）と、保険約款で規定されているものとがある。

なお、保険金請求に関する紛争が裁判で争われる場合、保険事故が保険給付要件に該当することの立証義務は保険金請求者側にあり、保険者免責事由に該当することの立証義務は保険者側にあるとされている（大審院大正14年11月28日判決・民集4巻677頁）。

㋒　重複保険の求償、保険代位

損害保険契約の場合、超過重複保険状態にある場合に「自己の負担部分」を超えて保険給付を行うと、保険者は他の保険者に対し求償権を有する（20条2項）。そのため、他の保険者に対する求償を行うことになる。

また、損害保険契約の場合、保険者は保険目的物の物権（残存物代位。24条）や被保険者が取得する債権（請求権代位。25条）につき当然に被保険者に（保険）

代位する。そのため、残存物代位した保険の目的物の処分を行ったり、請求権代位した債権を行使したりすることになる。

(4) 保険契約の終了

保険契約は、特段の事由がない限り、契約終期（満期ともいう）まで存続して自動的に終了する（なお、身身保険は契約終期の定めがない）。

保険契約の中途終了事由としては、人定額保険では被保険者の死亡、物保険では保険の目的物の全損によって、契約が失効または終了する旨が保険約款で規定されていることが多い（なお、物保険では、保険の目的物の全損によって被保険利益が消滅したとも考えられる）。これ以外の中途終了事由としては、次の(ア)〜(ウ)が保険法で規定されている（さらに、他の法律（たとえば、民法や消費者契約法）に基づく中途終了もあり得る）。

なお、保険契約中途終了のうちの一定の場合には、解約返戻金や失効返戻金が保険契約者に返還される旨が保険約款で規定されている（ただし、32条・64条・93条に該当する場合には、保険者に保険料返還義務はない）。また、人定額保険では、一定事由で保険契約が終了した場合には、保険者は保険契約者に対し、保険料積立金を払い戻さなければならない（63条・92条）。

(ア) 任意解約

保険契約者は、いつでも、また、任意に、保険契約を解約することができる（任意解除権。27条・54条・83条）。

(イ) 義務違反・重大事由による解除

保険契約者・被保険者に告知義務違反（28条・55条・84条）、危険増加時の通知義務違反（29条・56条・85条）、重大事由（30条・57条・86条）があった場合、保険者は保険契約を解除できる。

(ウ) 被保険者による解除請求

保険契約者以外の者が被保険者である人定額保険契約では、一定の場合には、被保険者は保険契約者に対し、当該保険契約の解除を請求できる。そして、解除請求を受けた保険契約者は、保険者に対して解除権を行使しなければならない（34条・58条・87条）。

（原　弘明＝吉澤　卓哉）

〈本書全体に関する参考書籍（法学）〉

１．保険法関係

甘利公人ほか『ポイントレクチャー保険法〔第3版〕』（有斐閣、2020年）

東京海上日動火災保険株式会社編著『損害保険の法務と実務〔第2版〕』（金融財政事情研究会、2016年）

日本生命保険生命保険研究会編著『生命保険の法務と実務〔第4版〕』（金融財政事情研究会、2023年）

萩本修編著『一問一答保険法』（商事法務、2009年）

潘阿憲『保険法概説〔第2版〕』（中央経済社、2018年）

宮島司編『逐条解説保険法』（弘文堂、2019年）

山下友信『保険法（上)』（有斐閣、2018年）

山下友信『保険法（下)』（有斐閣、2022年）

山下友信監修・編『新　保険法コンメンタール（損害保険・傷害疾病保険)』（損害保険事業総合研究所、2021年）

山下友信＝永沢徹編『論点体系保険法1』『同2』（第一法規、2022年）

山下友信ほか『保険法〔第4版〕』（有斐閣、2019年）

山下友信=米山高生編『保険法解説－生命保険・傷害疾病定額保険』（有斐閣、2010年）

２．平成20年改正前商法関係

大森忠夫『保険法〔補訂版〕』（有斐閣、1958年）

中西正明『生命保険法入門』（有斐閣、2006年）

山下友信『保険法』（有斐閣、2005年）

第 2 部

各種保険契約に共通の規律

第3章　保険約款

Ⅰ．基礎的な説明

1．約款取引と約款規制

⑴　約款の意義とその必要性

　約款とは、多数の取引に対して一律に適用するために、事業者により作成され、予め定型化された契約条項などと定義される。たとえば、宿泊業や運送業などにおいて用いられている。保険契約の場合も、保険者は約款を作成する。これを保険約款と呼ぶ。保険約款は、すべての保険契約の基本となる普通保険約款と、それらに付する様々な特約とに分かれる。

　約款を用いた取引（約款取引）の特徴は、契約内容が約款により画一的なものとされていること、事業者（保険契約の場合は保険者）がその内容を一方的に作成すること、そして、契約者はその個別条項の内容を知らなくとも、約款内容に拘束されることなどが挙げられる。民法で想定されている1回的取引とは異なり、事業者間または事業者・消費者間の取引においては、画一的かつ大量の取引が反復継続して行われる。取引に際して約款を用いることで、事業者はその内容を画一的に定めることができ、契約にかかるコストを低減させることができる。また、特に保険取引においては、同種・類似のリスクを集積させて大数の法則を成り立たせることによって保険の仕組みが成立するため、リスク平準化のためにも、約款による契約内容の一律化が必要とされる。

　以上のような理由から、保険契約を含む現代の多くの取引において、約款は欠かせない存在となっている。

　約款は個別の内容上の修正を原則として予定していないことから、契約者となろうとする者は、約款の内容を前提とした上で契約を締結するか、そもそも

契約を締結しないかの二者択一を迫られることになる。このような性質を、附合契約性と呼ぶことがある。

(2) 約款の拘束力の根拠

約款条項の内容は詳細で、多くの場合その条項の数も膨大である。そのため、契約者はその内容を熟知していることは稀である。にもかかわらず、契約当事者が約款に拘束される根拠はどこに求められるか。

保険約款の拘束力については様々な見解が唱えられてきたが、判例（大審院大正4年12月24日判決・民録21輯2182頁。稚内大火事件）は、保険者の定める保険約款に基づき契約する文句がある保険契約申込書に保険契約者が任意に署名して申込みをした以上、約款により契約する保険契約者の意思が推定されるとし、意思推定理論を採用している。学説上はこれ以外にも様々な見解が主張されてきたが、判例の立場は一貫している。また、保険約款は保険者が一方的に作成した契約内容の一部に過ぎない以上、法規に準ずる地位を与えるような解釈は適切ではない。契約の拘束力の発生原因である契約者の意思にその根拠を求める判例の立場は合理的であろう。

民法上の定型約款に関する規律（後述2参照）も、その法的効果を合意の擬制としている点（民法548条の2第1項柱書）では異なるものの、契約当事者の意思に立脚した規定ぶりをしていることからすると、判例の延長線上に位置付けられるべきものといえるだろう。

(3) 約款規制の必要性とその手法

約款取引は利便性の高いものであるが、契約当事者（特に消費者）はその内容を認識していなくても当該内容に拘束されることになる（前述(1)参照）。また、仮に契約者が約款により契約内容が定められることの認識がなければ、判例の説明によれば約款に拘束される前提を欠くことになる。

さらに、約款は事業者が一方的に作成するという仕組み上、その内容が契約者にとって不当なものである可能性（不当条項）や、契約者が予期しないような条項（不意打ち条項）が含まれてしまう可能性がある。

そのため、通常の契約に関する規制以上に、約款に対する規制の必要性がこ

れまでも認識されてきた。保険約款も含めた約款全般に関する規制としては、消費者契約法や平成29年民法改正によって導入された定型約款の規定のような立法的規制と、契約の無効や修正的解釈を裁判所が行う司法的規制がある。

　また、保険約款の場合、保険業の開始に際して普通保険約款および事業方法書を金融庁長官宛ての免許申請書に添付する義務（保険業法４条２項）や、普通保険約款や事業方法書の変更の場合における金融庁長官の認可または届け出の義務（保険業法123条）が定められており、行政による規制も行われている。

２．約款による拘束力の発生

(1)　定型約款規定に基づく効力の発生

　「定型取引」（ある特定の者が不特定多数の者を相手方として行う取引であって、その内容の全部または一部が画一的であることがその双方にとって合理的なもの）を行うことの合意（「定型取引合意」）をした者は、①定型約款を契約の内容とする旨の合意をしたときか、②定型約款を準備した者（「定型約款準備者」）が予めその定型約款を契約の内容とする旨を相手方に表示していたときには、定型約款（定型取引において、契約の内容とすることを目的としてその特定の者により準備された条項の総体をいう）の個別の条項についても合意をしたものとみなすと規定されている（民法548条の２第１項）。

　保険契約も上記の定型取引の定義に合致するため、保険約款も上記の定型約款に該当する。そのため、対面で保険契約を締結する損害保険会社や生命保険会社のように、保険契約申込時に、契約内容は約款による旨に同意する署名または押印を申込書にする場合には、①に該当して保険約款のみなし合意の効力が発生し、保険契約者は保険約款に拘束されることになる。みなす（擬制）とは、実際にはないものをあるものとして扱うことを意味するので、判例の意思推定理論とは異なるが、取引実務の安定からの要請とされている。仮に①の合意がない場合には、定型約款の個別条項に関するみなし合意のためには、②の手段により定型約款を契約の内容とする旨を、契約者となろうとする者に確実に表示する必要がある。たとえば、電話による契約の場合は、通話中にそのことを明確に伝えなければならないとされる。

(2) 約款内容の表示義務

定型取引を行い、または行おうとする定型約款準備者は、定型取引合意の前または定型取引合意の後相当の期間内に相手方から請求があった場合には、遅滞なく、相当な方法でその定型約款の内容を示さなければならない。ただし、定型約款準備者が既に相手方に対して定型約款を記載した書面を交付し、または、これを記録した電磁的記録を提供していたときは、この限りでない（民法548条の3第1項）。生命保険会社の場合は、保険契約締結に際して約款をCD-ROM等で交付することが一般化しており、この要件は満たされていることが多い。他方で、損害保険会社の場合は、代理店を通じた契約が多く、合意の事前・同時での約款交付ができないことが多い。そのため、保険契約者から約款交付の要請があった場合はもちろん、約款不要の申出がない場合にも、約款を事後に送付する対応が取られている。

仮にこの内容表示が行われなかった場合には、契約者が約款に拘束される根拠が失われることになる。もっとも、この場合に約款規定が契約内容から一切除外されるのであれば、かえって保険保護を受けようとする契約者の意思に反する結果ともなりかねない。そのため、一応約款規定は契約内容となり、保険者は自身に有利に規定を援用できないにとどまる、とする見解も有力である。

(3) 約款内容の変更

定型約款準備者は、①定型約款の変更が、相手方の一般の利益に適合するとき、または、②定型約款の変更が、契約をした目的に反せず、かつ、変更の必要性、変更後の内容の相当性、この条の規定により定型約款の変更をすることがある旨の定めの有無およびその内容その他の変更にかかる事情に照らして合理的なものであるときには、定型約款の変更をすることにより、変更後の定型約款の条項について合意があったものとみなし、個別に相手方と合意をすることなく契約の内容を変更することができる（民法548条の4第1項）。この場合には、インターネット等による周知の必要がある（同条2項）。

①の場合は契約者等の一般の利益に適合するものとされるが、必ずしも個々の契約者等の利益に適合するとは限らないし、②の場合についてはこれまで十分に約款に関する解釈・立法論において合意形成されたものではなく、いずれ

も今後の解釈論については慎重であるべきケースである。

3. 約款解釈

(1) 客観的解釈の原則

判例の意思推定理論の立場からは、約款の個別規定の解釈はどのように行われるべきだろうか。あくまでも契約当事者の意思の合致を契約拘束力の根拠とする標準的な契約理論からすれば、個別具体的な保険契約者・保険者双方の意思を探求することが必要になるとも思える。

しかし、通常、保険者は平均的な顧客の認識（可能性）を前提として約款規定を作成していると考えられる。また、保険制度は同種・類似のリスクの集積による大数の法則や中心極限定理を利用している以上、個々の契約者の認識が相違することによって、約款解釈が契約ごとに異なることも好ましい事態ではない。

そこで、原則としては平均的顧客の理解にもかなう、客観的な文言解釈が約款規定の解釈においても適切であるといえるだろう。

(2) 約款規定の趣旨

上記のように、約款解釈においては標準的な文言の理解が基準に据えられるべきであるが、裁判例においては、しばしば、個別の約款規定の趣旨が保険者から主張され、裁判所もそれを参考にすることがある。このような手法は法文解釈でも用いられるものであり、一律に排除されるべきものでもないだろう。まずは文言解釈により、補充的に規定の趣旨など関連事情を参照することは認められてよいのではないか。

(3) 作成者不利の原則

以上のような約款解釈の結果、あり得る規定の解釈が複数存在する場合に、作成者（保険約款の場合は、保険者）は自己に有利な解釈を主張することができないとする考え方がある。これを作成者不利の原則と呼び、実際に一部裁判例で採用されたこともある。

なお、損害保険の場合には損害保険料率算出機構が各種保険の標準約款を作

成し、各保険会社はこれに基づいた約款を整備しているので、厳密には作成者ではなく、約款使用者不利の原則とでも呼ぶべきことになろう。

(4) 裁判所による修正的解釈

現在は消費者契約法10条や、民法548条の2第2項で、不当条項や不意打ち条項については無効・みなし合意からの排除といった規整が設けられている。しかし、裁判所はそれ以前から、約款解釈という手法を用いて実質的にその内容を修正してきた。たとえば、最高裁昭和62年2月20日判決・民集41巻1号159頁は、自家用自動車保険普通保険約款所定の、対人事故発生通知義務違反の場合に保険者は保険金支払義務を免れるとする条項について、その免責の範囲は、事故通知を受けなかったことにより保険者が損害を被ったときにおいて、これにより保険者が取得する損害賠償請求権の限度にとどまるとした。このような判例は、実質的には約款条項の解釈を通じて立法的機能を果たしているとも評価されている。消費者契約法や民法の成文化後も、そのような解釈手法は（批判もされるだろうが）続くものと予想される。

Ⅱ. 考えてみよう：保険約款に反する個別合意の拘束力

1. 約款の拘束力

上記Ⅰで述べたように、保険約款は現行法上、民法上の定型約款に関する規律と保険法の各種規律に服することになる。約款は大量の同質的な契約を一律・定型的に処理するための契約上の手法と理解することができるから、たとえ実質的に同内容であっても、約款上規定されている場合にはその効力が認められるが、約款に規定されていない個別合意の場合にはその効力が認められないということもあり得る。以下では、両者の違いについて考えてみよう。

2. 設 例

【設例1】
保険契約者兼被保険者Aは、損害保険会社Bとの間で、A所有の自家用自動車（以

下、被保険自動車と呼ぶ）を目的物として、補償対象となる車両保険事故を限定しない「一般条件」の車両保険契約に加入した（以下、本件契約と呼ぶ）。しかし、本件契約の保険約款には以下の条項があった。

「第4条（保険金を支払わない場合－その2）

　当会社は、次のいずれかに該当する損害に対しては、保険金を支払いません。

　　①～⑤　（略）

　　⑥　タイヤ（注4）に生じた損害。ただし、被保険自動車の他の部分と同時に損害
　　　を被った場合または火災もしくは盗難によって損害が生じた場合を除きます。

　（注4）　チューブを含みます。」

　保険期間開始後、被保険自動車を走行中にタイヤがパンクしたが、車両保険金の支払対象になると思い込んでいたので、AはB社に対し保険金請求をした。

【設例2】

　上記設例1と同じ保険契約者兼被保険者Aが、B社との間で同様の車両保険契約を締結したものとする。その契約締結時に、B社のC保険代理店はAに対し、タイヤの単独損害であっても車両保険の支払対象となると誤った説明を行い、Aは車両保険に加入した。保険期間開始後、被保険自動車を走行中にタイヤがパンクしたが、Aは契約締結時のC代理店の説明を思い出し、B社に対し保険金請求をした。

3．多様な考え方

(1)　設例1について

　自動車保険の車両保険の保険約款においては、設例で掲げた本件条項のように、タイヤのみに生じた損害については保険者が免責となる旨の条項が置かれている（別途、タイヤ損害のみを補償する保険商品は一部保険者から販売されている）。この条項の趣旨の一般的な説明によると、(α) タイヤは自動車の部品中最も消耗度の激しいものであり、自然の消耗か保険事故かを判定することが困難であることによるとされる。ただし、盗難・火災に起因する損害がタイヤに生じた場合、または、車両とタイヤが同時に損害を被った場合は、事故の確認が容易であるので保険金が支払われる。また、(β) タイヤの単独損害は頻度が高いと考えられることから、これを補償範囲内とすると保険料が高騰することになるが、そのような事態を防ぐ趣旨が含まれていると考えることもできる。

　設例1の事例の本件事故においては、被保険自動車のタイヤがパンクしてい

るが、タイヤの単独損害は約款4条⑥により免責とされている。Ⅰで説明した約款の拘束力からすれば、約款の個別条項が契約内容となっている以上、Aはタイヤ単独損害にかかる保険金をB社に請求しても認められないことになりそうである。

　もっとも、約款文言の解釈に当たっては、その趣旨が参照されることも少なくない。上記趣旨の説明からすれば、（α）タイヤ損害が免責されるのは自然の消耗か保険事故かを判定することが困難であるからだとされている。そうであれば、Aがタイヤ損害は事故によって生じたものだと主張・立証できれば保険金は支払われるとの考え方も成り立つかも知れない。

　しかし、保険者はおそらく、タイヤの単独損害免責条項の存在を根拠に免責を主張するだろう。仮にAのような主張を認めた場合、（β）他の同じ車両保険の被保険自動車に生じたタイヤ単独損害も同様に取り扱う必要が生じ、その結果、車両保険の保険料は相当程度高額になり、保険契約者（兼被保険者）のニーズに合致しなくなるかもしれない。そのような事態が生じないようにするためには、タイヤ単独損害は一切免責とする画一的解釈が必要になる。そのため、Aの請求は認められない。

⑵　**設例2について**

　これに対して、設例2の場合はどうか。B社代理店Cの担当者はタイヤ単独損害も補償されると誤った説明をしているおり、Aはそれを信じて契約を締結していることから問題となる。この場合、C代理店の説明の通り、タイヤ単独損害も補償される契約内容となるだろうか。あるいは、説明義務違反に基づく保険者の損害賠償責任が生じるだろうか。

　まず、C代理店の説明から、本件契約がタイヤ単独損害を補償するものとして成立するとは考えられない。B社はあくまでもタイヤ単独損害を補償しない前提で本件契約の商品を設計しており、保険集団のリスクの同質性を担保するためにも、かかる例外は認められないのである。

　では、損害賠償責任（民法709条、保険業法283条）についてはどうか。前述の通り、タイヤ単独損害を補償する車両保険契約は、タイヤ単独損害を補償する保険商品を除き一般に販売されていない。仮にAがタイヤ単独損害の補償を希

第3章　保険約款　31

【図表3：誤説明と損害発生との事実的因果関係】

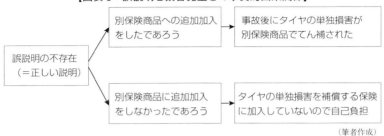

(筆者作成)

望する場合、車両保険契約に加えてタイヤ単独損害を補償する保険商品にも加入するという選択肢はあり得た。そのため、Ｃ代理店の誤説明とタイヤの単独損害が補償されなかったことの間に、事実的因果関係が認められるか否かが問われることになる。判例（最高裁昭和50年10月24日判決・民集29巻9号1417頁。ルンバール・ショック事件）によれば、両者間に高度の蓋然性が認められるかが判断基準とされることになるだろう（図表3参照）。すなわち、Ａが、別途、保険料を負担してまでもタイヤの単独損害を補償する別保険商品にも加入していた高度の蓋然性があったのであれば、事実的因果関係が認められることになる。

なお、仮に保険会社に損害賠償責任が認められた場合であっても、Ａに生じた損害額の認定に当たっては、タイヤの単独損害を補償する保険商品の保険料相当額の支払を免れたため、当該金額が損害額から損益相殺されることに留意すべきである（損益相殺については最高裁平成5年3月24日判決・民集47巻4号3039頁を参照）。またなお、タイヤの単独損害が免責であることは保険約款で規定されているし、重要事項説明書にも記載されていた可能性があるので、過失相殺（民法722条2項）の上、賠償額が決定されることになろう。

(原　弘明)

〈Ⅱに関する参考文献〉
上田誠一郎「約款による契約の解釈─いわゆる約款の客観的解釈を中心に─」同志社法学42巻4号（1990年）
谷口知平ほか編『新版註釈民法(13)債権(4)契約総則〔補訂版〕』（有斐閣、2006年）173頁以下〔潮見佳男〕
山下友信「普通保険約款論(1)～(5)」法協96巻9号、10号、12号、97巻1号、3号（(1)～

(3)は1979年、(4)(5)は1980年)

山下友信「定型約款」安永正昭ほか監修『債権法改正と民法学Ⅲ契約(2)』（商事法務、2018年）

山本豊「改正民法の定型約款に関する規律について」深谷格ほか編『大改正時代の民法学』（弘文堂、2018年）

吉澤卓哉＝安田和弘＝宮根宏一『保険実務におけるトラブル対応の理論と実践〔改訂版〕』（保険毎日新聞社、2023年）

第4章　告知義務と告知義務違反

Ⅰ．基礎的な説明

1．告知義務の必要性

　保険者は、保険契約の締結に際し、引き受けることになる危険の大きさを測定し、それに基づき、そもそも保険契約を締結するか否か、締結するとして保険料をいくらにするか、引受条件（免責金額の設定、保険金額の上限設定、特定疾病不担保特約の付帯など）を付けるかを判断する（これを危険選択という）。この場合に、危険の大きさを測定するために必要な情報は、保険者ではなく、保険契約者や被保険者が有するのが通常である（経済学では、情報の非対称性あるいは情報の偏在と呼ばれている）。たとえば、死亡保険における危険の大きさを測定するために必要な情報として、被保険者の病歴や現在の健康状態といった被保険者が死亡する確率に影響する事実があるが、こうした事実に関する情報は保険契約者や被保険者が有している。

　保険者は、こうした情報をどのようにして入手すべきか。一つの方法としては、保険者が独自に調査して情報を入手することが考えられる。たとえば、火災保険における保険の目的物の構造や用法などのように、保険者が相応の費用をかければ調査できる可能性が存在するものもある。しかし、保険者が調査するに際しては、保険契約者や被保険者の協力なくして十分な調査をすることは難しい。そもそも、多くの場合は保険契約者や被保険者がその情報を持っているのであるから、保険契約者や被保険者に情報を提供させれば、より正確な情報が入手できる可能性が高い。さらに、その方が、調査費用や所要時間、調査の手間という点でも、圧倒的に効率的である。効率的に情報を入手できれば、付加保険料の増加を抑えることができるため、保険契約者側にも利点がある。

そこで、保険法は、保険者が危険の大きさを判定するために必要とする情報を、保険契約者や被保険者に提供させるために、告知義務という制度を設けている（危険測定説）。

2．告知義務の内容

保険契約者または被保険者になる者は、保険契約の締結に際し、危険に関する重要な事項のうち保険者になる者が告知を求めたもの（「告知事項」と定義されている）について、事実の告知をしなければならない（4条・37条・66条）。ここでいう「危険」とは、保険者に保険給付義務を生じさせる事実の発生の可能性と定義されている（各同条）。損害保険契約であれば契約でてん補することとされる損害の発生の可能性、生命保険契約であれば保険事故（被保険者の死亡または一定の時点における生存のこと。37条）の発生の可能性、傷害疾病定額保険契約であれば給付事由（傷害疾病による治療や死亡など保険給付を行う要件として契約で定める事由のこと。66条）の発生の可能性である。

告知事項は、「保険者になる者が告知を求めたもの」に限定される。要するに保険契約者または被保険者は、保険者から質問されたことに回答すれば足りる（質問応答義務）。これに対し、保険契約者または被保険者が、危険に関する重要な事項を自発的に申告しなければならないとすることも制度設計としてはあり得る（自発的申告義務）。しかし、告知事項が何か、すなわちどの事情が危険に関する重要な事項かを保険契約者または被保険者が判断することは容易ではないことから、保険法は質問応答義務として告知義務を規定している。そして、この告知義務に関する規定は片面的強行規定である（7条・41条・70条）。

ただし、海上保険契約に関しては、告知義務は自発的申告義務として規定されている（商法820条。後述第11章I 3(2)参照）。また、損害保険契約のうち一定のものに関しては、告知義務に関する規定が任意規定となるので（36条）、そのような損害保険契約であって、海上保険契約以外のものについて、保険約款で告知義務を自発的申告義務に修正することも可能である（後述第11章I 2参照）。

3．告知義務違反の効果

(1) 総　説

　保険契約者や被保険者に告知義務を負わせるとしても、保険契約者や被保険者が告知義務に違反し、保険者に対して正確な情報を提供しなければ、全く意味がない。また、告知義務違反の結果、保険者は、想定を超える過大な危険を引き受けてしまい、保険料に比して過大な責任を負わされることもあり得る。そこで、①告知義務違反に制裁を与えることで告知義務を負う者にその義務を適正に履行させるためのインセンティブを与える、②保険者に過大な責任を負わせないようにする、③正確な告知に基づき設定された保険料を支払っている善良な保険契約者との公平性を確保する、の３点を理由として、保険法は、告知義務の違反がある場合には、一定の要件の下で、保険者に契約解除権を与え、保険給付も行われないこととしている。

(2) 解除権

　保険契約者または被保険者が告知事項について故意または重過失により事実の告知をせず、または不実の告知をしたときは、保険者は、原則として、契約を解除することができる（契約解除権の発生。28条１項・55条１項・84条１項）。保険者がこの解除権を行使すると（告知義務違反による解除）、当該保険契約は終了する。

　保険契約の解除は、将来に向かってのみその効力を有する（将来効。31条１項・59条１項・88条１項）。解除の意思表示が到達する時までは、契約は有効に存在している一方で、解除の意思表示が保険契約者に到達した時以降は保険契約が消滅する。そのため、解除後に、保険者が、保険給付義務を新たに負うことはない。その一方で、解除時点までの期間の保険契約は有効であるから、保険者が告知義務違反に基づく解除をしたとしても、受領済みの保険料のうち、解除時点までの保険料期間に対応する保険料を保険契約者に返還する必要はない。

(3) 保険者の免責と因果関係不存在特則

前述(2)で説明したように、保険事故（傷害疾病定額保険契約なら傷害疾病）が未発生の間に告知義務違反の事実が発覚した場合には、保険者は保険契約を解除することができる。保険者が契約を解除すれば、解除時以降は保険契約が存在しないことになるので、契約解除後の保険事故または傷害疾病に関して保険給付義務を負わずに済む。

これに対し、告知義務違反の発覚が保険事故の発生後である場合にも、保険者は保険契約を解除することができる。けれども、この場合には、保険者が保険契約を解除しても、同契約に基づき発生した保険給付義務はなお存続し、保険者は保険給付をしなければならないことになりそうである。解除時点で既に保険給付義務が発生してしまっており、かつ解除が将来効で、解除の意思表示の到達時まで保険契約は有効だからである。しかし、保険法は、この場合において保険者の免責を認める。すなわち、保険者は、原則として、告知義務違反による解除がされた時までに発生した保険事故または傷害疾病に関する保険給付をする責任を負わない（31条2項1号本文・59条2項1号本文・88条2項1号本文）。

もっとも、保険法は、さらにその例外として、因果関係不存在特則を定める。保険者は、告知義務違反の対象事実に基づかずに発生した保険事故または傷害疾病について、免責を受けることができず、保険給付義務を負う（31条2項1号但書・59条2項1号但書・88条2項1号但書）。すなわち、告知義務違反の対象事実（法文上は、28条1項・55条1項・84条1項の事実。すなわち、告知事項について保険契約者または被保険者が故意または重過失により事実を告知せずまたは不実の告知をしたときのその対象たる事実）と保険事故または傷害疾病の発生との間に因果関係がなければ、保険者は免責されない。

ケース1

死亡保険契約の告知において、「がんと診断されたことがあるか」が告知事項であった。ところが、保険契約者兼被保険者は、実はがんと診断されたことがあるにもかかわらず、診断されたことはない旨の不実の告知を故意に行い、死亡保険に加入した。

このケースでは告知義務違反が認められ、契約解除の対象となる。そして、被保険者が、解除前にがん発病の結果として死亡していたとしても（ケース１−１）、保険者は免責され、保険金を支払う責任を負わない（図表４−１）。

【図表４−１：告知義務違反の対象事実と因果関係のある保険事故（ケース１−１)】

(筆者作成)

これに対し、被保険者が、解除前にがんを発病したものの、がんで死亡する前に航空機事故で死亡した場合は（ケース１−２）、告知義務違反の対象事実（＝がんと診断されたこと）と保険事故（＝死亡）との間に因果関係がないため（死亡原因は航空機事故であり、がんであることは死亡と一切関係がない）、保険者は免責されず、死亡保険金を支払わなければならない（図表４−２）。

【図表４−２：告知義務違反の対象事実と因果関係のない保険事故（ケース１−２)】

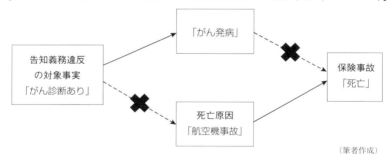

(筆者作成)

(4) 因果関係不存在特則の意義

因果関係不存在特則には、賛否両論がある。

因果関係不存在特則に否定的な立場は、次のように主張する。すなわち、(a)告知義務違反をした保険契約者・被保険者は、本来は当該保険に加入できない、あるいはより不利益な条件が付加されたはずである。そうすると、因果関係不存在特則により、因果関係がない保険事故でありさえすれば完全な保険給

付を受けられるとすると、告知義務履行のインセンティブを弱めることになる。また、(b)因果関係不存在特則によれば、不正直な保険契約者の方が正直な保険契約者よりも優遇されてしまうことになる。すなわち、不正直な保険契約者は、不告知や虚偽告知をすれば保険加入することができ、因果関係不存在の保険事故または傷害疾病については保険給付がなされる。他方、正直な保険契約者が正しい告知をすると、そもそも保険加入することができず、因果関係不存在の保険事故または傷害疾病についても保険給付がなされることはない。以上のような事情から、かつては、因果関係不存在特則の合理性を批判する見解が有力であった。

　その一方で、因果関係不存在特則に肯定的な立場は、次のように主張する。すなわち、(c)告知義務違反のあった事実と無関係に保険事故または傷害疾病が発生した場合には、結果的に元々保険者が引き受けていた（あるいは、引き受けるつもりであった）危険が現実化したに過ぎず、告知義務違反による過大な危険の負担に起因して保険給付を行うべき事態に至った訳ではないから、告知義務違反による不利益を被ったことにはならないといえる。また、(d)保険契約者・被保険者に対する告知義務違反の制裁が過度なものとならないようにする必要もある。

　そして、上記(c)や(d)に因果関係不存在特則の存在意義が見出され、保険法制定時にも、因果関係不存在特則は維持されることになった。むしろ、平成20年改正前商法時代よりも、保険法の下では、因果関係不存在特則は、規律として厳格化された。保険契約者・被保険者の利益を保護する規律であるという趣旨から、片面的強行規定とされたのである。保険契約者・被保険者・保険金受取人に不利な特約は無効である（33条1項・65条2号・94条2号）。このため、従来は、多くの損害保険契約において因果関係不存在特則が約款規定で排除されていたが、保険法下では、片面的強行規定が適用除外となる特定の損害保険契約（36条。後述第11章Ⅰ2参照）を除き、因果関係不存在特則の適用が強制されることになった。

II　考えてみよう：因果関係不存在特則における因果関係の存否

1．因果関係不存在特則における因果関係の意義

　因果関係不存在特則における因果関係の存否に関し、伝統的には、不告知の事実と保険事故の発生との間に全然因果関係がないことを必要とすると解されてきた（大審院昭和4年12月11日判決・新聞3090号14頁）。

　前述Ⅰ3(3)のケース1-2であれば、告知義務違反の対象事実が「がんと診断されたこと」である場合に、航空事故により死亡したときは、告知義務違反の対象事実と保険事故の発生との間に全く因果関係がないといえるため、因果関係不存在特則が適用され、保険者は免責される。これに対し、次のケースではどうだろうか。

ケース2

　死亡保険契約の告知において、「最高血圧および最低血圧」が告知事項であった。ところが、保険契約者兼被保険者は、実は最高血圧が200mmHgであったにもかかわらず、120mmHgである旨の不実の告知を故意に行い、死亡保険に加入した。

　このケース2では、告知義務違反が認められ、契約解除の対象となる。この場合に、被保険者が、解除前に心筋梗塞で死亡していた場合には、告知義務違反の対象事実（＝最高血圧が200mmHgであったこと）と保険事故（＝死亡）との間に因果関係が存在する可能性があり、全然因果関係がないとはいえないと考えられている。死亡原因が心筋梗塞であるところ、高血圧であることは心筋梗塞のリスクを上昇させるからである。心筋梗塞のリスク要因は、高血圧以外にも様々なものが存在し得る（たとえば、喫煙、糖尿病、精神的ストレスなど）。どのような要因がどの程度心筋梗塞という結果と結び付いたかの確定は不可能であり、高血圧が心筋梗塞発生の最大の要因であったかどうかは不明である。しかし、それと同時に、高血圧が心筋梗塞発生との間で「全然因果関係がない」ということもできない。そのため、因果関係不存在特則は、適用されない。保険

者は免責され、死亡保険金を支払わなくてよい。

【図表4-3：告知義務違反の対象事実と因果関係があるか不明確な保険事故】

保険者に適切な危険選択を可能にさせるという告知義務の機能を重視するならば、告知義務違反をした者に保険者免責という制裁を課すことによって、告知義務を適切に履行させるインセンティブを与える必要がある。告知義務違反があるにもかかわらず、因果関係不存在特則を適用して保険者が有責になるという事態は、できるだけ避けることが望ましい。そのため、因果関係なしと認める場面は、できるだけ狭く解釈すべきことになる。こうした観点から、前記の伝統的な解釈が導かれ、正当化されてきた。

もっとも、故意による告知義務違反の場合はともかく、重過失による告知義務違反の場合について、全部免責という制裁が過剰に過ぎると評価する見解もある。保険契約者は支払保険料の返還を求めることができないし、契約は解除されるからである。そうだとすれば、因果関係不存在特則の適用範囲をより広げるという解釈も成り立ち得る。

しかし、重過失による告知義務違反の評価は、重過失概念の捉え方に依存する。重過失を故意に準ずるような場合（事実認定をするに当たり、故意といってもよさそうであるが、故意と断定するまでには至らないような場合）に限るのであれば、全部免責は制裁として過剰であるとはいえない。

2．設　　例

【設例1】
　Aは、B保険会社との間で、Aが所有・利用する建物（以下、対象建物という）について住宅用火災保険契約（以下、本件契約1という）を締結した。B社の住宅用火災保険は、住居のみに用いる建物（専用住宅）と住居として使用するとともに店舗や事業所としても使用する建物（併用住宅）のいずれも保険の目的物とすることができるが、保

険料は、専用住宅であれば安く、併用住宅であれば高く設定されている。本件契約1の締結の際に、Ｂ社は、Ａに対し、保険の目的物となる対象建物の用途を告知するように求めたところ、Ａは、対象建物は専用住宅であると回答した。実際には、Ａは、対象建物に居住しつつ同所で園芸店を営んでおり、対象建物は併用住宅であった。本件契約1の保険期間中に、対象建物は、Ａの寝タバコを原因とする失火により焼失した。Ａは、Ｂ社に対し、本件契約1に基づき、火災保険金を請求することはできるか。

【設例2】

　甲は、乙保険会社との間で、甲を記名被保険者として、甲が所有・利用する自動車（以下、被保険自動車という）について自動車保険契約（以下、本件契約2という）を締結した。乙社の自動車保険は、付保する自動車の主な使用目的を、①「日常・レジャー」（②③以外の場合）、②「通勤・通学」（年間を通じて月15日以上、通勤・通学に使用する場合）、③「業務」（年間を通じて月15日以上、業務に使用する場合）に区分し、①＜②＜③の順に保険料が高くなるように設定されている。本件契約2の締結の際に、乙社は、甲に対し、保険の対象となる被保険自動車の主な使用目的を告知するように求めたところ、甲は、①（日常・レジャー）と回答した。実際には、甲は、平日は毎日被保険自動車で職場まで通勤している。甲は、本件契約2の保険期間中の週末に、被保険自動車を運転し、遊びに行くために行楽地に向かったところ、その道中で他車と衝突する交通事故を起こした。甲は、乙社に対し、本件契約2に基づき、対人・対物賠償責任保険金を請求することはできるか。

3．多様な考え方

(1) 告知事項と因果関係不存在特則

　まず、告知事項は何かを確認しておく。

　設例1において、本件契約1の締結時の告知事項は、建物の用途である。専用住宅か併用住宅かのいずれであるかが質問されている。専用住宅か併用住宅かによって火災という保険事故発生の確率および平均的な発生損害額が異なるため（併用住宅の方が保険事故発生確率も平均的発生損害額も大きい）、それを反映して保険料も区別されている。そのため、これは「危険に関する重要な事項」に当たり、かつそれについて保険者になる者が告知を求めているので、告知事項に当たる。

　設例2において、本件契約2の締結時の告知事項は、自動車の主な使用目的である。①「日常・レジャー」、②「通勤・通学」、③「業務」のいずれである

かが質問されている。自動車の使用目的によって交通事故による損害賠償責任の負担という保険事故発生の確率が変わり、それを反映して保険料も区別されている。そのため、これは「危険に関する重要な事項」に当たり、かつそれについて保険者になる者が告知を求めているので、告知事項に当たる。

しかし、設例1のAも、設例2の甲も、保険会社であるB社・乙社からの質問に虚偽の回答をしている。設例1において、Aは、対象建物に居住しつつ園芸店を営んでいるにもかかわらず、住居のみに用いる専用住宅であると回答している。質問内容は明確であり、対象建物が併用住宅に当たることは明らかであるため、Aは、故意に不実の告知をした（あるいは、故意に匹敵する重過失により不実の告知をした）といってよいだろう。設例2において、甲は、平日は毎日被保険自動車で職場まで通勤しているにもかかわらず、①の「日常・レジャー」＝月15日以上通勤に使用していないと回答している。質問内容は明確であり、被保険自動車の主な使用目的が②の「通勤・通学」に当たることは明らかであるため、やはり甲は故意（または重過失）で不実の告知をしたといわざるを得ない。

そのため、設例1のA、設例2の甲は、故意（または重過失）による告知義務違反をしたことになる。本件では、解除権阻却事由（28条2項各号）に当たる事実は見当たらないため、設例1のB社は本件契約1、設例2の乙社は本件契約2を解除することができる（28条1項）。

もっとも、設例1、設例2ともに、既に保険事故（対象建物の火災の発生、被保険自動車運転中の交通事故による損害賠償責任の負担）が発生してしまっている。そこで、解除前の保険事故発生を理由として、設例1のAはB社に対し、設例2の甲は乙社に対し、保険金を請求できるだろうか。

これについて、原則として、保険者は責任を負わないことになるが（31条2項1号本文）、問題は、因果関係不存在特則の適用の可否である（同号但書）。設例1における保険事故は、寝タバコを原因とする失火である。これは、告知義務違反の対象事実（保険の目的物が併用住宅であること）に基づかずに発生した保険事故であることが明らかである。そのため、設例1では、因果関係不存在特則が適用され、Aは、保険金を請求することができる。

次に、設例2における保険事故は、通勤ではなく、行楽目的でのドライブ中

の交通事故による損害賠償責任の負担である。これも、設例１の場合と同様に、告知義務違反の対象事実（自動車の主な使用目的が「通勤・通学」であること）に基づかずに発生した保険事故といってよいだろうか。

(2) あり得る考え方：因果関係不存在特則の適否

第１の考え方は、設例２の場合も、因果関係不存在特則の適用があるとするものである。被保険自動車の主な使用目的は、本来は②の「通勤・通学」であるものの、保険事故は、行楽目的、すなわち「日常・レジャー」目的での運転中の事故であるから、告知義務違反の対象事実に基づかずに発生した保険事故であると考えることができる。

第２の考え方は、設例２の場合は、因果関係不存在特則の適用がないとするものである。ここで問題となっている告知事項は、被保険自動車の主な使用目的が「日常・レジャー」か「通勤・通学」かであるところ、これは「主な」使用目的を問うものであり、②の「通勤・通学」とは、24時間365日、通勤・通学のために用いる場合を指すわけではない。月15日以上通勤・通学のために運転しつつ、それ以外の時間において行楽目的や買物目的での運転をすることがあり得る。そうした使用実態の中で生じた事故は、すべからく告知義務違反の対象事実に基づいて発生した保険事故であると考える可能性もある。

(3) 検討：因果関係不存在特則の趣旨からの考察

因果関係不存在特則の趣旨が、(c)結果的に元々保険者が引き受けていた（あるいは、引き受けるつもりであった）危険が現実化したに過ぎず、告知義務違反による過大な危険の負担に起因して保険給付を行うべき事態に至った訳ではないから、告知義務違反による不利益を被ったことにはならないという点にあるのだとすれば、告知事項が保険者による危険負担（保険事故発生の可能性）にどう影響するのかが問題となる。

通勤・通学のための運転と、行楽や買物など日常・レジャーのための運転との間で、相互に関連性がなく、全く独立に、運転目的により事故発生の確率が異なるとみるのであれば、第１の考え方になるだろう。これに対し、月15日以上通勤・通学のために運転していれば、必然的に運転時間・運転距離が長くな

44　第２部　各種保険契約に共通の規律

ることに着目することも考えられる。運転目的それ自体は事故発生の確率に影響はなく、トータルとしての運転時間・運転距離の長短が事故発生確率に影響する要因なのだとすれば、通勤・通学のための運転か行楽や買物など日常・レジャーのための運転かで区別することなく、トータルとして運転時間・運転距離が長ければ事故リスクが高まるとみて、第2の考え方になるだろう。

　他方で、因果関係不存在特則の趣旨として、(d)告知義務違反の制裁が過度にならないようにするという点も挙げられる。この観点からは、自動車の主な使用目的は、告知の内容次第でそもそも契約の引受自体をしない可能性があるような事情ではなく、あくまで保険料の額を異にする事情に過ぎないということが問題となる。正確に告知していれば契約の引受自体がなかったとか、契約の引受はするものの引受条件（たとえば、不担保特約）の設定により問題のリスクは担保しなかっただろうといえる事情であれば、全部免責となることもやむを得ない。あるいは、引受条件（免責金額や保険金額上限の設定）により支払保険金額がごく僅かになるとか、保険料が大幅に高くなった筈である場合にも、同様といい得る。しかし、正確に告知をしていても、保険料の額が若干高くなる程度の事情であれば、それにもかかわらず、告知義務違反の結果として全部免責となり、保険金を一切受け取れなくなるということは、保険契約者・被保険者に対する制裁として強度に過ぎるのではないかと評価することもできる。このように評価するなら、保険料の額に多少影響するのみの告知事項について、保険事故の発生との因果関係が必ずしも明らかではない場合には、因果関係を否定し、因果関係不存在特則の適用範囲を広げるという考え方もあり得る。

　もっとも、この考え方については、自動車の使用目的の違いによる保険料額の差異が多少の違いといえるのかという事実評価の問題のほか、保険料率が自由化された現在では、損害保険会社ごとに引受判断が分かれるようになっていることから生ずる問題もある。具体的な保険者の引受方針次第で因果関係不存在特則の適用の可否が分かれるのだとすれば（たとえば、リスクの高い危険に対して、保険金支払条件は同一のまま割増保険料を徴収する保険会社と、保険料額は同じまま保険金支払条件を厳しくする特約を付帯する会社があり得る）、保険契約者が契約相手とした保険会社がどこかという偶然の事情により（引受基準の詳細は契約締結時に保険契約者に開示されないのが通常である）、保険金の支払の有無が分かれ

第4章　告知義務と告知義務違反　45

てしまう。このことを是とするか否とするかは、悩ましい問題である。

（山下　徹哉）

〈Ⅱに関する参考文献〉
榊素寛「告知義務違反における因果関係不存在特則の意義」損害保険研究73巻３号（2011年）
佐野誠「因果関係不存在特則と免許証の色問題」大谷孝一博士古稀記念『保険学保険法学の課題と展望』（成文堂、2011年）
吉澤卓哉「告知義務違反時の因果関係不存在特則に関する検討課題」損害保険研究83巻４号（2022年）

第5章　故意免責

Ⅰ．基礎的な説明

1．故意免責の概要

　法定の保険者免責事由（17条・51条・80条。以下、本章において免責規定という）の一つとして、また、保険約款の保険者免責事由（以下、本章において免責条項という）の一つとして、一定の者の故意による事故招致が規定されている。

(1)　故意の主体

　故意免責において故意の有無が問われる人物のことを故意の主体という（図表5－1参照）。

　保険法は、故意の主体別に、損害保険契約では図表5－1の(a)(b)について、人定額保険契約（死亡保険契約および傷害疾病定額保険契約）では同表の(a)～(c)について、保険者免責を規定している。このうち、(a)および(b)が一般的に故意免責と呼ばれており、(c)は自殺免責・自傷免責などと呼ばれている（(c)については第6章を参照）。なお、図表5－1の(b)にいう保険受益者とは、損害保険契約では被保険者を、人定額保険契約では保険金受取人を指すこととする。

(2)　故意の対象事象

　故意免責において故意で行われたか否かが問われる事象のことを故意の対象事象という。保険法は、故意の対象事象を、損害保険契約については「損害」と、死亡保険契約については「被保険者の死亡」と、傷害疾病定額保険契約については「給付事由」と規定する（なお、保険法が規定する故意免責規定と、保険

【図表5－1：故意の主体別の故意免責規定】

	損害保険契約	人定額保険契約 （死亡保険契約および 傷害疾病定額保険契約）
（a）保険契約者の故意	17条1項	51条2号 80条2号（注1）
（b）保険受益者の故意	＝被保険者（注2）の故意 17条1項	＝保険金受取人の故意 51条3号 80条3号（注3）
（c）付保対象者の故意	財産保険：あり得ない 人保険：規定なし	＝被保険者の故意 51条1号（自殺免責） 80条1号

（筆者作成）

（注1）　ただし、死亡保険契約も傷害疾病定額保険契約も、保険契約者が被保険者と同一人
　　　　の場合は(c)（各条1号）が適用される（各条2号括弧書）。
（注2）　傷害疾病損害保険契約に関しては、保険法17条1項の「被保険者」が、「被保険者
　　　　（被保険者の死亡によって生ずる損害をてん補する傷害疾病損害保険契約にあっては、
　　　　被保険者又はその相続人）」と読み替えられている（35条）。
（注3）　ただし、死亡保険契約も傷害疾病定額保険契約も、保険金受取人が被保険者と同一
　　　　人の場合は(c)（各条1号）が、保険金受取人が保険契約者（≠被保険者）と同一人
　　　　の場合は(a)（各条2号）が適用される（各条3号括弧書）。

約款が規定する故意免責条項とでは、故意の対象事象が異なっていることがある。たとえば、傷害疾病定額保険契約に関しては、保険法の故意免責規定における故意の対象事象は給付事由であるが（80条1号～3号）、損害保険会社が引き受けている傷害保険の保険約款の故意免責条項における故意の対象事象は傷害である）。

　ところで、損害保険契約における故意の対象事象は、「保険事故」（5条1項に定義規定あり）と規定せず、「損害」と規定している。そのため、法文通りに発生損害を故意の対象事象とする考え方（なお、最高裁平成5年3月30日判決・民集47巻4号3262号はこの立場であるともいわれている）と、保険事故を故意の対象事象とする考え方とがある。

2．故意免責の趣旨

　故意免責は一般の理解が得られやすい法理である。
　この故意免責の趣旨としては、（a）公序良俗や公益（故意による事故招致について保険給付を認めることは、公序良俗違反（民法90条）や公益違反となること）、

および、（β）信義則（故意による事故招致は、保険契約当事者間の信義則に違反することが挙げられることが多い（こうした考え方とは異なり、（γ）保険受益者の故意による事故招致は著しく高度な危険であるがため、保険者は一般に引き受けることを欲せず、保険給付対象から除外しているという見解（危険除斥説という）や、（δ）保険の特性である保険事故の偶然性の要求に合わないとの考え方もある）。

　たとえば、前掲最高裁平成5年3月30日判決は、損害保険契約における被保険者の故意免責条項の趣旨について、「故意によって保険事故を招致した場合に被保険者に保険金請求権を認めるのは（β）保険契約当事者間の信義則あるいは（a）公序良俗に反するものである」と述べている。また、最高裁平成14年10月3日判決・民集56巻8号1706頁は、死亡保険契約における保険契約者や保険金受取人の故意免責条項について、商法が規定する故意免責規定と同旨のものであるとした上で、「（a）公益や（β）信義誠実の原則という本件免責条項の趣旨」と述べている（両判決とも、（a）（β）は筆者が付した）。さらに、最高裁平成16年6月10日判決・民集58巻5号1178頁も、故意免責規定および故意免責条項の趣旨について同旨を述べる。

II．考えてみよう：保険受益者の故意による事故招致と公益違反

1．故意免責規定の強行性

　故意免責の趣旨は、実は自明ではない。そして、故意免責の趣旨は、故意の主体によって必ずしも同一ではない。したがって、故意の主体ごとに故意免責の趣旨を検討する必要がある。ここでは、典型的な故意免責である図表5－1の(b)、すなわち、保険受益者に関する故意免責の趣旨（上記（a）の公益や公序良俗、および、上記（β）の信義則）、中でも上記（a）の公益違反や公序良俗違反（以下，単に公益違反という）について考えてみよう。

　もし、保険受益者の故意による事故招致が常に公益違反になるとしたら、たとえ故意免責規定の全部または一部を排除する保険契約当事者間の特約（すなわち、保険受益者の故意による事故招致の全部または一部を保険給付対象とする旨を規定する保険約款）が存在しても、当該特約の効力が否定されて保険者免責とな

第5章　故意免責　49

る（したがって、保険受益者に関する故意免責規定は絶対的強行規定であることになる）。

　他方、保険受益者の故意による事故招致が常に公益違反になる訳ではないとしたら、そのような場合に故意免責規定を排除する保険契約当事者間の特約（保険受益者の故意による事故招致の全部または一部を保険給付対象とする旨を規定する保険約款）が存在すれば、当該特約が公序良俗に反しない限りにおいて、当該特約の効力が認められて保険者有責となる（したがって、故意免責規定は（少なくともその限りにおいて）任意規定であることになる）。なぜなら、故意免責のもう一つの趣旨とされる信義則に関しては、保険給付を行うことについて保険契約当事者間で合意がなされていれば、信義則違反には該当しないからである。

　なお、故意の主体別に故意免責条項の趣旨を検討するにあたり、損害保険契約の財産保険では保険契約者および被保険者の２者が、人定額保険契約では保険契約者、保険金受取人、被保険者の３者がそれぞれ異なる保険契約を想定すると、論点が明確になることがある。そこで、以下では、そのような保険契約を想定して、保険受益者の故意による事故招致に関する免責規定（17条１項・51条３号・80条３号）の強行性を検討する。

２．設　　例

　以下の設例１および２は人定額保険である死亡保険契約、設例３〜５は損害保険契約に関する、保険受益者の故意による事故招致の設例である。故意免責とすべき（α）公益違反は認められるだろうか（保険給付が公益違反となるのであれば、たとえ保険者が下記設例について保険給付を行う保険約款を設けていたとしても、つまり、（β）信義則違反が成立しない場合であっても、保険者免責となる）。

【設例１：保険金取得目的の殺人】
　ある人物に、死亡保険が付されている（保険契約者はＡ、保険金受取人はＢ、被保険者はＣ）。ある日、Ｂは、保険金取得目的で被保険者Ｃを殺害した。そして、Ｂは保険者に対して死亡保険金を請求した。

【設例２：無理心中目的の殺人】
　ある人物に、死亡保険が付されている（保険契約者はＡ、保険金受取人はＢ、被保険

者はC）。ＢＣは親子関係にあるが（Ｂが子、Ｃが親）、Ｃは高齢で痴呆状態にあり、しかも重病を患って苦しんでおり、余命も長くないと見込まれている。そのため、Ｂは、短い余命を苦しみ続けなければならないＣの将来を悲観して、Ｃと無理心中を図った（なお、Ｂが無理心中を図ったことについて保険金取得目的は全くなかった）。すなわち、まずＢがＣを殺害し、その後にＢが自殺しようとした。けれども、Ｂは、Ｃを殺害したものの、Ｂ自身は死にきれなかった。その後暫くしてから、Ｂは保険者に対して死亡保険金を請求した。

【設例３：保険金取得目的の車両自損事故】

　ある自動車に、車両保険が付されている（保険契約者はＡ、車両被保険者兼自動車所有者はＢ）。Ｂは自分の自動車に飽きてきたので買い替えを考えていたが、買替費用が不足している。そこで、不足している買替費用に充てるために車両保険金を取得しようとして、当該自動車を湖に沈めた。そして、Ｂは保険者に対して車両保険金を請求した。

【設例４：自殺目的の車両自損事故】

　ある自動車に、車両保険が付されている（保険契約者はＡ、車両被保険者兼自動車所有者はＢ）。Ｂは難病に苦しんでいたが、将来を悲観して自殺を決意し、被保険自動車を運転して自動車ごと湖に転落させた。けれども、おりから通りかかった通行人が直ちに警察および消防に通報したため、まもなく救助され、一命は取り留めた。Ｂは、暫く入院治療を受けて回復し、退院後に保険者に対して車両保険金を請求した。

【設例５：意図的なホールインワン】

　あるアマチュア・ゴルファーにゴルファー保険が付されている（保険契約者はＡ、被保険者はＢ）。ゴルファー保険は複数の保険がセットされていることが多いが、その一つにホールインワン保険があり、この保険契約にもホールインワン保険が含まれていた。Ｂはある日、ゴルフコースでキャディを伴ってゴルフをプレイしたが、あるショートホールでティーショットをするにあたりホールインワンを狙ってティーショットをしたところ、運良くホールインワンを達成した。そこで、Ｂは保険者に対してホールインワン保険金を請求した。

　ここまで読んだら、次には進まずに、設例１～設例５のそれぞれについて、①保険者に保険金を支払うべきか、そして、②保険金を支払うべきである、または、支払うべきでないとして、それは（ａ）公益違反の観点からすると何故なのかを、深く、考えてみよう。

第５章　故意免責　51

3．多様な考え方

⑴　設例１（保険金取得目的の殺人）について

　保険金取得目的での殺人（いわゆる、保険金殺人）を故意免責とすべきこと、そして、保険金殺人をした保険金受取人への死亡保険給付が（α）公益違反になることは、異論がないところであろう。そのため、たとえ保険約款で、このような事案に関して保険法の免責規定を排除して保険者有責と定めても、当該約定は無効である。

⑵　設例２（無理心中目的の殺人）について

　この設例に関しても、死亡保険給付を認めることは（α）公益違反になるので故意免責とすべきであるとも考えられる。その一方で、この設例について故意免責とすることについては異論があるかもしれない。なぜなら、保険金受取人Ｂが無理心中を図った背景には相当の事情が存在しており、しかも、保険金取得目的は全くなかったからである。

　ちなみに、最高裁昭和42年１月31日判決・民集21巻１号77頁は、設例２と似たような事案であるものの、保険事故に至る事情が少々異なる。すなわち、この判決の事案は、保険金受取人が深夜に自宅居間で就寝中の妻子３人（うち妻が保険契約者兼被保険者）を猟銃で射殺した上で自身も自殺した。その後、保険金受取人の唯一の相続人である保険金受取人の子（無理心中で死亡した２人の子とは別の子）が死亡保険金を請求したものである。そして、保険金受取人が一家無理心中をしたのは、保険金取得目的ではなく、自身の事業不振を気に病んでのことであった。最高裁は、改正前商法680条１項２号（現在の保険法51条３号）の立法理由は、「保険金額（筆者注：保険金のこと）を受け取るべき者が故意に被保険者を死に致したときは、保険者は保険金額を支払う責に任ぜず、ただ積立保険料を保険契約者に払い戻すことを要すると規定している。同条の立法理由は、被保険者を殺害した者が保険金額を入手することは、（α）公益上好ましくないし、（β）信義誠実の原則にも反し、（δ）保険の特性である保険事故の偶然性の要求にも合わないところにあると考えられる。」と述べた上で、保険金取得目的がなかったこの事案においても保険者免責になると判断した

（（α）（β）（δ）は筆者が付した）。

設例2において検討すべきは、相当の事情を背景に無理心中を図ったものの生き残った保険金受取人Bに保険給付を認めることが（a）公益違反となるか否かである。そこで、公益違反判断の対象事象に着目してみると、少なくとも次の2つの考え方があり得よう。

(ア) 故意の対象事象自体の反公益性

一つは、故意の対象事象自体について公益性の有無を問う考え方である（以下、本章において(p)の考え方という。強いていえば、「対象事象反公益性説」とでも称することになろう）。

たとえば、設例1においても設例2においても、保険金受取人による故意による事故招致で保険事故が発生しているが、どのような事情があろうと、この事故招致自体が他人の殺害という重大な犯罪行為である。したがって、設例1・設例2とも、当該保険金受取人であるBが保険金を取得することは公益違反に該当すると一応は考えられる。

しかしながら、刑事における取扱いは別として、社会として絶対に容認されない行為であるか、という観点では考え方が分かれるかもしれない。すなわち、設例1は、保険金殺人であって、単に犯罪行為であるのみならず、到底、社会的にも容認されない行為であるので、そのような行為は公益違反である。他方、設例2は、犯罪行為ではあるものの、必ずしも社会的に到底、容認されない行為であるとまではいえない、との考え方もあるかもしれない。

(イ) 故意による事故招致に対する保険給付の反公益性

もう一つは、故意免責において問題とすべきは、故意の対象事象（ここでは、殺人）自体の反公益性ではなくて、対象事象を故意に行った者（前掲最高裁昭和42年1月31日判決のように無理心中が成功した場合には、保険金受取人自身が死亡しているので、その相続人）に保険給付請求を認めることが、(q-1)保険制度の運営を破壊したり、(q-2)社会的にみて不当な利得と評価されたりするのであれば、反公益性が認められるとする考え方である（以下、本章において(q)の考え方という。強いていえば、「保険給付反公益性説」とでも称することになろう。東京高裁平成21年10月28日判決・判時1324号135頁がこの考え方を採用している。なお、前掲最高裁昭和42年1月31日判決は、「被保険者を殺害した者が保険金額を入手することは、

公益上好ましくない」と述べているが、(q-2)のことを述べていると理解することも可能である）。

そこで検討するに、設例1について保険給付を認めると、保険制度を大きく毀損したり崩壊させたりすることになり(q-1)、また、保険金受取人Bが保険金を取得することは社会的にみて不当な利得と評価されるので(q-2)、公益違反となる。

一方、設例2について保険給付を認めても、保険制度が崩壊していくことはないであろう。なぜなら、保険金取得目的でない無理心中の発生率は低く、また、保険給付を認めても無理心中の発生率が著しく増加することは考えがたいので、設例2のような事案の保険給付を保険料率に織り込むことができるからである。そのため、(q-1)には該当しないといえよう。

他方、無理心中を図ったものの死にきれなかった保険金受取人Bに対して、Bが死亡させた被保険者Cに関する死亡保険金の保険給付を認めることは、社会的にみて不当な利得に該当するので(q-2)、公益違反になるとも考えられる。けれども、社会的にみて不当な利得であるとはいえず、(q-2)に該当しないとも考えられる（特に、無理心中が「成功」してBも死亡し、Cに関する死亡保険金をBの相続人が請求する場合）。

(3) 設例3（保険金取得目的の車両自損事故）について

設例3において車両保険給付を認めることは公益違反となるので、故意免責とすべきことに異論がないところであろう。問題は、なぜ公益違反となるかである。そこで、故意免責の趣旨の一つである公益違反に関する前述の(p)(q)の考え方を設例3に当てはめて検討してみる。

㋐ 故意の対象事象自体の反公益性

設例1や設例2における故意の対象事象は被保険者の殺害であり、そのこと自体が犯罪行為であった。一方、設例3における故意の対象事象は、少なくとも器物損壊罪（刑法261条）には該当しない。同罪は、他人の物を損壊または傷害した場合にのみ成立するからである。なお、自己所有物であっても、被差押財産であったり、物権や配偶者居住権が設定されていたり、賃貸されている物である場合には処罰対象となるが（刑法262条）、そのような物でなければ同罪

54　第2部　各種保険契約に共通の規律

は成立しない。したがって、故意の対象事象に関して反公益性を問うのであれば、器物損壊罪以外の何らかの犯罪行為に該当するか否かを問うことになろう。

また、保険金取得目的での自己所有自動車の湖中投棄が何ら犯罪行為に該当しないとしても、当該行為が到底、社会的に容認されない行為である場合には故意の対象事象自体に反公益性が認められるとの考え方もあり得よう。けれども、設例3の行為は、そこまで社会的に非難されるべき行為ではないかもしれない。

(イ) 故意による事故招致に対する保険給付の反公益性

設例3において保険金請求を認めることが、(q-1)車両保険制度（あるいは、自動車保険制度）の運営を破壊したり、(q-2)保険金受取人Bが保険金を取得することが社会的にみて不当な利得と評価されたりするのであれば、反公益性が認められることになる。

そこで検討すると、設例3において保険給付を認めると、保険制度が崩壊していくのに明らかであるので(q-1)に該当する。また、保険金取得目的で被保険者自身が意図的に保険の目的物を損壊した上で保険金請求しているので、当該保険給付は社会的にみて不当な利得であると考えられ、(q-2)にも該当する。したがって、(q)を公益違反と捉える立場では、設例3において保険給付を認めることは公益違反になると考えられる。

(4) 設例4（自殺目的の車両自損事故）について

設例4も故意による保険の目的物の損壊であるが、保険金取得目的での行為ではない。そこで、設例3と同様に、前述の(p)(q)の考え方を設例4に当てはめて検討してみる。

(ア) 故意の対象事象自体の反公益性

設例4における故意の対象事象は、自殺目的での自動車ごとの湖中転落である。この行為は、設例3と同様、器物損壊罪は成立しない。したがって、故意の対象事象に関して反公益性を問うのであれば、器物損壊罪以外の何らかの犯罪行為に該当するか否かを問うことになろう。

また、自殺目的での自己所有自動車ごとの湖中転落が何ら犯罪行為に該当し

第5章 故意免責 55

ないとしても、当該行為が到底、社会的に容認されない行為である場合には故意の対象事象自体に反公益性が認められるとの考え方もあり得よう。けれども、設例4の行為は、そこまで社会的に非難されるべき行為ではないであろう。

(イ)　故意による事故招致に対する保険給付の反公益性

設例4において保険金請求を認めることが、(q-1)車両保険制度（あるいは、自動車保険制度）の運営を破壊したり、(q-2)保険金受取人Bが保険金を取得することが社会的にみて不当な利得と評価されたりするのであれば、反公益性が認められることになる。

そこで検討すると、設例4において保険給付を認めても、保険金取得目的はなかったのであるから、保険給付によって保険制度が崩壊していくとは考えがたいので、(q-1)には該当しないであろう。また、自殺の手段として運転車両を湖中に転落させたものであり、その後の車両保険金受領が社会的にみて不当な利得とは評価されないとすると、(q-2)にも該当しないことになる。

(5)　設例5（意図的なホールインワン）について

一般に、どのゴルファーもショートホールにおいてはホールインワンを狙ってティーショットを放つ。そのため、ホールインワン保険の被保険者が運良くホールインワンを達成した場合には、そのほとんどが故意による事故招致であることになる。けれども、故意免責を理由として保険者が保険給付を断ることはないし、また、そのような保険給付の有効性は一般に承認されている。一体、なぜであろうか。そこで、故意免責の趣旨の一つである（α）公益違反に関する前述の(p)(q)の考え方を設例5に当てはめて検討してみる（なお、故意によるホールインワン達成でも保険給付をすることについて保険者は合意しているので、（β）信義則違反の問題は生じない）。

(ア)　故意の対象事象自体の反公益性

設例5における故意の対象事象は、ホールインワンを狙ってティーショットを放つことであるが、そのことは、もちろん犯罪行為ではない。また、社会的にも容認されている行為である。したがって、保険金取得目的で対象事象（ホールインワン保険では、ティーショット）を故意に行ったとしても、故意の対象事象に反公益性は認められず、保険給付も認められることになる。

56　第2部　各種保険契約に共通の規律

なお、ホールインワン保険の保険給付を意図してティーショットを放っても実際にホールインワンを達成できる確率が低いがために、故意の対象事象事態に反公益性が認められないとの見解もあるかもしれない。しかしながら、ホールインワンと同程度の確率でしか成功しない保険金取得目的の殺人がたまたま成功した場合には、やはり故意の対象事象自体に反公益性が認められて免責とすべきであろう。したがって、成功確率の大小は、故意の対象事象自体の反公益性に関する決定的な判断基準ではないと考えられる。

　(イ)　故意による事故招致に対する保険給付の反公益性

　設例5において保険金請求を認めたとしても、(q-1)ゴルファー保険制度の運営を破壊したり、(q-2)保険金受取人Bが保険金を取得することが社会的にみて不当な利得と評価されたりするのであれば、反公益性が認められることになる。

　そこで検討すると、設例5において保険給付を認めても、保険制度が崩壊していくことはない（また、現実にホールインワン保険が損害保険会社によって運営されている）。なぜなら、ホールインワンを意図してティーショットを放ったとしても、ホールインワンを達成できる確率は非常に低いからである。そのため、(q-1)に該当しない。また、ホールインワン達成時に必要となる費用損害をてん補する保険給付は、社会的にみて不当な利得であるとは考えられていないので、(q-2)にも該当しない。したがって、保険給付を認めることは公益違反にはならない。

　なお、生存保険契約に関しては故意免責規定が設けられていない（51条柱書）。けれども、被保険者が保険金受取人と同一人物である場合には、生存保険事故となる一定時期まで生き続けるということは、ある意味では保険受益者の故意による事故招致である。それでも故意免責規定が設けられていないのは、ホールインワン保険と同様に、生存保険契約における保険事故である被保険者の一定時期における生存が社会的に容認されているばかりか(p)、生存保険給付を行っても保険制度が崩壊する懸念はなく（q-1。生存保険が実際に存在している）、また、生存保険給付が社会的にみて不当な利得とは評価されない(q-2)からであると考えられる。

　以上の(1)〜(5)の検討結果を整理すると図表5−2の通りとなる。

【図表５－２：対象事象自体の反公益性と保険給付の反公益性】

	（p）故意の対象事象の反公益性	（b）故意による事故招致に対する保険給付の反公益性	
		（q−1）保険制度運営の破壊のおそれ	（q−2）社会的にみて不当な利得
設例１：保険金取得目的での被保険者殺人	あり	あり	あり
設例２：無理心中目的での被保険者殺人	なし？	なし	あり？／なし？
設例３：保険金取得目的での自己所有物破壊	なし？	あり	あり
設例４：自殺目的での自己所有物破壊	なし	なし	なし
設例５：保険金取得目的でのホールインワン	なし	なし	なし

（筆者作成）

⑹　小括：一つの考え方

　故意免責の趣旨の一つである公益違反に関しては、故意の対象事象自体の反公益性に着目する考え方（(p)の考え方）と、故意による事故招致に対する保険給付の反公益性に着目する考え方（(q)の考え方）がある。上述の通り、両者を設例１〜設例５に当てはめて検討してみたが、一般論としては次のことがいえるかと思われるが、どうであろうか。

㋐　保険金取得目的での故意による事故招致

　保険金取得目的での故意による事故招致は設例１、設例３、設例５であるが、公益違反の説明として(p)(q)いずれの立場が合理的であるかを整理すると次の通りとなる。

　まず、公益違反として保険者免責になることを、故意の対象事象自体の反公益性に求める(p)の立場では、設例１が公益違反であること、および、設例５が公益違反でないことをうまく説明できる。けれども、設例３が公益違反となることを説明しにくい。

　他方、公益違反として保険者免責になることを、故意による事故招致に対す

る保険給付の反公益性に求める(q)の立場では、設例1や設例3に関して保険給付を行うことは、保険制度の崩壊に繋がりかねず(q-1)、また、保険給付が社会的にみて不当な利得に該当するので(q-2)、そのような故意による事故招致に保険給付を行うことは公益違反であると説明できる。他方、設例5に関して保険給付を行うことは、保険制度の崩壊に繋がらず(q-1)、しかも、保険給付が社会的にみて不当な利得に該当しないので(q-2)、そのような故意による事故招致（たとえば、設例5のホールインワン）に対して保険給付を行っても公益違反とはならないと説明できる。

このように、保険金取得目的での故意による事故招致を原則として公益違反として保険者免責とすべきことや（たとえば、設例1、設例3）、例外的に公益違反とはならないので保険者免責としなくてもよいことがあることは（たとえば、設例5）、故意免責の趣旨を故意による事故招致に対する保険給付の反公益性に求める(q)の立場では一貫して合理的に説明できる。他方、故意免責の趣旨を故意の対象事象自体の反公益性に求める(p)の立場では、故意の対象事象次第では合理的に説明しにくいことがある（たとえば、設例3）。

(イ)　保険金取得目的以外での故意による事故招致

保険金取得目的以外での故意による事故招致は設例2および設例4であるが、公益違反の説明として(p)(q)いずれの立場が合理的であるかを整理すると次の通りとなる。

まず、公益違反として保険者免責になることを、故意の対象事象自体の反公益性に求める(p)の立場では、設例2や設例4が公益違反となることについては見解が分かれよう（ただし、設例2については、殺人行為であるから、どのような事情があったにせよ公益違反であるとの評価は十分に成り立つところである）。

他方、公益違反として保険者免責になることを、故意による事故招致に対する保険給付の反公益性に求める(q)の立場では、設例2も設例4も保険金取得目的ではないので、保険制度崩壊の懸念(q-1)はないであろう。そして、保険給付が社会的にみて不当な利得に該当する観点からは(q-2)、設例4における保険給付は公益違反とならない。けれども、設例2における保険給付が(q-2)の観点から公益違反となるか否かについては見解が分かれよう。

このように、保険金取得目的以外での故意による事故招致に関しては、故意

の対象事象自体の反公益性に求める(p)の立場でも、故意による事故招致に対する保険給付の反公益性に求める(q)の立場でも、一貫性のある合理的な説明可能性については大差がない。すなわち、設例4についてはいずれの立場でも反公益性が認められない（したがって、保険約款において保険給付を行う旨を規定すれば保険者免責とはならないと考えられる）。そして、設例2に関しては、いずれの立場でも公益違反の有無に関して評価が分かれ得るからである（社会的に容認されない行為、あるいは、社会的に容認されない保険給付であるか否かの判断は、事案によっては様々な考え方があり得るだろうし、また、世の中の倫理感等の変化に応じて判断結果が変わる可能性がある）。

　ここで、設例2についてさらに考えてみると、当該行為自体が社会的に容認されないこと（(p)の考え方）と、当該行為の結果について保険給付を行うことが社会的に容認されないこと（(q-2)の考え方）との相違は限界的である。社会的に容認されない行為に関しては、その結果について保険給付を行うことも社会的に容認されないだろうし、逆に、社会的に容認される行為に関しては、その結果について保険給付を行うことも社会的に容認されるだろうからである（ただし、行為自体に対する社会的評価と、行為の結果について保険給付を行うことに対する社会的評価とが異なり得ることもあるので、常に同一の結論となる訳ではない）。

(ｳ)　公益違反という故意免責の趣旨が及ぶ範囲

　以上の検討を総合すると、故意の対象事象自体について公益違反性を判断する立場であろうが（(p)の考え方）、故意による事故招致に保険給付することについて公益違反性を判断する立場であろうが（(q)の考え方）、故意による事故招致であっても公益違反とはならないことがある。そして、そのような事故招致は、保険金取得目的でない事故招致についても（たとえば、設例4）、保険金取得目的である事故招致についても（たとえば、設例5）、存在し得ることになる。

　そうであるとすると、故意免責の趣旨の一つに（ａ）公益違反（の防止）があると判例は述べているが、故意による事故招致のすべてに当てはまる訳ではないことになる。したがって、仮に、故意免責の趣旨の一つに（ａ）公益違反（の防止）があるとしても、当該趣旨が及ばないことがあり得ることになると考えられる。

ただし、どのような特徴・特色を持つ故意による事故招致が（a）公益違反に該当しないかは未だ明らかにされていない。

　ちなみに、設例5と同様の保険商品として、たとえば先進医療特約がある（ただし、これは傷害疾病定額保険である）。この特約を付帯していると、厚生労働大臣が定める先進医療（がんに対する陽子線治療や重粒子線治療など）を受けたときに保険給付がなされる。先進医療に適合する病状の患者が先進医療を受けるか否かは患者自身の任意であるが、当該患者たる被保険者が先進医療を希望して受けても、（a）公益違反には該当しないであろう。

　また、実在しない保険商品であるが、たとえば、私大医学部学費保険といった費用保険を想定することができる。一般に私立大学医学部の学費は高額であるが、合格時の学費負担に備える保険である。特定の医学部の合格率が10パーセント（合格倍率10倍）であり、保険金を500万円とすると（私立大学医学部の入学時に要する学費は500万円以上であると仮定する）、純保険料は50万円となる。この保険は、まさに故意による事故招致を担保する保険であるが、不正な方法でない限り、意図的な合格は、（p）社会的に容認される行為であり、また、（q-1）保険制度の崩壊につながるものではなく、そして、（q-2）学費補助のための保険給付は社会的に非難されるものではないとすると、公益違反とはならないであろう。結婚保険（婚資保険）や出産保険なども同様に考えられる。

(エ)　その先へ（保険受益者以外の者に対する保険給付の可否）

　上記(ア)(イ)の検討より、故意の対象事象自体の反公益性に着目する考え方（(p)の考え方）と、故意による事故招致に対する保険給付の反公益性に着目する考え方（(q)の考え方）の優劣を比較すると、保険金取得目的以外での故意による事故招致（たとえば、設例2および設例4）に対する保険給付が公益違反となることの説明に関しては、両説に大差はない。けれども、保険金取得目的での故意による事故招致であって、故意の対象事象自体が犯罪行為や違法行為でないもの（たとえば、設例3、設例5）のうち、保険給付すべきではないと思われるもの（設例3）に対する保険給付が公益違反となることをうまく説明できる点において、(q)の考え方がやや優れているといえるかもしれない。

　ところで、(q)の考え方に基づいて公益違反が認められる場合には、直ちに保険者免責とすべきであるという結論には結び付かない。なぜなら、保険受益

者が故意による事故招致をした場合であっても、当該受益者ではない者（たとえば、設例1や設例2では、保険金殺人や無理心中に全く関係がなかった保険契約者A）に対して保険給付をすることにすれば（たとえば、保険約款でその旨を規定する）、公益違反とはならないとも考えられるからである。また、本来、保険者は、被保険者Cの死亡による死亡保険金支払を予定しており、そして、Cの死亡リスクに関する保険料を収受していたからである（ただし、この論点は保険料算定の問題に過ぎない。そのため、保険金殺人（たとえば、設例1）のような事案による被保険者の死亡を保険料率算定において除外するようにすれば、こうした問題は生じない）。

　一方、(p)の考え方であれば、行為自体の反公益性に着目するので、設例1や設例2では保険受益者によって殺人という社会的に容認されない行為が行われた以上、保険受益者であるBに対してのみならず、他の者に対しても、当該保険契約の保険給付は強行的に否定されることになろう。このように考えると、故意による事故招致について公益違反を理由に保険者免責を貫徹する立場を採るのであれば（たとえば、設例1や設例2において、保険受益者であるBによる保険給付を否定するだけでなく、他の者からの保険給付請求を認める特約も否定するのであれば）、行為自体の反公益性に着目する(p)の考え方が馴染みやすいといえよう。

（吉澤　卓哉）

〈Ⅱに関する参考文献〉
　榊素寛「故殺・自殺・保険事故招致免責の法的根拠」江頭憲治郎先生還暦『企業法の理論（下巻）』（商事法務、2007年）
　坂口光男「保険事故の招致」明治大学法律論叢43巻4・5号（1970年）
　竹濵修「保険事故招致免責規定の法的性質と第三者の保険事故招致（2・完）」立命館法学171号（1983年）

第 6 章　重大事由解除

Ⅰ．基礎的な説明

1．保険契約と重大事由による解除権

　保険法は、損害保険契約について同30条に、生命保険契約について同57条に、そして、傷害疾病定額保険契約について同86条に、それぞれ重大事由による解除を定め、その解除事由を各1号から3号に列挙している。具体的には、①保険契約者等による保険金取得目的の故意の保険事故招致またはその未遂（各1号）、②保険給付請求についての詐欺行為またはその未遂（各2号）、そして、③上記①②のほか、保険者の保険契約者等に対する信頼を損ない、当該保険契約の存続を困難にする重大な事由が生じた場合（各3号）には、保険者に解除権を認める（30条・57条・86条）。

　保険法における重大事由解除の規定は、（a）契約当事者相互の信頼関係を基礎とする「継続的契約において当事者の一方の強度の不信行為により信頼関係が破壊され、信義則上相手方に契約関係の維持を期待しえないときは、相手方はその契約を即時に解約することができる」（最高裁昭和27年4月25日判決・民集6巻4号451頁）という、いわゆる信頼関係破壊の法理を実定法化したものと位置付けられている。すなわち、保険契約とは、継続的契約であるのみならず、契約当事者間の権利義務の関係が保険期間中における保険事故の発生不発生およびその発生の時期いかんという偶然の事情に左右される射倖契約であり、契約当事者双方に信義誠実の原則に従った行動を取ることが強く要請される善意契約である。そのような保険契約にあって、モラルリスク事案のように、（a）保険契約者等によってこうした信頼関係を破壊するような行為が行われた場合には、もはや当該契約関係は維持することができないものとして、

保険者に解除による保険契約関係からの解放を認め、これをもって（β）保険者がモラルリスク等の保険契約の不正な利用の意図が認められる事案に適切に対処することができるようにしたものである。

　なお、重大事由による解除について規定した保険法30条、57条および86条は、いずれも片面的強行規定である（33条1項・65条2号・94条2号）。重大事由に該当しない軽微な事由について保険者に解除権を認める旨の約定は、片面的強行規定の適用除外契約に該当しない限り（36条各号）、無効とされる。

２．解除要件となる重大事由

(1)　故意の保険事故招致またはその未遂行為（各1号）

　保険法に定める解除事由の第1は、保険者に保険給付を行わせることを目的とした故意の保険事故招致またはその未遂行為である。保険法では、同法における保険契約類型ごとに、次のように書き分けられている。損害保険契約において、保険契約者または被保険者が、保険者に当該損害保険契約に基づく保険給付を行わせることを目的として損害を生じさせ、または生じさせようとしたこと（30条1号）、生命保険契約において、死亡保険契約の保険契約者または保険金受取人が、保険者に保険給付を行わせることを目的として故意に被保険者を死亡させ、または死亡させようとしたこと（57条1号）、傷害疾病定額保険契約において、保険契約者、被保険者または保険金受取人が、保険者に当該傷害疾病定額保険契約に基づく保険給付を行わせることを目的として給付事由を発生させ、または発生させようとしたこと（86条1号）、である（以下、「1号事由」という。図表6参照）。

　1号事由に該当するためには、故意の保険事故招致というだけでは足りず、保険者に保険給付を行わせる目的を要する。故意の保険事故招致は、保険者の免責事由になる（17条・51条・80条）が、保険金取得目的による故意の保険事故招致は、保険契約の解除事由にもなることを明示したものである。また、未遂であっても、同号の解除事由に該当する。

(2)　保険給付請求についての詐欺またはその未遂行為（各2号）

　保険法に定める解除事由の第2は、損害保険契約における被保険者、生命保

【図表6：各保険契約類型における1号事由】

	損害保険契約 （30条1号）	生命保険契約 （57条1号）	傷害疾病定額保険契約 （86条1号）
主　体	保険契約者 または被保険者	死亡保険契約の 保険契約者 または保険金受取人	保険契約者、 被保険者 または保険金受取人
目　的	保険者に 当該損害保険契約 に基づく 保険給付を行わせること	保険者に 保険給付を行わせること	保険者に 当該傷害疾病定額保険契約 に基づく 保険給付を行わせること
行　為	損害を生じさせ、 または 生じさせようとしたこと	故意に被保険者を死亡させ、 または 死亡させようとしたこと	給付事由を発生させ、 または 発生させようとしたこと

（筆者作成）

　険契約および傷害疾病定額保険契約における保険金受取人が、当該保険契約に基づく保険給付の請求について詐欺を行い、または行おうとしたこと（30条2号・57条2号・86条2号）である（以下、「2号事由」という）。保険給付の請求にかかる詐欺行為には、①保険事故が発生していないにもかかわらず、保険事故の発生を偽装して保険給付請求をする場合、②保険給付要件の不充足・保険者免責事由に関わる状況を隠蔽ないし偽装して保険給付請求をする場合、③保険事故は発生し、かつ、保険者免責事由に該当しないものの、保険給付請求に当たって実際よりも過大に申告して保険給付請求を行う場合などが該当し得る。

　2号事由に定める「詐欺」とは、保険者を錯誤に陥らせ、保険金を支払わせる意思で、保険者に対して欺罔行為を行ったという意味である。民法上の詐欺と同様、二重の故意、すなわち、虚偽の事実を述べることを認識した上で、その欺罔行為により保険者を錯誤に陥らせる意思があることを要する。

　2号事由には、保険給付の請求について詐欺を「行おうとした」場合も含まれるので、未遂であっても同号の解除事由に該当する。それゆえ、保険者が欺罔行為によって実際に錯誤に陥ることや保険金の支払が現になされることは必要でない。

　また、詐欺は、保険者による保険契約の解除を正当化するに足りる程度のものであることを要し、軽微なものを含まない。2号事由を含めた保険法上の重

大事由解除は、前述Ⅰ1の通り、（a）信頼関係破壊の法理を実定法化したものと位置付けられていることから、保険者の重大事由解除権の行使を正当化するほどの信頼の破壊といえる詐欺性が必要というべきであると解されている。他方、2号事由に該当するか否かは、正当な権限がないことを知りつつ、保険者を騙して保険金をより多く取得する意思をもって請求を行ったか否かによって決まるものであり、このような意思をもって行われる限り、金額が少額であることや軽い気持ちで行われたことによって2号事由の該当性が否定されるものではないとの見解がある。

(3) その他の信頼破壊行為（各3号）

保険法に定める解除事由の第3は、1号事由および2号事由のほか、損害保険契約においては保険契約者または被保険者、生命保険契約および傷害疾病定額保険契約においては保険契約者、被保険者または保険金受取人に対する保険者の信頼を損ない、当該保険契約の存続を困難とする重大な事由（30条3号・57条3号・86条3号）である（以下、「3号事由」という）。1号事由および2号事由以外にも、（a）保険契約者等によって保険者との信頼関係を破壊する行為が行われ、保険契約関係が維持できない場合があり得るが、3号事由は、このような場合について保険者に解除権を認める、いわゆる包括条項（バスケット条項）である。

各3号をもって「前2号に掲げるもののほか」とされているように、保険法の規定振りに鑑み、3号事由は、1号事由および2号事由に比肩するような重大な事由があった場合に限られると解されている。したがって、3号事由の適用に当たっては、1号事由および2号事由を踏まえて解釈することを要するとされている。

3号事由に基づく解除が認められるためには、保険者の保険契約者等に対する信頼を損なうこと、および当該保険契約の存続を困難にすること、という二つの要件を充たす必要がある。

3．解除の対象

損害保険契約および傷害疾病定額保険契約において、1号事由で解除できる

のは、解除事由が生じた「当該」保険契約のみである（30条1号・86条1号）。したがって、保険者は、保険契約者と締結している別の保険契約や、保険契約者が他の保険者との間で締結している保険契約において生じた1号事由によっては、「当該」保険契約を解除することはできない。

損害保険契約および傷害疾病定額保険契約に対して、生命保険契約について定めた保険法57条1号は、「保険者に保険給付を行わせることを目的として故意に被保険者を死亡させ、又は死亡させようとしたこと」と規定している（ただし、死亡保険契約に限る（57条柱書））。損害保険契約における「当該損害保険契約に基づく保険給付」や、傷害疾病定額保険契約における「当該傷害疾病定額保険契約に基づく保険給付」といった限定はない。

損害保険契約・傷害疾病定額保険契約と生命保険契約との1号事由をめぐるこの相違について、次のように説明されている。すなわち、損害保険契約および傷害疾病定額保険契約では、保険契約者等が一つの保険契約について故意の保険事故招致を行った、または行おうとしたことが、ただちに同じ類型の他の保険契約についても重大事由を構成するとは考えられないのに対して、生命保険契約は、たとえ他の保険契約であっても保険契約者等が被保険者を死亡させ、まには死亡させようとした以上、保険契約の不正利用の意図が顕在化しているためである。

4．解除の効果

保険法によれば、重大事由による解除は、将来に向かってのみその効力を生じる（31条1項・59条1項・88条1項）。また、重大事由によって保険契約が解除された場合には、重大事由が生じた時から保険契約が解除された時までに発生した保険事故または給付事由について、保険者は免責される（31条2項3号・59条2項3号・88条2項3号）。これは、保険契約者等が重大事由を生じさせることによって、保険者が過大な危険の引受けをしていることになるため、重大事由が生じた後における保険者の免責を認めることによって、保険者をこの過大な危険から解放するものである。

5．重大事由解除と除斥期間・因果関係不存在特則

重大事由による解除については、保険法上、除斥期間の定めがない。重大事由による解除権に除斥期間を設けることによって、（β）モラルリスク等の保険契約の不正な利用の意図が認められる事案への適切な対処を通して、不正利用のリスクを軽減するという、重大事由による解除の規定が目指す効果が期待できなくなってしまうことは相当ではない。加えて、そもそも重大事由による解除では、保険契約者等の悪質性が非常に大きいこと、（β）不正利用防止の必要があること等から、基本的には保険者の解除権行使を制限して法的安定性を図るべき場合ではない、というのがその理由とされる。

保険法はまた、重大事由によって解除された場合について、因果関係不存在特則を設けていないが、この点も、同様の理由による。

Ⅱ．考えてみよう：反社会的勢力排除条項の有効性

1．反社会的勢力排除条項と重大事由解除

平成19年6月、犯罪対策閣僚会議において、企業が暴力団をはじめとする反社会的勢力との一切の関係を遮断することを基本原則とする「企業が反社会的勢力による被害を防止するための指針」（以下、「政府指針」という）が公表された。この政府指針を受けて、金融庁は、平成20年3月、「保険会社向けの総合的な監督指針」の改正をもって、保険業界に対し、反社会的勢力の排除に関する条項（以下、「反社条項」という）の導入を求めた。

その後、平成23年6月には、生命保険協会が、「生命保険業界における反社会的勢力への対応指針」を制定するとともに、「保険約款に導入すべき暴力団排除条項の規定例」を作成した。また、日本損害保険協会も、平成25年6月、「損害保険業界における反社会的勢力への対応に関する基本方針」を制定するとともに、「反社会的勢力への対応に関する保険約款の規定例」を作成している。そして、現在、あらゆる保険会社が、これらの規定例と内容をほぼ同じくする反社条項を各社の保険約款に導入している。

反社条項では、保険契約者、被保険者または保険金受取人が次のいずれかに
該当する場合、保険者は保険契約を解除することができると定めた上で、解除
事由が列挙されている。具体的には、①暴力団、暴力団員（暴力団員でなくなっ
た日から５年を経過しない者を含む）、暴力団準構成員、暴力団関係企業その他の
反社会的勢力（以下、「反社会的勢力」という）に該当すると認められること、②
反社会的勢力に対して資金等を提供し、または便宜を供与するなどの関与をし
ていると認められること、③反社会的勢力を不当に利用していると認められる
こと、④保険契約者または保険金の受取人が法人の場合、反社会的勢力がその
法人の経営を支配し、またはその法人の経営に実質的に関与していると認めら
れること、⑤その他反社会的勢力と社会的に非難されるべき関係を有している
と認められること、である。

　前述の生命保険協会・日本損害保険協会による規定例および生損保各社の保
険約款のほとんどは、反社条項を導入する際、重大解除事由の一つに規定して
いる。保険法では、既述のように、すべての保険契約類型に共通の規律として
重大事由による解除を定め、その解除事由を各１号から３号に列挙している
が、保険約款中の反社条項は３号事由を具体化したものとして位置付けられて
いる。

　他方、保険法は、重大事由解除を明文化した上で、これを片面的強行規定と
している（33条１項・65条２号・94条２号）。そのため、反社会的勢力に該当する
という属性のみで保険契約の解除を認める反社条項は、保険法に定める重大事
由解除にかかる規定に比して、保険契約者、被保険者または保険金受取人に不
利な特約として無効になるおそれがある。

２．設　　例

【設例１】
　Ａは、Ｂ生命保険会社との間で、Ａを保険金受取人、Ａの妻Ｃを被保険者とする死亡
保険契約を締結した。この死亡保険契約に適用される保険約款には、重大解除事由とし
て反社条項が設けられている。
　その後、特殊詐欺グループが摘発され、同グループのメンバー５名が大規模な特殊詐
欺に関与した容疑で逮捕された。このとき、Ａは、メンバーの１人として逮捕されてい
る。なお、この特殊詐欺グループに暴力団の関与が疑われたが、この点は明らかにされ

ていない。

　Ｂ生命保険会社は、特殊詐欺グループは反社条項に定める「暴力団、暴力団員（暴力団員でなくなった日から５年を経過しない者を含む）、暴力団準構成員、暴力団関係企業その他の反社会的勢力」であり、そのメンバーとして逮捕されたＡは、上記約款中の反社会的勢力に該当するとして、Ａに対して、両者の間の死亡保険契約を解除する旨の意思表示をした。Ｂ生命保険会社による解除は、有効か。

【設例２】

　甲は、乙損害保険会社との間で、自己所有家屋について住宅総合保険契約を締結した。この住宅総合保険契約に適用される普通保険約款には、重大解除事由として反社条項が設けられている。

　甲が、乙損害保険会社との間で住宅総合保険契約を締結してから半年が経った頃、保険の目的物である甲所有家屋に火災が発生し、全焼した。そこで、甲は、乙損害保険会社に対して、上記契約に基づいて保険金の支払を求めた。

　これに対して、乙損害保険会社は、甲が当該家屋で同居している内縁の夫丙が指定暴力団丁会の構成員であることから、甲が、上記反社条項に定める解除事由のうち「反社会的勢力と社会的に非難されるべき関係を有していると認められること」に該当するとして、両者の間の住宅総合保険契約を解除する旨の意思表示をした。乙損害保険会社による解除は、有効か。

３．多様な考え方

(1)　設例１について：反社条項の有効性と「反社会的勢力」該当要件

　設例１では、ＡとＢ生命保険会社との間の死亡保険契約に適用される反社条項の有効性が問題となっている。前述Ⅱ１にあるように、保険約款における反社条項は、３号事由の具体的場合の一つとして位置付けられているが、その規定振りから、（ａ）信頼関係破壊および契約継続の困難性の有無にかかわらず、保険契約者、被保険者または保険金受取人の属性のみで解除できると読めるため、片面的強行規定に反するのではないかということが議論されている。

　反社条項の有効性をめぐって、学説上、いくつかの見解が示されている。まず、反社条項を３号事由の具体的場合の一つと捉えた上で、その有効性を肯定する見解がある。この見解によると、暴力団構成員等はその資金獲得活動の一環として保険金の不正請求を行うおそれが高く、かつ、反社会的勢力との関係遮断への取組みが強く義務付けられている保険会社にあって、保険契約者等が

70　第２部　各種保険契約に共通の規律

反社会的勢力であるという事実は、（α）信頼関係破壊および契約継続の困難を十分に基礎付けるものであり、反社会的勢力の属性それ自体が重大解除事由に該当するとする。同様に、反社条項を3号事由の具体的場合の一つと捉えた上で、（α）信頼関係破壊の存否を判断するに当たって、（β）モラルリスクに関連しない事情を考慮することができないため、反社条項は（β）モラルリスクを招来する高度の蓋然性がある者との関係において有効であるとする見解がある。このような見解に対して、人的要素、すなわち、保険契約者、被保険者または保険金受取人の属性だけで、重大事由解除における（α）信頼関係の破壊があったとはいえないのであるから、反社条項は、3号事由の包括条項の想定を超えるものであり、解除権の濫用に当たるとする見解がある。

　他方、反社条項は、保険法における重大事由解除とは別個独立の解除権を定めたものであるとする見解がある。この見解によると、保険法における重大事由解除が主として（β）モラルリスクの排除を目的とするのに対して、反社条項はあくまで暴力団等の反社会的勢力を社会から根絶するという政策的な目的のために設けられた規定であり、したがって、反社条項は、重大事由解除の特約ではなく、片面的強行規定にも反しないとする。

　反社条項を適用した保険契約の解除の有効性が争われた広島高裁岡山支部平成30年3月22日判決・金判1546号33頁は、反社条項の趣旨は、「反社会的勢力を社会から排除していくことが社会の秩序や安全を確保する上で極めて重要な課題であることに鑑み、保険会社として公共の信頼を維持し、業務の適切性及び健全性を確保することにあると解されるところ、その趣旨は正当なものとして是認できる。」とする。その上で、このような趣旨に鑑みれば、反社条項は、「保険金の詐取のような場合と異なり、公共の信頼や業務の適切性及び信頼性の観点から、外形的な基準によって、これらを害する恐れがある類型の者を保険契約者から排除しようとしたものといえ」るとして、これを肯定している。

　保険契約者、被保険者または保険金受取人の属性自体を解除事由とする反社条項を、保険法における重大事由解除の一つと位置付けることは、解釈上、片面的強行規定との抵触を避けられない。したがって、反社条項は、反社会的勢力の社会からの根絶という政策的見地から特別に認められた解除事由との位置付けの方が適当とも考えられる。

保険法で法定するもの以外の解除事由を約定することについては、これに肯定的な見解がある。他方、保険法に基づく解除権の制限が機能しないのであれば、具体的な事情を検討せず、反社会的勢力という属性のみで解除することが許容されるのか、また、解除権の濫用となる事態をいかに防止するのか、という点で、別途、慎重な検討を要するとの指摘がある。

加えて、設例1では「特殊詐欺グループ」が取り上げられているが、そもそも特殊詐欺グループは、反社条項に定める「反社会的勢力」に該当するのであろうか。政府指針によると、反社会的勢力とは、「暴力、威力と詐欺的手法を駆使して経済的利益を追求する集団又は個人」である。その上で、政府指針では、「暴力、威力と詐欺的手法を駆使して経済的利益を追求する集団又は個人である『反社会的勢力』をとらえるに際しては、暴力団、暴力団関係企業、総会屋、社会運動標ぼうゴロ、政治活動標ぼうゴロ、特殊知能暴力集団等といった属性要件に着目するとともに、暴力的な要求行為、法的な責任を超えた不当な要求といった行為要件にも着目することが重要である。」とされている。この政府指針に照らし、どのような要件を満たせば、反社会的勢力に該当すると認められるのかについても検討が必要であろう。

(2) 設例2について：反社会的勢力と「社会的に非難されるべき関係」

設例2では、設例1で検討した反社条項の有効性に加え、甲と丙との関係が反社条項にいう「反社会的勢力と社会的に非難されるべき関係を有していると認められる」か否かが問題となっている。

前掲広島高裁岡山支部平成30年3月22日判決では、反社条項の趣旨を前述Ⅱ3(1)のように解した上で、反社条項の「社会的に非難されるべき関係」について、次のように判示している。すなわち、①反社会的勢力に該当すると認められること、②反社会的勢力に対して資金等を提供し、または便宜を供与する等の関与をしていると認められること、③反社会的勢力を不当に利用していると認められること、に準じるものであって、反社会的勢力を社会から排除していくことの妨げになる、反社会的勢力の不当な活動に積極的に協力するものや、反社会的勢力の不当な活動を積極的に支援するものや、反社会的勢力との関係を積極的に誇示するもの等をいう。

72　第2部　各種保険契約に共通の規律

反社会的勢力と「社会的に非難されるべき関係」の該当性をめぐって、これまでの判例・学説では、反社会的勢力に該当していることを前提として議論が展開されており、その該当性が微妙な場合についての議論の蓄積はほとんどないとの指摘もある。そのような中で、反社条項の有効性をめぐる学説に、反社条項は（β）モラルリスクを招来する高度の蓋然性がある者との関係において有効であるとする見解が示されている（前述Ⅱ3(1)参照）。この見解によると、暴力団、暴力団員、暴力団準構成員、暴力団関係企業、準暴力団は反社会的勢力に含まれるが、その共生者や密接交際者には多様なものがあり、必ずしも常に含まれるわけではない。設例2のように、甲自身は反社会的勢力に該当せず、反社会的勢力該当者と内縁関係にあるというだけでは、乙損害保険会社は、甲との住宅総合保険契約を解除することは困難であろう。

　他方、反社条項にいう「社会的に非難されるべき関係」を解するに当たって、近時、興味深い示唆がなされている。その内容は、次のように要約できる。反社会的勢力を取り巻く法制度が極めて厳格になってきている点に着目し、それに応じて国民の反社会的勢力に対する共通認識も変化しているはずであり、そのように考えると、「社会的に非難されるべき関係」に対する解釈も、時代とともに変化していると考えてよいとする。その上で、たとえば、たとえ昔の知り合いであっても、反社会的勢力該当者であると知っていながら飲食を共にすることを反社条項の対象としたりすることも、現在の反社会的勢力に対する姿勢を考えると、保険契約者等にとって著しく酷とはいえないという。設例2のような反社条項にいう「社会的に非難されるべき関係」の該当性を判断するに当たっては勿論、反社条項のありようを検討する上で、一考に値しよう。

(3)　更なる検討

　設例1、設例2は、それぞれ生命保険契約、損害保険契約における反社条項が問題となっており、いずれも家計保険である。ここで、近年、反社条項を適用するに当たって、保険の種類や機能によって差違が生じるのではないかとの指摘がある。

　まず、生命保険と損害保険との違いが、その適用に影響を及ぼす可能性が指摘されている。具体的には、生命保険は、比較的長期の契約となるため、保険

者に対する契約関係からの離脱を比較的広く認める必要がある。これに対して、損害保険は、比較的短期で契約の更新を繰り返す商品が多いため、更新の拒絶がなされることを前提とすれば、保険者に対して契約関係からの離脱を生命保険ほど広く認める必要はないという。

　また、保険契約に関するものではないが、預金契約締結後に取引約款に追加された反社条項に基づく解除の効力が争われた福岡高裁平成28年10月4日判決・金判1504号24頁では、その有効性を判断するに当たって、当該預金契約が「社会生活を送る上で不可欠な代替性のない」ものか否かが考慮されている。この判決を引き合いにして、保険契約のうち、企業保険については、このような配慮は不要かもしれないが、家計保険における反社条項の適用に当たっては、同様の配慮をすべき場合があり得るとの指摘がある。

（野口　夕子）

〈Ⅱに関する参考文献〉

甘利公人「保険法の重大事由解除と信頼関係破壊法理」勝野義孝先生古稀記念『共済と保険の現在と未来』（文眞堂、2019年）

大野徹也「保険契約における暴力団排除条項と重大事由解除の規律」金融法務事情2035号（2016年）

嶋寺基「新保険法の下における保険者の解除権―重大事由による解除の適用場面を中心に―」石川正先生古稀記念『経済社会と法の役割』（商事法務、2013年）

鈴木仁史「生命保険・損害保険約款への暴排条項の導入」金融法務事情1938号（2012年）

鈴木仁史「反社会的勢力との保険契約の解除（1）」金融法務事情2032号（2015年）「同（2）」金融法務事情2034号（2016年）

東京弁護士会民事介入暴力対策特別委員会編『反社会的勢力を巡る判例の分析と展開Ⅱ〔別冊金融・商事判例〕』（経済法令研究会、2022年）

遠山聡「反社会的勢力の要請と保険の役割―とりわけ密接交際者の排除に関する判断基準について―」保険学雑誌648号（2020年）

藤本和也「暴力団排除条項―近時の見解および裁判例を踏まえて―」勝野義孝先生古稀記念『共済と保険の現在と未来』（文眞堂、2019年）

三宅新「生命保険契約における犯罪免責条項の撤廃及び重大事由解除によるその代替」生命保険論集200号（2017年）

三宅新「保険法の重大事由解除は『信頼関係破壊の法理』ではない」生命保険論集213号（2020年）

第 3 部

損害保険契約に共通の規律

第 7 章　被保険利益と利得禁止原則

Ⅰ．基礎的な説明

1．損害保険契約特有の強行法ルール

　損害保険契約には、特有の強行法ルールが存在する。一つは被保険利益であり、もう一つは利得禁止原則である。被保険利益は、契約の効力要件であり、被保険利益を欠く損害保険契約は無効であるとされる。利得禁止原則は、保険給付に関する原則であり、保険事故が発生したときに、被保険利益について発生した損害額を超える保険給付をすることは許されないとされる。

　いずれの法理もその主たる機能は、損害保険による保険給付を通じて利得が生ずる可能性を排除することにより、①保険の賭博化の防止と②モラルハザードの抑止を図ることである。

　なお、保険の賭博化とモラルハザードは、定額保険である人保険契約でも同様に問題となる。人定額保険では、損害保険とは異なる方法で、保険の賭博化の防止とモラルハザードの抑止を実現する（第12章参照）。

2．被保険利益

　被保険利益とは、保険事故の発生によって不利益を被ることのある経済的利益のことであり、被保険利益の帰属主体を被保険者という。保険法3条は、損害保険契約の目的（契約の客体）とすることができるのは、金銭に見積もることができる利益に限られることを定めるが、この「利益」が被保険利益のことである。この規定により、被保険利益の存在しない損害保険契約は無効になる。すなわち、保険法3条は強行規定であり、被保険利益の存在は、損害保険契約の効力要件であると考えられている。その結果、経済的損失を被るおそれ

のない者が損害保険契約を締結して保険金を取得するようなことはできないということになる。

被保険利益要件が強行法ルールとして存在する理由は、概ね後述の利得禁止原則と同様であると考えられる（詳細は後述3参照）。（α）保険の賭博化の防止および（β）モラルハザードの抑止のために、被保険者に損害が発生していること、および、保険給付が被保険者に生じた実損額を超えないことが公益として要求されるところ、被保険利益要件は、保険契約成立段階において利得が生じる可能性を事前に排除するルールである。保険契約の効力自体を問題とする。これに対し、利得禁止原則は、主に保険事故発生後の保険給付のあり方について保険金の支払限度を画するルールとして機能する。

3．利得禁止原則

(1)　利得禁止原則の趣旨

利得禁止原則とは、保険契約によって保険加入者が利得することは許されないとする原則である。保険法に明文規定はないものの、保険法全体の趣旨からその存在が推論される原則であり、強行法ルールであると考えられている。

利得禁止原則が強行法ルールとして存在する理由は、いろいろな説明があるが、概ね次の2つにまとめることができる。第1に、（α）保険の賭博化防止である。保険契約から積極的利得を獲得できれば、そのような利得を得るために保険に加入するようになるが、それは一種の賭博であるから、それを防止する必要がある。

第2に、（β）モラルハザードの抑止である。保険契約から積極的利得を獲得できるなら、故意に保険事故を引き起こすインセンティブが強まるから、それを防止する必要がある。

(2)　利得禁止原則の帰結

利得禁止原則から、以下のような帰結が導かれる。第1に、支払われる保険金の額は、損害額を超えてはならない。そのため、保険金でてん補すべき損害額の算定は、原則として価額（正確には、事故発生地かつ事故発生時の価額）で行われる（18条1項）。

第2に、1個の目的物について複数の保険契約が締結される場合に、支払保険金の総額は、損害額を超えてはならない。そのため、重複保険の場合に保険給付の調整が行われる（20条1項）。

第3に、保険事故が第三者の不法行為によって発生した場合に、権利が侵害され損害を被った被保険者は、保険者に対する保険金請求権と加害者に対する損害賠償請求権の両方を行使することはできない。そのため、保険代位（請求権代位）というルールが存在する（25条）。

第4に、被保険利益が全部滅失した場合（全損）でも、これは従来の用法における経済的価値の全部が失われたことを意味するに過ぎず、何らかの形で経済的価値のある財産が残ることがある（住宅が全焼しても、一部の石材や鉄材などが焼け残り、何らかの材料として利用したり、換金したりすることができるなど）。この場合に、被保険者が保険金全額を受け取る一方で、残存物を売却するなどして、利得することがあり得るため、それを防ぐために残存物代位というルールが存在する（24条）。

II　考えてみよう：被保険利益・利得禁止原則の弾力化

1．被保険利益・利得禁止原則における例外的取扱い

被保険利益および利得禁止原則は、強行法ルールと考えられているものの、その適用は必ずしも厳格に行われているわけではなく、合理的理由がある場合の例外的取扱いは様々な場面に存在する。そこで、被保険利益・利得禁止原則の弾力化はどこまで許されるのかについて考えてみよう。

これを考えるに当たっては、被保険利益・利得禁止原則の存在理由に遡って検討する必要がある。すなわち、被保険利益・利得禁止原則の存在理由は、（α）賭博化防止と（β）モラルハザード抑止が挙げられる。そこで、合理的な必要性があり、被保険利益・利得禁止原則の存在理由に反しないのであれば、例外を認めることができるだろう。

2. 設 例

【設例1】

A保険会社は、地方公共団体向けの新たな損害保険契約として、住民救済費用補償保険の販売を開始した。災害が発生した場合には、地方公共団体は、住民を救済するために多額の経済的支出を行うことになる。かかる費用は、一定の場合に国庫負担となることもあるが、その対象外となることもあるし、国庫負担の対象となる場合でも、一定範囲で地方公共団体の自己負担となることが通常である。

そこで、A社は、そのような災害時に地方公共団体が負担する突発的・多額の経済的支出をカバーする保険商品として住民救済費用補償保険を開発した。約款所定の災害の発生時に、被保険者に対し、住民救済費用保険金として、被保険者たる地方公共団体の住民数に応じた所定額の保険金を支払うものとされる。

地方公共団体B県は、A社の住民救済費用補償保険に加入することとし、保険契約を締結した（以下、本件契約1という）。本件契約1に基づき、被保険者であるB県に支払われることとなる住民救済費用保険金は、10億円である。本件契約1は有効か。有効だとすれば、保険給付は契約通りに行われると考えてよいか。

【設例2】

甲は、乙保険会社との間で、甲が所有・居住する建物（以下、対象建物2という）について震度連動型地震諸費用保険契約（以下、本件契約2という）を締結した。本件契約2は、被保険者が常時居住の用に供する建物が所在する市区町村において所定の震度が観測された場合に、被保険者が地震に起因して費用支出を余儀なくされたことによる損害を被ったものとみなし、被保険者が実際にそのような費用支出をしたか否かを確認することなく、地震諸費用保険金を支払うとするものである。地震諸費用保険金の額は、震度7であれば50万円、震度6強であれば20万円、震度6弱であれば10万円である。

対象建物2が所在する丙市において震度7の地震が観測されたとき、甲は、乙社に対し、本件契約2に基づく地震諸費用保険金として50万円を請求することはできるか。

【設例3】

Pは、Q保険会社との間で、Pが所有・居住する建物（以下、対象建物3という）について震度連動型建物保険契約（以下、本件契約3という）を締結した。本件契約3は、被保険者が常時居住の用に供する保険の対象建物が所在する市区町村において所定の震度が観測された場合に、保険の対象建物に損害が生じたものとみなし、保険の対象建物に実際に損害が生じたか否かを確認することなく、建物保険金を支払うとするものである。建物保険金の額は、震度7であれば50万円、震度6強であれば20万円、震度6

弱であれば10万円である。

　対象建物3が所在するR市において震度7の地震が観測されたとき、Pは、Q社に対し、本件契約3に基づく建物保険金として50万円を請求することはできるか。

3．多様な考え方

(1)　設例1について：他者に生じた損害

㋐　問題の所在

　設例1の本件契約1（住民救済費用補償保険）は、災害発生時に、地方公共団体に対し、住民救済費用に充てることのできる住民救済費用保険金を支払うものである。損害保険契約は、被保険利益の存在が効力要件であるから、まず、本件契約1について被保険利益が認められるかが問題となる。これが否定されれば、本件契約1は無効である。本件契約1は、災害によりB県の所有物件等に生じた経済的不利益ではなく、被災住民を救済するための費用を補償するものである。たとえば、被災者の生活再建支援金について、被災者生活再建支援法によりB県による支援が法的に義務付けられている場合もあり、その場合には、B県が支出義務を負うことにより経済的不利益を被ったといいやすい。しかし、同法の適用がない災害の場合に、B県が支援を実施する否かは、B県の政策判断による。そのような場合には、経済的不利益を被ったのは被災者であり、B県はそれを自主的に一部肩代わりしているに過ぎないともいえる。このとき、B県には、損害保険への加入を正当化する被保険利益を有するといえるのか。

　仮に本件契約1について被保険利益を肯定できれば、本件契約1は有効であるから、次に、本件契約1に基づく保険給付が利得禁止原則との関係で問題ないか、すなわち契約に定められた通りに支払うことでよいかを検討すべきである。現実にB県が支出した額ではなく、定額で10億円の保険金が支払われることから、B県に一定の利得が生じかねない。そのため、利得禁止原則に反しないのかが問題となる。

㋑　被保険利益の存否

　本件契約1における被保険者B県に被保険利益が肯定できるかを検討する。まず、このような保険商品に合理的な必要性は認められるだろうか。本件で問題となる住民救済費用補償保険とは、地方公共団体の住民救済費用をカバーす

る保険である。仮にこのような保険がなければ（現実社会はこの状態である）、災害が発生し、多額の救済費用を負担した地方公共団体は、財政収入のみで負担しきれなければ、地方債を発行し、債務の借入れにより必要な費用を調達する。地方債は一定年限で償還（弁済）しなければならないから、要するに救済費用の負担を将来の納税者に先送りすることを意味する。これに対し、住民救済費用補償保険があれば、平時において保険料を負担することにより、保険金の形で必要な費用を調達できる。これは、将来必要となる救済費用を、現在の納税者が負担することを意味するから負担の前倒しになるし、保険によるリスク分散により同種のリスクにさらされている日本全国の地方公共団体の間で負担を共有し合う効果もある。激甚災害が日本各地で多発する時代に、災害リスクにどのように備えるかは重大な課題であり、そのための手段は多様であることが望ましい。そのため、設例1における住民救済費用補償保険には、社会的意義が認められ、保険商品として合理的な必要性があるといえるだろう。

では、被保険利益の存在理由に反するか。第1に、（a）保険の賭博化の防止という観点からはどうか。この保険が賭博ということは難しいだろう。地方公共団体が積極的利得を獲得するために加入するものではないからである。第2に、（β）モラルハザードの抑止という観点からはどうか。保険給付のトリガーとなる保険事故は災害の発生であり、自然現象や大規模な火災であるから、原則として人為的に操作する余地は小さい。そのため、モラルリスクは小さいといえる。

以上の検討からは、設例1における住民救済費用補償保険は、合理的な必要性がある一方で、被保険利益の存在理由に反するとはいえないから、被保険利益の存在に若干に疑義があったとしても、例外としてその存在を認め、契約として有効と考えることができる。

㈦　利得禁止原則違反の有無

本件契約1による保険給付が利得禁止原則に反するか否かを検討する。まず、本件で問題となる住民救済費用補償保険は、保険給付のトリガーとなる保険事故が約款所定の災害の発生であり、人為的に操作する余地のない自然現象である。そのため、故意の事故招致という意味でのモラルリスクはほぼゼロである。

第7章　被保険利益と利得禁止原則　81

問題となるのは、本件契約1における保険金の額が、実損額ではなく、定額とされている点である。しかし、被保険者たる地方公共団体の住民数に応じた定額であって、仮に利得が生ずるとしてもそれほど過大なものにならないように設定されているとすれば、（α）保険の賭博化の防止という観点からも、（β）モラルハザードの抑止という観点からも、問題は小さいといえる可能性がある。

　他方で、本件契約1のように定額給付とすることは、災害発生時の損害査定の困難さと、査定に要する期間の長期化の恐れに鑑みれば、合理性が認められる。災害発生から、住民の救助・避難、避難所の設営、支援物資の供給、仮設住宅の設営、被災者生活再建の支援へと時間の経過とともにフェーズが変わっていく中で、順次支出が発生し、しかも生活再建支援まで含むとなれば、数年単位で支出が続くことも考えられ、実損額査定にこだわれば、いつまで経っても保険金支払額が確定しないことになりかねないからである。

　以上の検討からは、設例1における住民救済費用補償保険において定額給付とすることは、合理的な必要性がある一方で、利得禁止原則の存在理由に反するとはいえないから、一定の利得を得る可能性があるとしても、利得禁止原則に反しないと考えることができる。

(2)　設例2について：費用損害発生の擬制

(ア)　問題の所在

　設例2の本件契約2（震度連動型地震諸費用保険契約）は、被保険者が居住する建物の所在する市区町村で所定の震度が観測された場合に、地震諸費用保険金として、震度7であれば50万円、震度6強であれば20万円、震度6弱であれば10万円を支払うとするものである。約款規定上も明らかなように、被保険者が現に地震に起因する費用支出をするか否かとはかかわらず、所定の震度の地震発生をトリガーイベントとして、「被保険者が損害を被ったものとみなし」て、一定額の保険金を支払うものとされる。損害の発生が擬制され、かつ保険金額も一定である。しかし、被保険者甲は、所定震度の地震に遭遇したとしても、幸運にも生活への影響がほとんどなく、所定の保険金額に満たない費用支出のみしかしないかもしれないし、そもそも特別な支出は全くしないかもしれ

ない（特に震度6弱の場合は、地震による影響は少ない可能性が高い）。

　そのため、甲は、地震により全く経済的損失を被らない場合にも保険金の支払があり得ることから、甲に被保険利益が認められるのかについて議論の余地がある。また、保険金の支払が実損額と無関係に行われるから、甲は、一定の利得を得る可能性があるため、これが利得禁止原則に反するのではないかが問題となる。

(イ) 被保険利益の存否

　本件契約2における被保険者甲に、被保険利益が肯定できるかを検討する。問題の所在で示した通り、本件で問題となる震度連動型地震諸費用保険は、所定震度の地震が発生すれば、損害発生を擬制し、一定額の保険金を支払うものとされる。そのような地震が発生しても、甲は、幸運にも生活への影響がほとんどなく、特別の費用支出をせずに済んで、結果として何らの損害が生じない可能性もある。それにもかかわらず、保険金の支払を受けることができるから、この点で、被保険利益が認められるかについて、議論の余地がある。

　しかし、本件契約2においてトリガーイベントとなる地震は、被保険者が常時居住の用に供する建物が所在する市区町村において発生したものとされており、かつ所定の震度は、震度6弱〜7と強度である。そのような強い地震が発生したならば、電気・水道・ガスなどの公共インフラが打撃を受けたり、居住集落が孤立したりして避難を余儀なくされ、交通費や宿泊費を支出することや、物資不足による物価高騰により過大な購入費の支出を強いられたりすることは、よくあることだといえる。少なくとも、被保険者が経済的損失を被るおそれが、全くないということはできない。

　被保険利益は、保険契約成立段階において利得が生じる可能性を事前に排除するルールであり、保険契約の効力自体を問題とする。そうだとすれば、本件契約2のように、被保険者が経済的損失を被る可能性がある程度認められれば十分であり、保険契約成立段階で一律に無効とするまでの必要はない。契約の成立自体は認めた上で、保険事故発生時の保険金支払により、場合によっては被保険者に利得発生の可能性があることについては、利得禁止原則との抵触可能性の問題として検討すればよいと考えられる（後述(ウ)）。

　よって、本件契約2において、被保険者甲に被保険利益はあるといってよ

第7章　被保険利益と利得禁止原則　83

い。

(ウ) 利得禁止原則違反の有無

本件契約2による保険給付が利得禁止原則に反するか否かを検討する。まず、本件で問題となる震度連動型地震諸費用保険は、保険給付のトリガーとなる保険事故が所定震度の地震の観測であり、人為的に操作する余地のない自然現象である。そのため、故意の事故招致という意味でのモラルリスクはほぼゼロである。

問題となるのは、本件契約2における保険金の額が、実損額ではなく、定額とされている点である。しかし、その額は、震度7で50万円、震度6強で20万円、震度6弱で10万円である。50万円という金額はかなり大きいといえるが、震度7の地震が観測されることはそれほど頻繁にあるわけではないし、震度7の地震が起きた場合に居住建物や周辺地域のインフラが無傷であることは稀であろうから、被災の影響を何らかの形で被る可能性は高い。震度6強・6弱になれば、地震発生の頻度は上がる一方で、被災の影響を被る可能性も減ると思われるが、それに応じて、保険金の額は逓減するものとされる。利得は生じ得るが、その頻度および額がなるべく小さくなるような工夫がされているといえる。そのため、(α) 保険の賭博化の防止という観点からも、(β) モラルハザードの抑止という観点からも、問題はそれほど大きいとはいえないだろう。

他方で、本件契約2のように定額給付とすることは、地震発生時の損害査定の困難さと、査定に要する期間の長期化の恐れに鑑みれば、合理性が認められる。すなわち、地震保険の損害査定は複雑かつ煩雑で、また一定の時間を要する。震度6弱〜7のような巨大地震であれば、被災地域が広域となり、被災建物の数も非常に多くなることから、保険金の支払まで数か月を要することが通常である。ところが、地震被災者は、衣服や食糧の確保、遠方への避難やホテル滞在などのために、被災直後から一定額の現金を必要とする場面に遭遇し得る。そうしたところ、本件契約2のように、定額給付とすれば、地震の震度が確定すれば直ちに保険金の支払が可能である。数日程度で支払うことができるだろう。

以上の検討からは、設例2における震度連動型地震諸費用保険において定額給付とすることは、合理的な必要性がある一方で、利得禁止原則の存在理由に

反するとはいえないから、一定の利得を得る可能性があるとしても、利得禁止原則に反しないと考えることができる。

(3) 設例3について：建物損害発生の擬制

㋐ 問題の所在

設例3の本件契約3（震度連動型建物保険契約）は、保険の対象建物の所在する市区町村で所定の震度が観測された場合に、建物保険金として、震度7であれば50万円、震度6強であれば20万円、震度6弱であれば10万円を支払うとするものである。

本件契約3の基本的な仕組みは、設例2の本件契約2と同様である。問題となり得る点も、設例2と同様であり、第1に、地震により全く経済的損失を被らない場合にも保険金の支払があることから、Pに被保険利益が認められるのか、第2に、保険金の支払が実損額と無関係に行われるから、Pは、一定の利得を得る可能性があるため、これが利得禁止原則に反するのではないかである。

もっとも、本件契約2において擬制されるのは、費用支出に伴う財産状態の悪化という損害であるのに対し、本件契約3において擬制されるのは、保険の対象建物の物理的損壊や経済的価値減少などの損害であるという違いがある。この違いが、結論に影響を与えるか否かが検討すべき課題となる。

㋑ 被保険利益の存否

本件契約3における被保険者Pに被保険利益が肯定できるかを検討する。設例2と同様に、本件で問題となる震度連動型建物保険においても、所定震度の地震が発生すれば、損害発生が擬制され、一定額の保険金を支払うものとされる。そのような地震が発生しても、幸運にも保険の対象建物が破壊されるなどの影響がほとんどなく、結果としてPに何らの損害が生じない可能性もある。それにもかかわらず、保険金の支払を受けることができるから、この点で、被保険利益が認められるかについて、議論の余地がある。

本件契約3においてトリガーイベントとなる地震は、被保険者が常時居住の用に供する保険の対象建物が所在する市区町村において発生したものとされており、かつ所定の震度は、震度6弱～7と強度である。しかし、震度6弱～7という強い地震であっても、保険の対象建物が十分な耐震性を備えた建物であ

第7章　被保険利益と利得禁止原則　85

れば、揺れに耐えて損壊しない可能性は十分にある。また、被災地に所在する建物の経済的価値の減少は生ずることが通常であるといえるが、この価値減少は抽象的な損害にとどまり、費用支出や修繕のように現実の支払を伴わない。そのため、そもそも、そのような損害をもって保険の対象とすることの妥当性が問題となる。

そのため、設例2に比べると、被保険者が経済的損失を被る恐れは相対的に小さいといわざるを得ない。しかし、いくら耐震性に優れていても、建物本体は無事だが付属物が破壊されるなどの影響を被ることはあり得るのであって、少なくとも、被保険者が経済的損失を被るおそれがほとんどないとまでいうことはできないだろう。

設例2について説明した通り（前述(2)(イ)）、被保険利益は、保険契約成立段階において利得が生じる可能性を事前に排除するルールであり、保険契約の効力自体を問題とする。被保険者が経済的損失を被る可能性がある程度認められれば十分であり、保険契約成立段階で一律に無効とするまでの必要はない。

よって、本件契約3においても、被保険者Pに被保険利益はあるといってよい。

⑰ 利得禁止原則違反の有無

本件契約3による保険給付が利得禁止原則に反するか否かを検討する。まず、本件で問題となる震度連動型建物保険は、設例2の震度連動型地震諸費用保険と同様に、保険給付のトリガーとなる保険事故が所定震度の地震の観測であり、人為的操作する余地のない自然現象である。そのため、故意の事故招致という意味でのモラルリスクはほぼゼロである。

問題となるのは、本件契約3における保険金の額が、実損額ではなく、定額とされている点である。その額は、震度7で50万円、震度6強で20万円、震度6弱で10万円である。50万円という金額はかなり大きいといえるが、震度7の地震が観測されることはそれほど頻繁にあるわけではないし、震度7の地震が起きた場合に居住建物・付属物が全くの無傷である可能性は小さいであろうし、何らかの破壊が生じたときには、その修理費は容易に数十万～100万円のレベルを超えたものになるという評価はあり得る。震度6強・6弱になれば、地震発生の頻度は上がる一方で、被災の影響を被る可能性も減ると思われる

が、それに応じて、保険金の額は逓減するものとされる。利得は生じ得るが、その頻度および額がなるべく小さくなるような工夫がされているといえる。そのため、（α）保険の賭博化の防止という観点からも、（β）モラルハザードの抑止という観点からも、問題はそれほど大きいとはいえないと考えることはできる。

　もっとも、対象建物・付属物が耐震性を十分に備えており、たとえば震度7の地震において修理費がかかるとしてもせいぜい2～30万円程度だとすれば、50万円という保険金の額は過剰であり、過大な利得を発生させ、（α）保険の賭博化の防止および（β）モラルハザードの抑止の観点からみて、問題があるという考え方もあり得るかもしれない。

　次に、定額給付とすることの合理性であるが、これについては、地震発生時の損害査定の困難さと、査定に要する期間の長期化の恐れから、設例2と同様に、合理性を肯定できよう。地震被災者は、被災後速やかに住居を修繕し、居住できる状態にする必要があり、そのためには一定額の資金を速やかに確保する必要があるからである。

　以上の検討からは、設例3における震度連動型建物保険において定額給付とすることは、合理的な必要性がある一方で、利得禁止原則の存在理由に反するか否かの結論は、具体的状況に依存するといえる。大きくは、保険の対象建物にかかる耐震性の程度によって結論が分かれるし、定額給付の額の大小によっても結論に変わるといえる。

（山下　徹哉）

〈Ⅱに関する参考文献〉
　洲崎博史「保険代位と利得禁止原則（1）（2・完）」法学論叢129巻1号、3号（1991年）
　土岐孝宏「損害てん補にかかわる諸法則といわゆる利得禁止原則との関係―ドイツにおける利得禁止原則否定後の評価済保険規整、重複保険規整、請求権代位規整の議論を手掛かりとして―」保険学雑誌626号（2014年）
　土岐孝宏「利得のある損害保険契約と民法90条（抽象的公序良俗）論との関係―賭博行為論との関係を中心に―」損害保険研究76巻1号（2014年）
　中出哲『損害てん補の本質』（成文堂、2016年）

第8章　偶然性要件と故意免責の関係

Ⅰ．基礎的な説明

1．「偶然」という概念

　保険契約において「偶然性」という言葉は様々な場面で用いられる。保険とは、不確実な出来事によって生ずる経済的不利益に備えるものであるから、その性質上、「偶然」という概念が必然的に付随するのである。

　もっとも、「偶然」という概念は、その文脈によって異なる意味を持ち得る。保険契約における「偶然」という概念の意味にかかる判例・学説の理解が、疑義の余地のなく論理一貫した明快な解釈といえるのかどうかは、必ずしも明らかではない。

2．保険給付要件における偶然性とその二つの意味

　損害保険契約においては、保険期間中に保険事故が発生することが保険給付のための要件の一部である。この保険事故が、保険法および保険約款において、「偶然の事故」や「偶然な事故」などという文言を含む形で定義されることは多い。

　保険法は、損害保険契約の定義において保険によるてん補対象を「一定の偶然の事故」により生ずる損害とし（2条6号）、保険事故の定義においても同様に、保険によりてん補される損害を生じさせることのある「偶然の事故」と定めている（5条1項）。

　保険約款では、自動車保険中の車両保険の保険事故を「衝突、接触、墜落、転覆、物の飛来、物の落下、火災、爆発、台風、洪水、高潮その他偶然な事故……および被保険自動車の盗難」と定める例（盗難を別記しない例もある）や、

動産総合保険の保険事故を「すべての偶然な事故」と定める例がある。また、損害保険契約ではなくて傷害疾病定額保険契約であるが、普通傷害保険の保険事故は「急激かつ偶然な外来の事故によって傷害を被ったこと」と定められるのが一般的である。

　このように「偶然」という言葉は、保険事故に関して広く用いられている。しかし、留意が必要となるのは、実は、場面によって、同じく「偶然」という言葉であっても、異なる意味で用いられていることである。

　「偶然」の意味の第1は、保険契約成立時に保険事故の発生・不発生が確定していないこと（不確定性）である。保険法の損害保険契約の定義（2条6号）および保険事故の定義（5条1項）で用いられる偶然性は、この意味であると解されている。

　「偶然」の意味の第2は、保険事故発生時に当該事故が故意によるものではないこと（非故意性）である。傷害保険約款における偶然性は、この意味であると一般にいわれている。両者は、偶然性が問題となる時点および偶然の内容において、大きく異なる点に注意が必要である。

3．傷害保険の偶然性要件と故意免責の関係

⑴　問題の所在

　傷害保険の保険給付要件に含まれる偶然性が、前述のうち第2の意味（非故意性）なのだとすれば、故意免責との関係性をどう考えるかが問題となる。というのは、非故意性という意味での偶然性も、故意免責も、その内容は、要するに故意による事故招致か否かであり、同じ事実の存否が問題とされるからである。

　保険事故は保険給付要件の一要素であり、それに該当する事実は請求原因事実であるから、その証明責任は保険金請求者が負担する。他方、保険者免責事由に該当する事実は抗弁事実であるから、その証明責任は保険者が負担する。証明責任とは、訴訟において、ある事実の存否を証拠によって確定できないとき（真偽不明、ノンリケット）、当該事実を要件とする自己に有利な法律上の効果が認められないことによる不利益のことである。

　仮に故意の事故招致か否かが保険事故の要素でもあり、故意免責の要素でも

あるとすれば、当該事実にかかる証明責任は、保険金請求者も保険者も同時に負担するということになりかねない。しかし、これは論理矛盾である。故意の事故招致か否かが真偽不明となったとき、保険金請求者が当該事実（の存在）について証明責任を負担するなら、当該事実を一要素とする保険事故の存在が認定されず、したがって、それを発生要件とする保険金請求権の<u>存在が認められない</u>こととなる。その一方で、保険者が当該事実（の不存在）について証明責任を負担するなら、保険者免責事由の存在が認定されず、保険者免責が認められない（＝保険金請求権の<u>存在が認められる</u>）こととなる。この両者は両立し得ないので、保険金請求者と保険者が同時に、故意による事故招致か否かの証明責任を負うことはあり得ない。

　そこで、故意の事故招致か否かの証明責任を保険金請求者と保険者のいずれが負担するかを決める必要があるが、これについて、かつての学説および下級審裁判例は、分かれていた。この証明責任の所在は、単なる理論的な問題に終わらず、具体的な事案の解決との関係において実務上も重要な意味を持つ。傷害保険に関しては、高所からの墜落や自動車の衝突などの死亡事故について、被保険者の自殺・自傷行為なのか否かが争いとなることが多い。そのような事案において、事故状況を直接明らかにする目撃証言は存在しないことが多いため、様々な間接証拠（事故の客観的状況、被保険者の経済状態など動機に関する事情、被保険者の死をほのめかす言動や事故現場にいたことの不自然さなど事故前後の言動・行動に関する事情、保険契約締結に至る経緯など）を積み重ねて、自殺・自傷か、故意によらない事故かを裁判官が認定することになる。しかし、証拠不十分なために決め手に欠けて、結局真偽不明として証明責任の所在により決着させるケースも多い。したがって、証明責任を誰が負担するかが重要な問題となるわけである。

(2)　判例法理

　最高裁は、平成13年に、傷害保険に関して、事故の偶然性（すなわち、故意の不存在）の証明責任は保険金請求者が負担するとして、この問題に決着をつけた（最高裁平成13年4月20日判決・民集55巻3号682頁（生命保険契約に付加された災害関係特約に関する事案）、最高裁平成13年4月20日判決・裁判集民202号161頁（普通

傷害保険に関する事案)。以下、総称して平成13年最判という)。最高裁は、そのように考える理由として、①発生した事故の偶然性は保険金請求権の成立要件であること、②そのように解しなければ、保険金の不正請求が容易となるおそれが増大すること（モラルリスク防止）を挙げる。そして、約款が定める故意免責条項は、確認的注意的規定に過ぎないという。

４．損害保険の偶然性と故意免責の関係

(1) 火災保険（個別列挙型）

次に問題となったのは、一般的な損害保険における偶然性と故意免責との関係性である。まず、火災保険は、保険約款における保険事故を単に「火災」とする個別列挙型の約款規定を採用しており、偶然性は明示されない。もっとも、平成13年最判前後より、保険者は、保険法が損害保険契約および保険事故の定義において「偶然の事故」を一要素とすることから（前述2）、保険給付要件に偶然性が含まれると解することができ、かつこの偶然性は前述2の第2の意味（非故意性）であると主張するようになった。この主張が正しければ、故意免責との関係で、傷害保険の偶然性の場合と同じ構造が成立するため、平成13年最判に従えば、保険金請求者が非故意性の証明責任を負担することになりそうである。

しかし、最高裁は、平成16年に、この保険者の主張を否定し、火災保険においては、保険者が故意の存在について証明責任を負担すると判示した（最高裁平成16年12月13日判決・民集58巻9号2419頁。以下、平成16年最判という）。最高裁は、①改正前商法は、火災により生じた損害はその火災の原因を問わず保険者がてん補する責任を負い（改正前商法665条。保険法では当該規定は削除された）、保険契約者または被保険者の悪意または重大な過失により生じた損害は保険者がてん補責任を負わない旨を定めており（改正前商法641条。保険法17条に相当する）、火災発生の偶然性いかんを問わず火災の発生によって損害が生じたことを火災保険金請求権の成立要件とすること、②火災保険契約は、火災による損害が速やかにてん補される必要があるから締結されること、③保険の目的財産を火災により消失した被保険者が火災原因を証明することは困難であることを理由として挙げる。

同判決は、商法および約款の解釈である①のみならず、②③という「火災保険の本質」を実質的かつ主要な論拠としている。これは、火災保険契約における主張立証責任のあるべき姿を②③から導くことにより、約款における保険事故の規定を「偶然な火災」と定めるとしても、それだけで直ちに保険金請求者が故意による事故招致の証明責任を負担することになるわけではなく、そう解すべき実質的・合理的な理由を必要とすることを示唆するものと指摘される。

　その一方で、同判決が示すのは、あくまで火災保険に特有の理由付けが中心であり、損害保険契約一般に問題となる改正前商法629条（保険法2条6号に相当する）に言及していない。もっとも、平成16年最判の調査官解説は、同条所定の「偶然ナル一定ノ事故」とは、通説と同じく、前述2の第1の意味（不確定性）であると解釈し、保険事故の発生が故意によるものか否かとは無関係であるから、同条を根拠に火災の非故意性が保険金請求権の成立要件になると解することはできず、したがって、非故意性の証明責任を保険金請求者に負担させることは正当ではないとわざわざ指摘している。この言及を踏まえれば、最高裁判決自体も、改正前商法629条（現在の保険法2条6号）に関するこのような解釈を当然の前提としているものと推測される。そして、最高裁自身も、後に、この解釈をとることを明らかにしている。次で紹介する平成18年の自動車保険中の車両保険に関する判決においてである。

(2)　車両保険における水没事故（オール・リスク型）

　自動車保険中の車両保険は、保険事故を「衝突、接触、墜落、転覆、物の飛来、物の落下、火災、爆発、台風、洪水、高潮その他偶然な事故」（以下、本件包括規定という）などと定める（前述2参照）。この種の保険は、一定の危険を列挙するものの、それに加えて「その他偶然な事故」という包括文言を置くことで保険による担保範囲を特定の事故類型に限定しないため、オール・リスク保険と呼ばれる。この場合に、約款規定において偶然性が定められていることから、約款規定の文言解釈として、かかる偶然性は、前述2の第2の意味（非故意性）であると解釈して、傷害保険に関する平成13年最判と同様に、事故の非故意性の証明責任を保険金請求者に負担させるべきであると主張する余地がある。

しかし、最高裁は、平成18年に、車両保険における水没事故が問題となった
事案で、保険者が故意の存在について証明責任を負担すると判示した（最高裁
平成18年6月1日判決・民集60巻5号1887頁。以下、平成18年最判という）。最高裁
は、①改正前商法629条（現在の保険法2条6号）にいう「偶然ナル一定ノ事故」
とは、前述2の第1の意味（不確定性）であること、②本件包括規定は、前述
「偶然ナル一定ノ事故」を本件保険契約に即して規定したものであり、本件包
括規定にいう「偶然な事故」を前述2の第2の意味（非故意性）をいうものと
解することはできないこと、③火災保険と車両保険との間で事故原因の立証の
困難性が著しく異なるとはいえないことを理由として挙げる。

　また、最高裁は、同じく車両保険におけるひっかき傷の事案（最高裁平成18
年6月6日判決・裁判集民220号391頁）や、一定の危険を列挙せず、保険事故を単
に「偶然な事故」と定めるテナント総合保険における火災の事案（最高裁平成
18年9月14日判決・裁判集民221号185頁）でも同様の判断をした。

(3)　車両保険における盗難事故

　その後、同じく車両保険で、保険事故を本件包括規定とともに「被保険自動
車の盗難」と定める（以下、本件事故規定という）ものにおいて盗難事故が問題
となった事案で、最高裁は、外形的事実説と称される興味深い判断枠組みを提
示した（下記の2判決を以下、総称して平成19年最判という）。

　すなわち、最高裁は、平成19年の車両保険における盗難事故の事案におい
て、次のように判示する（最高裁平成19年4月17日判決・民集61巻3号1026頁）。ま
ず、改正前商法629条（現在の保険法2条6号）にいう「偶然ナル一定ノ事故」
とは、前述2の第1の意味（不確定性）であること、本件事故規定は、前述
「偶然ナル一定ノ事故」を本件保険契約に即して規定したものであり、また、
盗難がほかの保険事故と区別して記載されているが、これは単なる明確化のた
めのものであり、保険事故の発生や免責事由について他の保険事故と異なる主
張立証責任を定めたものと解することはできないことを指摘する。その上で、
盗難とは、占有者の意に反する第三者による財物の占有の移転であると解する
ことができるが、被保険自動車の盗難という保険事故が保険契約者や被保険者
の意思に基づいて発生したことは保険者が免責事由として主張立証すべき事項

第8章　偶然性要件と故意免責の関係　93

であるから、保険金請求者としては、「被保険者以外の者が被保険者の占有に係る被保険自動車をその所在場所から持ち去ったこと」という外形的事実を主張立証すれば足り、被保険自動車の持ち去りが被保険者の意思に基づかないものであることを主張立証すべき責任を負わないと判示した。

続いて、別の事案で、最高裁は、これをさらに敷衍し、保険金請求者が主張立証すべき外形的事実は、「被保険者の占有に係る被保険自動車が保険金請求者の主張する所在場所に置かれていたこと」および「被保険者以外の者がその場所から被保険自動車を持ち去ったこと」から構成されるとする（最高裁平成19年4月23日判決・裁判集民224号171頁）。

ここで問題となった盗難は、その定義に「占有者の意に反する」という形で非故意性が含まれているから、保険事故発生時の非故意性が保険事故の定義に含まれている。そうすると、傷害保険の偶然性の場合と同様に、保険金請求者が保険事故の一要素である非故意性の証明責任を負うことになると解する余地がある。しかし、最高裁は、おそらくは盗難以外の保険事故の場合（前述(2)）と証明責任の所在を揃えるのが相当であると考えて、保険事故が故意によるものであることはあくまで保険者が免責事由において主張立証すべきであるとする。では、保険金請求者として、具体的に何について証明責任を負うのかといえば、盗難という保険事故のうち主観的要素を除いた部分、すなわち外形的事実について証明責任を負う、とする。その除いた部分、すなわち事故が被保険者の意思に基づくものであるという主観的要素まで証明責任を負うものではないという。

5．判例法理の理解

以上の最高裁の各判決により、判例の立場は固まったと考えられる。

第1に、損害保険契約に関する規定である保険法2条6号や5条1項にいう「偶然の事故」は、保険契約成立時に保険事故の発生・不発生が確定していないこと（不確定性。前述2の第1の意味）を意味する。

第2に、傷害保険契約の保険約款において定められる保険給付要件の一つである偶然性は、保険事故発生時に当該事故が故意によるものではないこと（非故意性。前述2の第2の意味）を意味する。

第３に、損害保険契約（オール・リスク型）の保険約款において保険事故として「偶然な事故」などと定められることがあるが、これは、保険法２条６号・５条１項にいう「偶然の事故」と同様に、保険契約成立時に保険事故の発生・不発生が確定していないこと（不確定性。前述２の第１の意味）を意味する。

　第４に、第１点目・第３点目より、損害保険契約の保険事故における偶然性は、保険事故発生時の非故意性とは無関係であるから、故意免責事由との抵触は生じず、したがって、原則通り、保険事故の存在は、請求原因事実として保険金請求者がその証明責任を負担し、保険事故が故意により生じたことは、保険者免責事由として保険者がその証明責任を負担する、と考えればよい。

　第５に、もっとも、盗難事故については、「盗難」の定義自体に非故意性が含まれることから、第４点目のように考えてよいか議論の余地があるが（つまり、故意免責事由との抵触が生ずると考える余地がある）、判例法理は、あくまで保険事故が故意により生じたことは保険者が証明責任を負うと解する。保険金請求者が保険事故として証明すべき事実（要証事実）は、保険事故のうち主観的要素を除いた「外形的事実」であり、保険金請求者は、それについて証明責任を負う。

Ⅱ．考えてみよう：「偶然性」の意味の再考

１．判例法理の再検討

　判例の立場は前述Ⅰで説明した通りであるが、この立場は果たして疑義の余地のなく論理一貫した明快な解釈といえるのかどうかについて、具体的な設例に則して考えてみることにしたい。

２．設　　例

【設例１】
　Ａは、Ｂ保険会社との間で、Ａが所有する自動車（以下、被保険自動車という）について自動車保険契約（以下、本件契約１という）を締結した。被保険自動車は、普段、Ａの自宅から徒歩５分ほどの場所にある月極駐車場（以下、本件駐車場という）に駐車

されている。Ａが被保険自動車の状態を見るのは、被保険自動車を運転するときのみである。

　ある土曜日の朝、Ａが、被保険自動車に乗ってドライブに行こうとして、本件駐車場に駐車している被保険自動車に近づいたところ、その側面全周にわたって多数のひっかき傷がついていることに気づいた。Ａは、しばらくの間忙しくて被保険自動車を運転しておらず、被保険自動車の状態を見たのは３週間ぶりであった。本件駐車場には防犯カメラは設置されておらず、誰かが被保険自動車に傷をつけているところを目撃した者はいない。被保険自動車の塗装は劣化してきたため、Ａとしては、この機会に保険金を使って被保険自動車の再塗装ができるなら願ったり叶ったりという状況にある。Ａは、Ｂ社に対し、本件契約１に基づき車両保険金を請求することはできるか。

【設例２】

　Ａは、Ｂ保険会社との間で、Ａを被保険者とする普通傷害保険契約（以下、本件契約２という）を締結した。Ａは、夏休みに、半袖短パンでハイキングをし、その際に野山を駆け巡った。Ａが駆け巡った野山は、草刈り・樹木の伐採がほとんど行われておらず、そのためＡは、手足の露出部分に多数の創傷を負い、病院で治療を受けた。Ａは、Ｂ社に対し、本件契約２に基づき傷害保険金を請求することはできるか。

３．多様な考え方

⑴　設例１について：車両保険におけるひっかき傷

㋐　問題の所在

　設例１において、Ａが車両保険金を請求するには、どのような事実を主張立証しなければならないか。損害保険金を請求する際の請求原因事実は、①：損害保険契約の締結、②：保険事故の発生、③：損害の発生および額、④：②と③との間の因果関係である。本件では、①と③は明らかに認められる、または容易に示せるから、問題は②および④である。

　車両保険における保険事故は、前述Ⅰ４⑵で説明した通り「衝突、接触、墜落、転覆、物の飛来、物の落下、火災、爆発、台風、洪水、高潮その他偶然な事故」などと定められるのが通例である。被保険自動車の車体に誰かがひっかき傷をつけるという「いたずら」が保険事故に当たるとすれば「その他偶然な事故」に含まれることになるだろう。Ａとしては、②および③を示すために、いかなる事実を主張立証しなければならないか。

　このとき、もし、いつどこでどのような態様でいたずらされたのかを、傷を

つけた犯人も含めてすべて特定できれば、②と④を示すのに十分であることは明らかである。しかし、Aは、3週間ぶりに被保険自動車の状態を確認したわけである。また、防犯カメラの映像もなく、目撃者もいない。そうすると、傷をつけられた場所は本件駐車場であることが明らかであるとしても、いつ、どのような態様でつけられたのかは、Aにも分からない。犯人も不明である。せいぜいその3週間の間のいつかに傷つけられたといえるに過ぎない。

そのため、Aが②と④を示すために、いつどこでどのような態様でひっかき傷をつけられたのかを、傷をつけた犯人も含めてすべて特定しなければならないとすれば、Aが保険金を請求することは事実上不可能である。

しかし、本件のような状況は、めったに生じない珍しい事態であるわけではない。保険金請求をするために、Aにあまりにも詳細な事実の特定を求めることは、幅広い場面において、保険金請求を著しく困難にしてしまう。他方で、Aが具体的事実を何も示さなくても保険金請求できるとすれば、詐欺的請求が容易となり、これもまた不当である。そこで、その両者のバランスを取りながら、Aが示さなければならない最低限の事実は何かを考えなければならない。

(イ) **あり得る考え方**

そこで、この場合に、どのような考え方があり得るかを考えてみよう。

第1に、損害が発生したことのみをいえば足りるという考え方があり得る（損害説）。つまり、そもそも②も④も保険金請求者は主張立証する必要がないと考えるわけである。

第2に、損害の発生だけでは足りず、何らかの事故の発生とそれにより当該損害が生じたこと（因果関係）をいう必要があるとする考え方があり得る（事故説）。この考え方によれば、事故の発生過程の詳細までは不要であるが、物事の自然の経過において生じた損害ではないことを示す、あるいは人為的な損傷であることを示す必要はあるということになる。本件でいえば、被保険自動車にひっかき傷がついており、それが単なる塗装の劣化ではなく、被保険自動車の車体に何かがこすれてできた傷であることをいえば、自然の経過で生じたわけではないことは示されるであろう。

第3に、ひっかき傷をつけられたというようないたずらによる損傷が問題となる場合、損害の発生だけで足りず、いたずらによる損傷の外形的事実とそれ

により当該損害が生じたこと（因果関係）をいう必要があるという考え方があり得る（外形的事実説または第三者行為性必要説）。この考え方は、いたずらとは、一般に無益で悪い戯れのことであり、所有者の意思に反する第三者による車両への損傷行為をいうと定義し、「所有者の意思に反する」という形で非故意性が含まれていることから、盗難事故と同様の構造にあると考えて、平成19年最判と同様の解釈をいたずら事故に及ぼそうとするものである。具体的には、外形的事実とは、「損傷が人為的にされたものであること」および「損傷が被保険者以外の第三者によって行われたこと」とする。

　(ウ)　検　討

　まず、第1の損害説は、一見、突飛な考え方であるようにも思われる。しかし、本件で問題になる車両保険契約は、オール・リスク保険であり、保険者はすべてのリスクを引き受けている。保険事故として、一定の態様の事故が例示されているものの、「その他偶然な事故」という包括文言がある以上、保険者としては、どのような態様で生じたものであろうとも、損害が発生しさえすれば、それについて保険金を支払うことを約束していることになる。そうだとすれば、保険事故およびそれと損害との因果関係がいかなるものであろうと保険者の責任発生を左右しないのであるから、保険金請求権の発生にとって本質的要素ではなく、保険金請求者がそれらの事実を主張立証する必要はないと考えることは可能である。本件では、被保険自動車にひっかき傷がついていることをいえば、損害は生じていることは明らかだから、それだけで足りる。

　もっとも、車両保険契約は、確かにオール・リスク保険であるが、それと同時に、保険期間中に保険事故が発生することが保険給付の要件とされる。保険期間中に損害が生ずることで足りるというものではない。そのため、保険金請求をする際にも、保険期間中に損害が生じたということを主張立証するだけでは足りないと考えるのが自然である。

　また、損害説をとれば、保険金請求者は容易に保険金請求できることになる一方で、故意の事故招致を疑う保険者は、故意免責事由に該当すると主張して争うことになるが、そのためには、保険者は事故の態様や発生日時などをすべて示さなければならない。保険事故は、契約者の生活領域で生ずるのが通常であるところ、その詳細な事実を保険者が事後的な調査で明らかにすることは必

ずしも容易ではない。そのことを負担に思う保険者としては、オール・リスク保険をやめて、保険事故の個別列挙方式をとる方がむしろ合理的となり、その方向で約款を改定するかもしれない。しかし、そうすると、損害説をとって保険金請求者の立証負担を軽減したことが結局のところ無に帰するし、約款規定も無意味に複雑化してしまうおそれがある。

　これに対し、第3の外形的事実説は、平成19年最判と同様の解釈をいたずら事故に及ぼすものである。平成19年最判の調査官解説は、同最判が示す外形的事実説の射程を盗難に限らず、車両保険で担保するあらゆる保険事故に及び得るかのような説明をしている。盗難に限らず、水没事故もひっかき傷の事故も「保険事故」という限りにおいては、言葉の意味として同様に、被保険者の意思に基づかない事故という意味が含まれているといえる、そのいずれの保険事故の場合にも、保険金請求が認容されるためには、被保険者の意思に基づかないことが前提となっている（被保険者の意思に基づく被保険自動車の水没を「水没事故」とはいわない）、そして、請求原因事実のレベルでは、被保険者の意思とは切り離された外形的な事故態様（水没事故なら水没そのもの、窃盗事故なら占有していた車両がその場からなくなったこと）を主張立証すれば足りる、などと説明する。そのことが、特に下級審裁判例において、第3の考え方を採用するハードルを低くしている可能性がある。

　しかし、前述の説明のうち、「被保険者の意思に基づく被保険自動車の水没を『水没事故』とはいわない」という部分が自明のことかは疑義がある。すなわち、被保険自動車が水に沈んでしまえば「水没事故」なのであって、「被保険者の意思に基づかないこと」は不可欠の要素ではないという考え方もあり得るように思われる。これに対し、「いたずら」は、「人の迷惑になるようなふざけた行為」という意味合いがあり、これを重視するなら、他人に向けて行う行為であるから、「被保険者の意思に基づかないこと」を要素として含むと考えることもできる。その一方で、自分の所有物に落書きやいたずら書きをすることはあり得る。「いたずら」という言葉について、「無益な悪い戯れ」という意味合いを重視するなら、「被保険者の意思に基づかないこと」は不可欠の要素ではないという考え方もあり得る。

　また、いたずら案は、盗難と構造的には類似しているが、約款上で列挙さ

れた危険には含まれないという違いがある。盗難事案は、約款規定文言にある「盗難」の解釈として、非故意性を含む概念であると考えることが可能であり、外形的事実説を導くのが容易である。これに対し、いたずら事案は、約款規定の解釈としては「その他偶然の事故」の解釈問題である。約款文言において保険事故に非故意性を含むと直ちにいうことはできない。

　以上のような検討結果からいえば、「いたずら」という文言に非故意性が含まれるか否かという形式面の解釈からの推論よりも、むしろ、約款解釈としてどこまで実質（モラルリスク対策）を考慮してよいかを正面から問題とすべきであろう。

　その関係では、いたずら事案はモラルリスクが高いといってよい。被保険者の生命・身体にかかわらない単なる物損であり、故意の事故招致のハードルが低い。また、偽装が容易である。しかも、車両保険金で支払われる額は比較的高額になり得る。そのため、盗難の場合と同様に保険金請求者側の立証負担を重くする必要性は認められる。

　もっとも、そうだとしても、外形的事実説を採用したときに、実際の訴訟活動を考慮すれば、事実上非故意性を要求しているのと同じともいい得る点は問題となる。すなわち、第三者行為性を立証するためには、直接証拠（特に客観証拠）がなければ、様々な間接事実の積み重ねによるほかない。そこでの立証活動は、非故意性を間接事実の積み重ねにより立証する場合とほぼ変わらない可能性がある。そうすると、保険金請求者側の立証負担が重すぎるという評価もあり得る。

　第2の事故説は、保険金請求者と保険者の立証負担という観点からいえば、第1の損害説と第3の外形的事実説の中間的な態様であるといえる。保険金請求者は、何らかの事故の発生とそれにより当該損害が生じたこと（因果関係）を主張立証しなければならないが（損害説よりも主張立証の範囲が広い）、それを超えて第三者行為性までいう必要まではない（外形的事実説よりも主張立証の範囲が狭い）からである。

(2) 設例 2 について：傷害保険における創傷

(ア) 問題の所在

設例 2 において、Aが傷害保険金を請求するには、どのような事実を主張立証しなければならないか。本件契約 2 は、傷害疾病定額保険契約に当たるところ、傷害疾病定額保険金の請求をするには、請求原因事実として、①：傷害疾病定額保険契約の締結、②：3 要件を充足する原因事故の発生、③：被保険者の受傷、④：②と③の間の因果関係、⑤：給付事由の発生、⑥：③と⑤の因果関係を主張立証しなければならない（詳細は後述第15章を参照）。本件では、①、③、⑤、⑥は容易に示せるから、②および④が問題となる。

損害保険会社が販売する普通傷害保険契約の約款は、保険事故を「急激かつ偶然な外来の事故によって被保険者の身体に傷害を被ること」と定める。本件では、Aの創傷発生について急激性と外来性は明らかに認められるから、問題は偶然性である。

本件で、Aは、怪我を負う意図で野山を駆け巡ったのではないし、怪我を負うことを容認していたわけでもないだろう。そもそも草刈りや伐採が不十分であることを知らずに半袖短パンで野山に来たのかもしれず、また走り回る時点で草木がぼうぼうと生えていることを認識していたとしても、怪我を負わせるほど硬いものはないと思ったのかもしれず、怪我をする可能性の認識すらなかったのかもしれない。そうだとすれば、Aは、その創傷を負ったことについて故意は認められない。

しかし、草木がぼうぼうと生える野山を半袖短パンで走り回れば、何らかの創傷を負うことはほぼ確実であるといえる。客観的に見れば、野山を走り始めた時点でAが創傷を負うことは確定していたと評価することができる。

そうだとすれば、傷害概念に含まれる「偶然性」について、非故意性（保険事故発生時の故意の不存在）と理解すれば、本件において故意は認められず、偶然性を肯定できる。また、本件で、不確定性（保険契約成立時の事故発生の不確定性）の意味における偶然性も肯定できる。しかし、本件のように、事故発生時に客観的に事故発生が確定していたといえるような場合は、本当に「偶然」な事故といってよいのだろうか。

(イ)　あり得る考え方

そこで、この場合に、どのような考え方があり得るかを考えてみよう。

第1に、傷害概念に含まれる「偶然性」について、判例と同様に、非故意性（保険事故発生時の故意の不存在）と理解した上で、本件で故意はないから、偶然性が認められるとする考え方があり得る。保険金の支払を認めるわけである。

第2に、傷害概念に含まれる「偶然性」について、判例と同様に、非故意性（保険事故発生時の故意の不存在）と理解しつつも、本件で故意はあると認定し、偶然性を否定する考え方があり得る。保険金の支払を認めないことになる。

第3に、傷害概念に含まれる「偶然性」について、非故意性（保険事故発生時の故意の不存在）のみならず、保険事故発生時の事故発生の不確定性という意味も含まれると考えた上で、本件で故意はないかもしれないが、保険事故発生時に事故発生は客観的に確定していたから後者の意味での偶然性は否定されるとする考え方があり得る。これも保険金の支払を認めないものである。

(ウ)　検　討

まず、第1の考え方は、傷害保険の給付対象から外すべきなのは、被保険者の故意に基づく傷害に限ればよく、誰がどうみても傷害が発生するであろうという状況で生じた創傷についても保険金を支払うことでよいと考えるものである。

第2の考え方と第3の考え方は、これとは逆に、誰がどうみても傷害が発生するであろうという状況で生じた創傷については、保険金を支払うべきではないと考えるものである。その上で、保険金を支払わないとする理由をどの要件の不充足に求めるかで、考え方が分かれる。第2の考え方は、保険給付要件に含まれる「偶然性」の解釈については判例の理解（偶然性＝非故意性）に従いながら、故意の認定を緩め、本件のような場合には故意による事故招致であると認めることで保険金支払の対象から外すものである。第3の考え方は、傷害概念に含まれる「偶然性」の解釈を判例の理解（偶然性＝非故意性）から離れることとし、保険事故発生時の事故発生の不確定性をも「偶然性」に含め、本件はその意味での偶然性を欠くので、保険金支払の対象とならないとするものである。

第2の考え方のように故意の認定を緩めることは、実際の訴訟活動のあり方

としてはあり得ると思われる。故意という主観的要素は、被保険者本人が故意の存在を認めない限り（訴訟上の自白となる）、間接事実の積み重ねにより行うほかない。そこで、本件のような客観的状況の下では、Ａが怪我を負う可能性を認識し、また怪我を負っても仕方がないと思いながら野山を駆け回ったのであると事実認定することは、不可能ではない。しかし、そのような訴訟の運用方法とは別に、仮にＡがあくまで怪我を負う可能性を認識しておらず、また怪我を負っても仕方がないと一切思うことなく野山を駆け回ったのであれば、故意は存在しないといわざるを得ない。実体法の問題としては、そのような場合が現に存在し得ることは前提とせざるを得ない。

そこで、そのような場合についても保険金支払の対象とすべきではないと考えるのであれば、第3の考え方を採るべきことになる。その根拠としては、本件のようなリスクの高い状況については保険の担保対象から外すことで、保険料の高騰を防ぐという事情を挙げることができよう。また、傷害保険の加入者も、このような場合に払ってもらえるとは思わないのが通例だとすれば、保険契約者の合理的意思として、本件のような状況は担保対象外だと考えることができる。

（山下　徹哉）

〈Ⅱに関する参考文献〉
山下友信「オール・リスク損害保険と保険金請求訴訟における立証責任の分配」川井健＝田尾桃二編集代表『転換期の取引法―取引法判例10年の軌跡―』（商事法務、2004年）
山田拓広「オール・リスク損害保険における損害説再考」中京法学53巻3＝4号（2019年）
吉澤卓哉「保険給付条項に偶然性要件が規定されているオールリスク保険の保険給付請求における保険給付請求者の主張立証義務―悪戯（いたずら）事故に関する下級審裁判例の理論的対立の解消に向けて―」産大法学54巻2号（2020年）

第9章　保険代位

Ⅰ．基礎的な説明

1．「保険代位」とは

　保険法は、保険給付によって、保険者が被保険者の有する権利を取得することのある場合を定めている。これを保険代位といい、残存物代位（24条）と請求権代位（25条）がある。

　残存物代位と請求権代位とでは、保険給付によって保険者が被保険者の有していた権利を当然に取得するという点に共通性がみられるが、大きな相違も認められる（図表9参照）。第1に、残存物代位が、物保険のみを対象とするのに対して、請求権代位は、物保険を含め、あらゆる損害保険契約に適用される。第2に、残存物代位が、全損の場合に生じるのに対して、請求権代位は、物保険における全損・分損のいずれの場合にも適用される。そして、第3に、残存物代位の対象が、被保険者の有する物権であるのに対して、請求権代位の対象は、債権である。保険代位の対象が、保険の目的物について被保険者の有する所有権その他の物権である場合には、残存物代位、被保険者の第三者に対して

【図表9：残存物代位と請求権代位の異同】

			残存物代位	請求権代位
対象となる損害保険	物保険	全　損	○	○
		分　損	×	○
	物保険以外		×	○
代位の対象			物　権	債　権
権利取得の時期・方法			保険給付と同時に当然に取得	

（筆者作成）

有する債権である場合には、請求権代位と称される。

　残存物代位について定める保険法24条および請求権代位について定める保険法25条は、保険法26条をもって片面的強行規定である。したがって、両規定と異なる特約で、かつ、被保険者に不利なものは、片面的強行規定の適用除外契約に該当しない限り（36条各号）、無効となる。

2．残存物代位

(1)　残存物代位の趣旨

　保険者は、保険の目的物の全部が滅失した場合において、被保険者に対して保険給付を行ったときは、当該保険の目的物に関して、被保険者が有する所有権その他の物権について当然に被保険者に代位する。たとえば、火災保険の目的物である家屋が全焼し、もはや住むことはできなくなったが、当該家屋を構成していた石材や鉄材といった経済的価値のあるものが残存することがある。このような場合において、保険者が保険金を支払ったときは、当該保険者は、法律上、当然に残存物に関する権利を取得する。いわゆる残存物代位であり、保険法は24条をもってこれを認めている。

　残存物代位の趣旨については、従来、利得防止説と技術説とが主張されてきた。利得防止説は、被保険者が保険給付を受けながら、さらに残存物について権利を有することは利得禁止原則に反するため、被保険者における利得を防止するために必要であると説く。他方、残存物代位は、迅速な保険給付を図るための技術的な仕組みであると解するのが、技術説である。技術説によると、てん補損害額は、本来、残存物の価値を控除して算定されるところ、それでは保険給付が迅速にできないので、全損として保険金を支払うのと引き換えに、残存物に対する権利を保険者が取得することとしたものである。

　近年では、利得防止説と技術説とは、残存物代位を異なる側面から捉えているのであって、相互に背反するものではないとして、両説の説くところの双方が残存物代位の趣旨であると考えられている。

(2)　残存物代位の要件

　残存物代位は、保険事故によって「保険の目的物の全部が滅失した場合」に

生じる。保険法24条にいう「保険の目的物の全部が滅失した場合」とは、保険の目的物に全損が生じたことをいう。

　全損とは、保険事故によって、保険の目的物が本来の経済的効用の全部を失ったことをいい、必ずしも物理的な全滅を意味しない。たとえば、住宅火災保険において、家屋が全焼し、石材や鉄材その他が残存する場合が全損に当たることは勿論、住宅や事務所などその建物の本来の使用目的におよそ適さないような状態になっている場合も、全損に当たる。修理・修復の費用が保険価額を超えるような場合も、全損であるとされている。保険実務では、全損の定義・基準を約款ないし特約に定める例が見受けられる。

　分損の場合には、残存した目的物の価値を控除して損害額が算定されることから、残存物代位は生じない。ただし、保険の目的物が可分である場合には、包括して保険の対象となった物が全滅したときだけでなく、可分な部分について全部滅失が生じたときにも、残存物代位の法則を適用できると解する学説が多い。また、分損の場合も、全損の場合と同様、残存価値の評価困難が生じるが、保険保護の迅速を図る必要が認められることに変わりはなく、したがって、この場合についても残存物代位を認めるべきであるとする見解もある。

　残存物代位が認められるためには、保険事故によって「保険の目的物の全部が滅失した場合」に加え、保険者が「保険給付を行った」ことを要する。保険給付は、保険金額の全部である必要はない。一部保険の場合や、重複保険において複数の保険者が分担して保険金を支払った場合にも、残存物代位は認められる。

　また、保険者が資力不足等によってその負担額の一部しか支払っていない場合でも、保険者は、実際に支払った保険金額の保険価額に対する割合に応じて残存物の権利を取得すると解される。これに対して、保険法24条においては、保険者が負担額の全部を支払ったことが代位の要件とされていないことから、代位はあるといわざるを得ないが、保険法25条2項の類推適用が認められるべきであるとする見解もある。

(3)　残存物代位の効果
　残存物代位の効果として、保険者は、当該保険給付の額の保険価額（約定保

険価額があるときは、当該約定保険価額）に対する割合に応じて、当該保険の目的物に関して被保険者が有する所有権その他の物権について当然に被保険者に代位する（24条）。

保険法24条にいう「当然に」とは、法律上、当然に権利移転の効果が生じることを意味する。残存物代位による保険者の権利取得は、法律の規定に基づいて当然に生じるものである。当事者の意思表示は勿論、第三者に対する対抗要件も不要である。

残存物代位の時期は、保険事故発生時ではなく、保険者による保険金支払時である。したがって、被保険者は、保険金の支払がなされるまでは、残存物にかかる権利を自由に処分できる。ただし、保険金の支払までに被保険者が残存物にかかる権利を処分していた場合には、被保険者による処分がなかったとしたならば、保険者が取得し得た残存物にかかる権利の価額の限度において、保険者は保険金支払義務を免れる。

3. 請求権代位

(1) 請求権代位の趣旨

保険法25条1項によれば、保険者は、保険事故による損害が第三者の行為によって生じた場合において、被保険者に対して保険給付を行ったときは、被保険者が第三者に対して有する債権について当然に被保険者に代位する。これを請求権代位という。火災保険に付されている家屋が放火など第三者の不法行為によって全焼した場合が、その典型例である。

保険事故による損害が第三者の行為によって生じた場合、被保険者は、保険者に対する損害てん補請求権（保険金請求権）と第三者に対する損害賠償請求権等を取得することになる。請求権代位は、（α）被保険者が損害てん補請求権と損害賠償請求権等の二つの権利をともに行使することによって利得を得ることを防止すること、および、（β）保険者の義務の履行によって有責の第三者を免責しないこと、という二つの要請を満たすための制度と考えられている。

伝統的な損害保険契約法理論では、損害保険契約においては利得禁止原則が強行規定として妥当し、利得禁止原則によって被保険利益について発生した損

害額を超える保険給付を行うことは許されないと解されてきた。請求権代位が
（a）利得禁止原則に基づくものであるとすれば、利得禁止原則は強行規定的
原則といえるので、請求権代位に関する法律規定も強行規定ということにな
る。同様に、請求権代位が（a）利得禁止原則に基づくものであるとすれば、
利得禁止原則の妥当しない定額保険契約においては、請求権代位はないことに
なる。定額保険契約である生命保険契約については、保険法に請求権代位の規
定はなく、また、請求権代位が適用されないことに異論はない。

　そのような中、請求権代位の根拠の一つとされてきた（a）利得禁止原則に
ついて、近年、実損てん補型の人保険契約における請求権代位に関連して疑問
が提起されている。判例（最高裁平成元年1月19日判決・判時1302号144頁）・通説
は、従来、傷害損害保険契約や疾病損害保険契約のような実損てん補型の人保
険契約は、損害保険契約の一種に過ぎないから、請求権代位が適用されるとの
立場を採ってきた。しかしながら、実損てん補型と定額給付型のいずれもが許
されている人保険契約にあって、定額給付型の人保険契約には利得禁止原則が
適用されないのに対して、実損てん補型の人保険契約には利得禁止原則が強行
規定的に適用され、それに反する特約が一切許されないというのは、理論的に
整合性を欠く。そこで、実損てん補型の人保険契約についても、強行法として
の利得禁止原則は妥当せず、請求権代位がないこととする特約の効力を認める
べきであるとする見解が有力に主張されている。

(2)　請求権代位の要件

　請求権代位が認められるためには、保険事故による損害が生じたことによっ
て、被保険者が第三者に対して債権を取得したことが必要である。被保険者の
死亡によって生じる損害をてん補する傷害疾病損害保険契約にあっては、被保
険者の相続人がこれに代わる。

　保険法では、被保険者が取得する債権を「被保険者債権」という。被保険者
債権は、不法行為または債務不履行に基づく損害賠償請求権であることが多い
が、損害賠償義務者間の求償権や不当利得返還請求権のほか、共同海損分担請
求権等もある。

　さらに、債務者が債務を履行しない場合に債権者が被る損害をてん補する保

証保険契約では、保険契約者は債務者であり、被保険者は債権者である。したがって、保険の対象となっているのが、そもそも債権、すなわち被保険者が保険契約者に対して有する債権であるという特徴がある。このような保険契約において、保険事故によって生じた損害をてん補した場合には、保証人に法定代位が認められる（民法500条）のと同様に、保険者に保険の対象であった債権の代位を認めるのが合理的である。そこで、保険法25条1項柱書括弧書において、当該債権が代位の対象となる旨を明確にしている。

　また、請求権代位が認められるためには、保険者が、被保険者に対して保険給付を行ったことが必要である。保険者は、負担額の全額を支払った場合のみならず、負担額の一部のみを支払った場合にも、一定の範囲内において請求権代位が生じる（25条2項）。

(3)　請求権代位の効果

　請求権代位の効果として、保険者は、被保険者債権について当然に被保険者に代位する。保険法25条1項に定める「当然に」とは、法律上、当然に権利移転の効果が生じることを意味する。請求権代位による保険者の権利取得は、法律の規定に基づいて当然に生じるものであり、当事者の意思表示は必要ない。また、債務者またはその他の第三者に対抗するための対抗要件を具備することなく、第三者に対抗することができる。

　被保険者から保険者に被保険者債権が移転する時期は、保険者が保険給付を行ったときである。保険給付によって代位の効果が発生した後は、被保険者は、その移転した権利について自由に処分または行使することはできない。他方、保険給付が行われるまでは、被保険者は、第三者に対する権利を行使し、または処分することを妨げられない。

　全部保険において、保険者は、てん補損害額の全額について給付を行った場合には、請求権代位によって被保険者債権の全額を取得する。また、一部保険において、てん補損害額の全額が被保険者債権として第三者から回収可能な場合には、保険者は、請求権代位によって保険給付の額を限度として被保険者債権を取得する。

　一部保険において、過失相殺等によって被保険者債権の額がてん補損害額を

下回る場合には、保険者は、保険給付の額と被保険者債権の額から不足額を控除した額のうち、いずれか少ない額を限度として、被保険者債権を取得する。他方、被保険者は、保険給付および被保険者債権によって損害の全額を回収することができる。このような考え方は、「差額説」と呼ばれている。

　なお、一部保険の場合、あるいは全部保険であっても、保険者が資力不足等によって給付すべき保険金の全額を支払わない場合には、被保険者が有する債権と請求権代位によって保険者が取得した債権とが併存することになる。このような場合において、第三者が資力不足等の理由によって被保険者債権の全額を支払えないときは、被保険者の債権が保険者の債権に先立って弁済を受けることができる（25条2項）。

Ⅱ．考えてみよう：請求権代位と「対応の原則」

1．「対応の原則」と権利移転の範囲

　請求権代位において、被保険者から保険者への権利移転の範囲をめぐる議論の一つに、いわゆる「対応の原則」がある。対応の原則とは、被保険者がある利益の損失について保険者から保険金によるてん補を受けた場合に、代位に基づいて保険者に移転する第三者に対する損害賠償請求権は、その利益に対応する部分に限られるという原則である。

　対応の原則の根拠については、次のように説明される。損害保険は、ある特定の被保険利益について付保されるものであるから、当該被保険利益以外の利益について生じる損害は、当該保険契約とは無関係であり、請求権代位の対象ともならない。また、代位が（*a*）利得を排除するための制度である以上、代位の対象となる権利は、保険による損害てん補の対象となる損害に対応する権利に限られる。

　対応の原則が問題になる局面は、大きく二つに分けられるといわれる。第1に、保険給付が対象としている損害の他に、被保険者に損害が発生している場合に、保険給付が対象としていない損害も考慮するかという局面である（以下、「第1の局面」という）。第2に、保険給付と損害賠償が全体では対応してい

るときに、内部の損害項目ごとに代位を考えるかという局面である（以下、「第2の局面」という）。

2．設　例

【設例1】

　Aは、B損害保険会社との間で、自動車保険契約を締結していた。両者の間で締結された自動車保険契約に適用される車両損害保険条項のある普通保険約款には、免責金額10万円を控除した上で、車両損害保険金を支払う旨の特約があった。

　Aは、自ら被保険自動車を運転中、Cの運転する乗用車と接触した。この接触事故により、Aには、当該自動車にかかる修理費用90万円および休車損害20万円の合計110万円の損害が発生した。この事故による過失割合は、Aが3割、Cが7割であり、過失相殺後のAのCに対する損害賠償請求権は、修理費用63万円（＝90万円×70％）および休車損害14万円（＝20万円×70％）の合計77万円である。

　B損害保険会社は、Aに対し、Cとの接触事故にかかる車両損害保険金として、上記保険約款に基づいて、付保車両の修理費用90万円から免責分10万円を控除した額である80万円を支払った。その後、B損害保険会社は、保険法25条により、AがCに対して有する損害賠償請求権を支払保険金額の限度で代位取得したとして、Cに損害賠償金の支払を求めた。

【設例2】

　甲損害保険会社は、乙との間で、同人を被保険者とする保険金額5,000万円の人身傷害保険契約を締結していた。上記契約に適用される保険約款には、「代位」と題して、保険法25条と同様の定めがある。

　乙は、散歩中、丙の運転する自家用自動車に撥ねられた。甲損害保険会社は、上記保険契約に基づいて、乙に対し、保険金5,000万円を支払った。その内訳は、治療費980万円、逸失利益3,020万円、慰謝料1,000万円である。そこで、甲損害保険会社は、乙が丙に対して有する損害賠償請求権を代位取得したとして、丙に損害賠償金の支払を求めた。

　なお、乙丙間の交通事故について、両者の過失割合は、乙4割に対して、丙6割であり、乙には．合計1億円の損害（その内訳は、治療費1,000万円、逸失利益6,000万円、慰謝料3,000万円）が生じている。

3．多様な考え方

(1) 設例 1 について：代位の対象となる権利

設例 1 は、東京高裁平成30年 4 月25日判決・金判1552号51頁をもとに作成したものである。設例 1 では、前述Ⅱ 1 にいう第 1 の局面、すなわち、保険給付が対象としている損害の他に、被保険者に損害が発生している場合に、保険給付が対象としていない損害も考慮するかが問題となっている。

設例 1 において、Aには、Cとの接触事故によって車両損害および休車損害が発生している。これに対して、自動車保険契約に適用される車両損害保険条項、いわゆる車両保険によっててん補するものとされている損害は、一般に、被保険自動車それ自体の価値に対して生じる損害である。休車損害や評価損、逸失利益等は、保険給付の対象ではない。

対応の原則によると、代位の対象となる権利は、保険契約における損害てん補の対象と対応する損害についての賠償請求権に限られる。したがって、車両損害保険金の支払に伴う保険代位によって権利移転が生じるのは、AがCに対して取得する権利のうち、車両損害（修理費用）に限定され、休車損害については代位の対象とならない。これを保険法25条 1 項に定める算式に当てはめると、B損害保険会社は、同社が支払った車両損害保険金80万円がてん補損害額90万円に不足することから、車両損害についての損害賠償請求権63万円から上記不足分10万円を控除した残額53万円を代位取得することになる。

このような考え方は、保険法25条 1 項の条文上、必ずしも明らかでないものの、従来、損害保険の自明の原理として暗黙裏に承認され、実務においてもこれに従った処理がなされている。判例も、これを認めている。

最高裁平成24年 2 月20日判決・民集66巻 2 号742頁は、人身傷害保険における代位の範囲について、保険者は、保険金の支払時に、保険金に相当する額の被害者である保険金請求権者の加害者に対する損害金元本の支払請求権を代位取得するものであって、損害金元本に対する遅延損害金の支払請求権を代位取得するものではない、と判示する。この結論を導くに当たって、同判決は、保険者がいかなる範囲で請求権を代位取得するかは、保険契約に適用される約款の定めるところによるとした上で、かかる約款について、保険金は、被害者が

被る損害の元本をてん補するものであり、損害の元本に対する遅延損害金をてん補するものではないと解する。

　前掲最高裁平成24年2月20日判決で示された考え方は、対応の原則に基づくものといえる。同判決ではまた、その補足意見において、「保険代位の対象となる権利は、保険による損害塡補の対象と対応する損害についての賠償請求権に限定される」ことが確認されている。

　他方、対応の原則を考慮しない場合、代位の対象となる権利は、保険契約における損害てん補の対象と対応する損害についての賠償請求権に限定されない。設例1によると、車両損害はもとより、休車損害を含めたAのCに対する損害賠償請求権全体が代位の対象になる。これを前者と同様、保険法25条1項に定める算式に当てはめると、B損害保険会社は、同社が支払った車両損害保険金80万円がてん補損害額110万円（車両損害の額（修理費用）90万円＋休車損害の額20万円）に不足することから、AのCに対する車両損害（修理費用）および休車損害についての損害賠償請求権77万円から上記不足分30万円を控除した残額47万円を代位取得することになる。

　このような考え方は、下級審裁判例に散見される。設例1のもとになった前掲東京高裁平成30年4月25日判決は、その一事例である（同様に休車損害等を含めた損害賠償請求権全体を代位の対象とした事案に、神戸地裁平成10年5月21日判決・交民31巻3号709頁）。前掲東京高裁平成30年4月25日判決によると、「交通事故の被害者が損害保険会社との間で締結した自動車保険契約に基づいて受ける保険給付は、特段の事情がない限り、交通事故によって生じた当該自動車に関する損害賠償請求権全体を対象として支払われるものと解するのが当事者の意思に合致し、被害者の救済の見地からも相当である」とする。

　前掲東京高裁平成30年4月25日判決と同様の考え方は、学説にも見受けられる。保険者が取得する代位の範囲を緩やかにすることによって、保険法が差額説を採用した趣旨——被保険者の損害の回収について有利な取扱いをする——をより徹底することができるとするこの見解は、「緩やかな対応範囲説」と呼ばれている。

　後者の考え方に対しては、対応の原則との関係で問題があるとの批判が強い。また、車両保険のように、約款上、損害項目が明確に区分される契約類型

第9章　保険代位　113

において、あるいは損害の性質上、これを区分することが容易である場合にまで、対応の原則を緩和し、てん補されない損害をも加えて、保険者の代位取得する範囲を縮小させるべき被害者救済の要請があるとはいえないとの指摘もある。他方、被保険者にとって有利な方向での対応の原則からの逸脱は認められてよいとする見解もあり、約款によるのであれば効力を認めることも十分考えられるとの見方も示されている。

(2) 設例2について：項目別比較法と積算額比較法

　前述Ⅱ1にいう第2の局面、すなわち、保険給付と損害賠償が全体では対応しているときに、内部の損害項目ごとに代位を考えるかをめぐっては、二つの考え方が示されている。一つは、保険給付と損害賠償請求権の間で損害項目ごとに対応させる、すなわち、損害項目ごとに差額の算定を行い、その合計額について代位を認める項目別比較法である。もう一つは、損害項目ごとではなく、保険給付、損害賠償請求権の総額と損害総額の差額について代位を認める積算額比較法である。

　設例2で取り上げたように、従来、この議論の対象となってきたのが、人身傷害保険である。人身傷害保険における保険給付の額は、保険契約における算定基準に従い、治療費、逸失利益、慰謝料といった損害項目ごとに算出され、それらの積算額となっている。そこで、人身傷害保険において、保険金を支払った保険者が代位により取得する第三者に対する権利の額についても、保険法25条1項に定める差額説に基づいて、損害項目ごとに算定し、その合計額とする項目別比較法によるか、それとも、損害項目ごとではなく、人身傷害保険によっててん補される損害項目の積算額で算定する積算額比較法によるべきか、が問題となってきたのである。

　項目別比較法と積算額比較法のいずれによるかによって、保険者の代位額に違いを生じることがある。たとえば、項目別比較法と積算額比較法をそれぞれ設例2に当てはめると、次のようになる。まず、項目別比較法によると、甲損害保険会社は、治療費580万円（＝1,000万円×60％－（1,000万円－980万円））および逸失利益620万円（＝6,000万円×60％－（6,000万円－3,020万円））の合計1,200万円を代位することになる（なお、慰謝料については、3,000万円×60％－

114　第3部　損害保険契約に共通の規律

（3,000万円－1,000万円）＝－200万円となるため、代位額は0円となる）。これに対して、積算額比較法によると、甲損害保険会社の代位額は、1,000万円（＝1億円×60％－（1億円－5,000万円））にとどまる。

前述Ⅱ1のように、代位の対象となる権利は、保険による損害てん補の対象と対応する損害についての賠償請求権に限られるという対応の原則の考え方からすると、設例2においては、項目別比較法を採用するのが論理的であるように思われる。加えて、人身傷害保険における保険給付の額は、保険契約における算定基準に従い、治療費、逸失利益、慰謝料といった損害項目ごとに算出されたものである。実際、この項目別比較法を採用した事例として、東京高裁平成20年3月13日判決・判時2004号143頁がある。

これに対して、人身傷害保険における保険給付の額は、保険契約における算定基準に従い、治療費、逸失利益、慰謝料といった損害項目ごとに算出されるが、これらの項目は損害額算定のための計算上の項目に過ぎず、人身傷害保険における損害てん補の対象は損害全体であるから、対応の原則は、損害項目ごとに適用されるのではなく、損害全体について適用されるとした裁判例（仙台高裁平成29年11月24日判決・自保2022号1頁）がある。確かに、このように解すれば、設例2において、積算額比較法による処理を行うことも妥当といえる。前掲最高裁平成24年2月20日判決を含め、多くの裁判例が積算額比較法を採っている。人身傷害保険については、多数の裁判例と同様、積算額比較法を支持する学説が多い。

(3) 更なる検討

対応の原則は、問題となる損害保険が複数の損害項目を対象としている場合に、複数の項目の損害をどのように把握し、どのようにその損害をてん補しようとしているのかに応じて適用されていくべきものであり、これは約款解釈の問題ということができる。したがって、対応の有無を検討するに当たっては、保険契約の目的やてん補の対象とされている損害について、約款の定めを踏まえた検討が必要となる。

他方、設例1および設例2のように、損害賠償請求権と保険給付をした損害項目とが完全に対応するわけではなく、また、両者の間で算定結果が異なるこ

とも少なくない。このような中で、対応の有無をめぐる約款解釈に当たって、何を、どのように考慮するべきかについては、対応の原則の根拠やその目的に照らした一定の基準を構築することも考えられよう。

（野口　夕子）

〈Ⅱに関する参考文献〉

上田昌嗣「保険法制定を契機とした「対応原則」に関する一考察」損害保険研究72巻2号（2010年）

榊素寛「自動車保険契約と請求権代位―東京高裁平成30年4月25日判決―」ジュリスト1531号（2019年）

桜沢隆哉「保険代位における規整―保険契約類型とその適用基準をめぐる一考察―」保険学雑誌614号（2011年）

桜沢隆哉「請求権代位の根拠とその適用基準―アメリカ法を参考にして―」損害保険研究79巻2号（2017年）

洲崎博史「保険代位と利得禁止原則（1）（2・完）」法学論叢129巻1号、3号（1991年）

遠山聡「車両保険金請求権と請求権代位―東京高裁平成30年4月25日判決―」ジュリスト1549号（2020年）

遠山聡「利益保険・費用保険における請求権代位の範囲―東京地裁令和2年6月29日判決・平成29年（ワ）第10970号求償金請求事件―」共済と保険64巻1号（758号）（2022年）

土岐孝宏「請求権代位における対応の原則―対応の原則は差額説を前に敗れるべきか：東京高判平成30・4・25金融・商事判例1552号51頁が提起した問題を契機として―」中京法学56巻1号（2021年）

中出哲『損害てん補の本質』（成文堂、2016年）

山下徹哉「利益保険契約に基づき保険金を支払った保険会社が代位取得する請求権の範囲―東京地裁令和2年6月29日判決・平成29年（ワ）第10970号求償金請求事件―」損害保険研究83巻2号（2021年）

山本哲生「利益保険における請求権代位と対応の原則（東京地判令和2・6・29）」落合誠一＝山下典孝編『保険判例の分析と展開Ⅲ（平成29年〜令和3年）』（金融・商事判例1661号）（経済法令研究会、2023年）

山本豊「人身傷害補償保険金の支払と損害賠償請求権の減縮の有無―最三小判平20.10.7―」判例タイムズ1305号（2009年）

第10章　責任保険契約に関する特則

Ｉ．基礎的な説明

1．責任保険契約

　保険法における「責任保険契約」とは、「損害保険契約のうち、被保険者が損害賠償責任を負うことによって生ずることのある損害をてん補するもの」のことである（17条2項）。

　一般に販売されている保険商品のうち、この責任保険に該当するものとしては、たとえば、自動車保険における対人賠償（責任）保険や対物賠償（責任）保険、個人賠償責任保険（個人の日常生活における賠償責任負担リスクを担保する保険）、施設賠償責任保険（特定の施設（店舗、工場、遊園地など）の管理等に起因する管理者等の賠償責任負担リスクを担保する保険）、生産物賠償責任保険（いわゆるPL保険。引渡後の生産物（製造物）や作業結果に起因する製造者・請負業者等の賠償責任負担リスクを担保する保険）といったものがある。なお、保険法における「責任保険」は、保険実務においては一般に「賠償責任保険」と称されている。

2．責任保険は誰のために存在すると捉えるのか

(1)　責任保険をめぐる当事者関係

　責任保険の保険事故においては、保険契約者、被保険者、保険者の他に、常に損害賠償請求権者（以下、本章において被害者という）の存在が不可欠である。なぜなら、責任保険は被保険者の損害賠償責任負担損害をてん補するものであるから、保険事故に関して、被保険者が損害賠償責任を負う相手方である被害者が存在する筈だからである。

　そして、責任保険は、被保険者が負担する損害賠償責任負担損害を保険てん

補することによって、少なくとも間接的には、加害者たる被保険者が被害者に対して損害賠償を履行することが確保されることに役立っているのである。

(2) 責任保険に関する規律のあり方

責任保険が間接的な賠償履行確保措置であるとしても、責任保険契約を締結したのは保険契約者であり、責任保険契約の保険料を負担しているのも保険契約者である。そして、責任保険の受益者たる被保険者は、責任保険事故に関して被保険利益を有する者のうち保険契約者が指定した者である。したがって、特段の法規整が存在しない限り、被害者は責任保険の利益を反射的に受けるに過ぎない。保険法制定前の改正前商法下は基本的にこの状態であった。

そのため、責任保険金を加害者たる被保険者が費消してしまったり、責任保険金が加害者たる被保険者の他の債権者の債権に充当されてしまったり（特に、被保険者が破産した場合）することが生じることがあった。そこで、責任保険に関する被害者の法的権利を創設すべく、その方策が保険法制定時に議論された。これを実現する主な法制度としては、直接請求権による方式と被害者優先権による方式とがある（図表10−1および図表10−2参照）。わが国においても、既に、自賠責保険に関しては直接請求権制度が採用されており（自賠法16条）、原子力保険では被害者優先権の一種である特別先取特権が採用されていた（原子力損害の賠償に関する法律（以下、原賠法という）9条1項）。そのような中、保

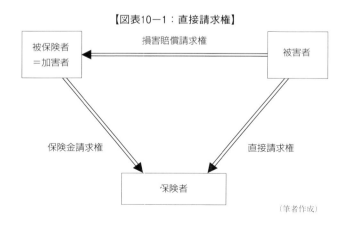

【図表10−1：直接請求権】

（筆者作成）

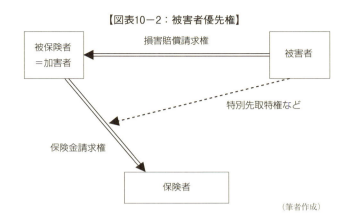

【図表10−2：被害者優先権】

険法では、責任保険全般について(対人賠償であるか否かを問わず、また、被害者が個人であるか否かを問わない)、特別先取特権が採用された。

3．特別先取特権

　保険法22条1項は、被保険者が保険者に対して有する責任保険給付請求権について、特別の先取特権が被害者に成立することを規定する((絶対的)強行規定。以下、保険金先取特権という)。先取特権の一種であるから、特段の担保権設定行為を要さずに、保険金先取特権は自動的に成立する。

　被保険者に法的倒産手続が開始すると、別除権として、先取特権者である被害者は倒産手続外で保険金先取特権を実行できる(破産法2条9項、65条1項、民事再生法53条1項、2項)。また、被保険者に法的倒産手続が開始していない場合であっても、保険金先取特権の実行が可能である。具体的な実行手続は、担保権実行に関する民事執行法の規定による(同法193条参照)。なお、次に述べるように被保険者の保険給付請求権行使について要件が設けられているため、被保険者が法的倒産に至らない限り、被害者が保険金先取特権を実行する事態はあまり想定されない。

4．被保険者による保険給付請求権の権利行使要件

　保険金先取特権の実効性を確保するため、保険法22条2項は、被保険者が責

【図表10−3：被保険者による保険給付請求権の行使方法】

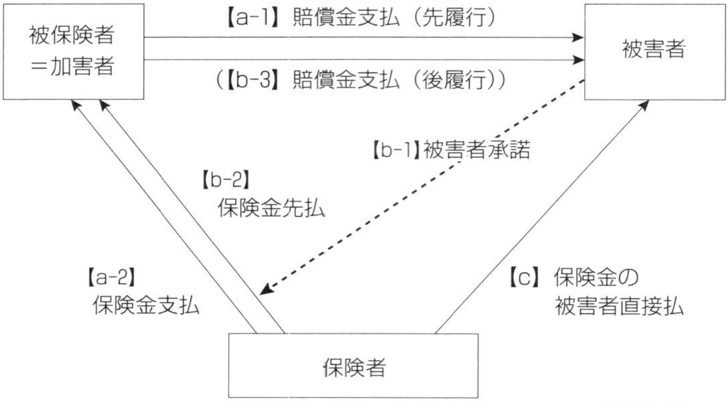

（筆者作成）

任保険について保険給付請求権を行使できる要件を規定する（（絶対的）強行規定）。具体的には、次の(a)〜(c)のいずれかの方法のみが認められている（図表10−3参照。なお、(a)および(b)は同項で明定されており、(c)は当然に認められると解されている）。(a)および(c)では被害者への賠償履行が確保されており、(b)では被害者自身が承諾しているためである〔図表10−3における「b-3（後履行）」は、保険法では被害者への賠償履行が確保されていない〕。

(a)　被保険者が被害者に弁済した（図表10−3において、先履行という）損害賠償額

(b)　被保険者への保険給付を被害者が承諾した（図表10−3において、被害者承諾という）金額

(c)　被害者への直接払（図表10−3において、被害者直接払という）

前述の通り、被保険者が法的倒産に至らない限り、保険金先取特権が実行されることは稀であり、保険法22条2項が責任保険給付による被害者への賠償履行確保に関して極めて重要な役割を果たしている。同項は（絶対的）強行規定であるから、(a)〜(c)のいずれにも該当しないにもかかわらず保険者が被保険者に責任保険給付を行った場合には、当該保険給付は無効であると考えられるからである。

120　第3部　損害保険契約に共通の規律

Ⅱ．考えてみよう：被害者による請求と
被害者のファースト・パーティ型保険者による請求との競合

1．被害者のファースト・パーティ型保険者による請求権代位

　被害者自身が、ファースト・パーティ型保険を付保していることがある。ファースト・パーティ型保険とは、第三者に対する責任負担損害ではなく、被保険者自身の身体や財物等に発生した損害をてん補する損害保険のことである（たとえば、火災保険、自動車保険のうちの人身傷害（補償）保険や車両保険がこれに当たる）。

　そして、被害者が加害者から賠償を受ける前に、被害者が自身の付保するファースト・パーティ型保険から保険給付を受けることもある。この保険給付によって、保険てん補された損害の保険給付額等（正確には、25条1項各号のいずれか少ない額）について、被害者たる被保険者が加害者に対して有する損害賠償請求権が、ファースト・パーティ型保険者に自動的に移転する（同項。請求権代位。第9章Ⅰ3参照）。

　ここで、被害者に生じた損害の全部がファースト・パーティ型保険でてん補されれば請求権の競合は生じないが、てん補されない損害が一部でも残ると、被害者の有する損害賠償請求権（保険てん補されなかった損害に関する損害賠償請求権）と、ファースト・パーティ型保険者が保険代位で取得した損害賠償請求権（保険てん補された損害に関する損害賠償請求権）とが競合することになる。

　それでも、加害者が付保する責任保険のてん補限度額や加害者の資力が十分であれば問題は生じないが、十分でない場合には請求権間の優劣関係が問題となる。以下では、ファースト・パーティ型保険で保険てん補されなかった損害が、当該保険契約のてん補対象損害ではなかった場合について検討する。

2．設　　例

　自動車運転中のＡが、ある飲食店の前において信号待ちの停車をしていたところ、突然、当該飲食店でガス爆発事故が発生し、運転者Ａが負傷するとともに（人的被害。900万円）、運転していた車両（被害者Ａの所有車両）も大破した（物的被害。300万円）。

ところで、被害者Ａは当該車両について自動車保険を付保していたが、当該自動車保険には人身傷害（補償）保険（以下、人傷保険という。これはファースト・パーティ型の人保険である）が含まれていた。そこで、被害者Ａは、当該飲食店の店主である加害者Ｂから賠償を受ける前に、人的被害の全額（900万円）について人傷保険者Ｃから保険給付を受けた。けれども、物的被害である車両損害を補償するファースト・パーティ型保険である車両保険を、被害者Ａは付保していなかった。

　一方、加害者Ｂは、このような賠償リスクを担保する施設賠償責任保険を、責任保険者Ｄに付保していた。ただし、被害者に発生した人的被害と物的被害に対する損害賠償額の合計（1,200万円）が、当該責任保険の保険金額（対人対物共通のてん補限度額である1,000万円。なお、保険実務では、責任保険（賠償責任保険）の保険金額を「てん補限度額」と称することが多い）を超過している。

　加害者Ｂには、責任保険以外には十分な賠償資力がなく、また、物的被害について示談（民法695条の和解契約）が加害者・被害者間で成立したので、物的被害について被害者Ａが保険金先取特権（22条1項）の実行に着手した。これに対して責任保険者Ｄは責任保険金（1,000万円）を供託したので、被害者Ａは当該供託金について配当要求した。執行裁判所は、被害者Ａと人傷保険者Ｃに対して、供託された責任保険金をどのように配当すべきであろうか。なお、執行裁判所が配当の順位および額を定める場合には、「民法、商法その他の法律の規定の定めるところによらなければならない」と規定されている（民事執行法193条2項による同法166条2項の準用による同法85条2項の準用）。

　以上の当事者間の関係を図示すると図表10−4のようになる。

　まず、本件事故の発生により、被害者Ｘは加害者Ｙに対して、人的被害（900万円）および物的被害（300万円）に関する損害賠償請求権を持つことになる（図表10−4の「①損害賠償請求権（a）」および「同（b）」）。また、加害者Ｂが付保する責任保険に関して、責任保険の被保険者たる加害者Ｂには、責任保険者Ｄに対する責任保険給付請求権が発生する（同図の「①責任保険金請求権（a＋b）」）と同時に、当該請求権に対する保険金先取特権が被害者Ａに自動的に成立する（同図の「①保険金先取特権（a＋b）」）。さらに、被害者Ａが付保する人傷保険に関して、人傷保険の被保険者たる被害者Ａに、人傷保険者Ｃに対する人傷保険給付請求権が発生する（同図の「①人傷保険金請求権（a）」）。

　次に、人傷保険の被保険者たる被害者Ａが人傷保険金を請求すると、人的被害の全額について、人傷保険者Ｃが人傷保険金を支払ったと仮定する（図表

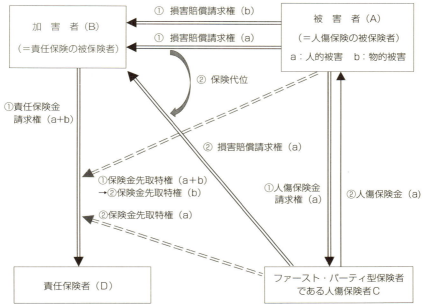

注：①〜③は時系列を示す。二重実線矢印は債権を、二重破線矢印は保険金先取特権を示す。

（筆者作成）

10-4の「②人傷保険金（a）」。なお、人身傷害保険の算定基準と損害賠償における算定基準は必ずしも一致しないが（たとえば、第9章Ⅱ2の設例2を参照）、その点は措いておく）。それと同時に、自動的に、人的被害に関して被害者Aが加害者Bに対して有する損害賠償請求権（同図の「①損害賠償請求権（a）」）が、請求権代位（25条1項）によって、人傷保険の被保険者たる被害者Aから、ファースト・パーティ型保険である人傷保険の保険者Cに自動的に移転する（同図の「②保険代位」、および、「②損害賠償請求権（a）」）。

ところで、一般に、先取特権は担保権の一つとして随伴性（「帰属における附従性」と称されることもある）が認められている（明文規定はないが、担保の性質上当然に認められるとの考え方が一般的である）。そうであるとすると、保険金先取特権にも随伴性が認められることになる。つまり、人的被害に関する損害賠償

第10章 責任保険契約に関する特則 **123**

請求権の移転に伴って、当該債権の担保権である保険金先取特権も当該請求権の移転に随伴して、人傷保険の被保険者たる被害者Ａから人傷保険者Ｃへと移転することになる。

　ここで、先取特権には不可分性が認められるから（民法305条による民法296条の準用）、人傷保険金支払後において、責任保険給付請求権に関する保険金先取特権は、被害者に残存している物的被害に関する損害賠償請求権（同図の「①損害賠償請求権（b）」）と、人傷保険者に移転した人的被害に関する損害賠償請求権（同図の「②損害賠償請求権（a）」）の両者を担保することになる（同図の「②保険金先取特権（b）」および「②保険金先取特権（a）」）。つまり、加害者Ｂの責任保険者Ｄに対する責任保険給付請求権に対する保険金先取特権を、被害者Ａと、そのファースト・パーティ型保険者である人傷保険者Ｃとが準共有（民法264条）することになると考えられる。

　ここまで読んだら、次には進まずに、責任保険者Ｄが供託した責任保険金を、執行裁判所が被害者Ａと人傷保険者Ｃに対して配当するに当たり、①債権額按分で平等に配当すべきか、それとも、片方の配当を優先させるべきか、また、②それはどのような法的根拠に基づくのかを、深く、考えてみよう。

3．多様な考え方

　被害者Ａも、そのファースト・パーティ保険者Ｃも、同一の保険金先取特権を準共有している。その優劣関係に、以下の通り、いくつかの考え方があり得るところである。

(1)　債権者と一部弁済代位者との優劣関係

　保険代位ではないが、弁済による代位（民法499条）に関しては、次のような規律がある。すなわち、債権者と一部弁済代位者とが担保権を準共有している場合において、準共有されている抵当権や根抵当権が実行されたときには、債権者が一部弁済代位者に優先するとするのが判例である（最高裁昭和60年5月23日判決・民集39巻4号940頁、最高裁昭和62年4月23日判決・金法1169号29頁）。その理由について、前者の最高裁判決は、「けだし、弁済による代位は代位弁済者が債務者に対して取得する求償権を確保するための制度であり、そのために債

権者が不利益を被ることを予定するものではなく、この担保権が実行された場合における競落代金の配当について債権者の利益を害するいわれはないからである。」と述べる。そして、これらの判例が、民法（債権関係）改正（平成29年法律44号。2020年4月1日施行）により、民法502条3項として条文化された。

　もし、この弁済者代位における債権者と一部弁済代位者との関係が、保険代位における人傷保険の被保険者たる被害者Ａと人傷保険者Ｃとの関係にも当てはまるとすると、保険金先取特権の実行による配当手続において、被害者たるＡを優先させるべきことになる（以下、（a）の考え方という）。確かに、上記最高裁昭和62年4月23日の判決理由は、「弁済による代位」を「保険代位」に、「代位弁済者」を「保険者」に、「債務者」を「加害者」に、「債権者」を「被保険者」に読み替えれば、設例においても当てはまると考えられないでもない。

　けれども、そもそも、弁済による代位に関する規律を保険代位に類推適用してもよいか否かについて議論があり得るところである。そもそも、上記両最高裁判決は物上保証人や保証人による一部代位に関する裁判例であるが、物上保証人や保証人は、債務の履行をより確実にして融資を受けられやすくするために（あるいは、債権者から手配を要求されて）、債務者が手配した者である。他方、ファースト・パーティ型保険者は、損害賠償事故とは無関係に、しかも、債権者に相当する被害者側が手配した者である。このように、両者では相当に利害状況が異なるため、安易に上記両最高裁判決や民法502条3項を保険代位に類推適用すべきでないとも考えられる。

(2)　被保険者と一部保険代位者との優劣関係

　保険契約法の観点から検討を行うと以下の通りとなろう。

㋐　保険法25条2項の適用可否

　保険法25条は、1項で請求権代位を規定するとともに、2項において、保険給付額（25条1項1号）が「てん補損害額」（損害保険契約によりてん補すべき損害の額のこと。18条1項）に不足する場合には、被保険者が保険者に優先すると規定している。たとえば、設例において、人傷保険に免責金額が設定されており、「てん補損害額」たる人的被害の全額が保険てん補されなかった場合がこ

れに当たる（なお、自賠責保険では直接請求権制度が採用されているが、被害者による直接請求権行使と、被害者に保険給付して権利取得した公保険の保険者による直接請求権行使とが競合することがある。そして、保険法は公保険には適用されない。こうした競合に関して、最高裁は、被害者による直接請求権行使が優先すると判断している。社会保険について最高裁平成20年2月19日判決・民集62巻2号534頁、労災保険について最高裁平成30年9月27日判決・民集72巻4号432頁を参照）。

　けれども、設例では人傷保険には免責金額が設定されてたりしておらず、人的被害の全額が人傷保険で保険てん補されたと仮定しているので、保険法25条2項が適用される状況ではない（25条2項が適用されるのは、同条1項1号に掲げる額が「てん補損害額に不足するとき」に限定されているからである）。このように、付保対象となっている被保険利益（設例では、生命身体）とは全く異なる種類の利益（設例では、車両）が同一事故で害された場合には「対応の原則」（第9章Ⅱ1の「第1の局面」を参照）が働くので、保険法25条2項は適用されないと一般的には考えられる。

（イ）　設例に関する二つの考え方

　保険法25条2項が適用されないとすると、保険法には明文の規律が存在しないことになる。そこで、次の二つの考え方があり得ることになる。

（a）優劣関係が存在しないとする考え方

　一つは、人傷保険の被保険者たる被害者Ａの保険金先取特権と、ファースト・パーティ保険者である人傷保険者Ｃの保険金先取特権との間に優先劣後関係は存在しないので、債権額按分で配当する（同一順位の先取特権に関する民法332条）という考え方である（以下、（β）の考え方という）。

　設例では、責任保険のてん補限度額（1,000万円）は、人傷保険の被保険者たる被害者Ａに残存している債権額（物的被害の300万円）と、ファースト・パーティ型保険者Ｃの代位債権額（人的被害の900万円）とで按分されるので、Ｘが取得するのは、1,000万円×（300万円／（900万円＋300万円））＝250万円となる。当初に受領したファースト・パーティ型保険の保険金900万円（人的被害の全額）を加えても1,150万円となり、発生損害額である1,200万円には不足することになる。

　けれども、第1に、保険法制定時において（2008年）、設例のような事態が生

じることは十分に想定できた筈である。それにかかわらず、同一のてん補対象損害に関してのみ、被保険者と一部保険代位者との優劣関係に関する規律を保険法25条2項に置きながら（改正前商法662条2項を一部修正したもの）、その一方で、異なるてん補対象損害に関しては、被保険者と一部保険代位者との優劣関係に関する規律を置かなかったのであるから（改正前商法にも規律は存在しなかった）、被保険者優先と解する必然性はないと考えられる（この点は、第9章Ⅱの設例1と共通する論点である）。

第2に、そもそも保険法22条の趣旨は、責任保険による保険給付が確実に被害者側に渡ることを確保することにある。換言すると、責任保険の被保険者たる加害者が責任保険金を費消したり、加害者の他の債権者の債権に充当されたりしないことを目的とするものである。そうであるとすると、保険法22条は、被害者とそのファースト・パーティ型保険者（被害者自身が付保したファースト・パーティ型保険の保険者は被害者側の者であるといえる）との利害調整を目的とするものではないと考えられる。

第3に、被害者Aが全額の補償を望むのであれば、まずは加害者Bに対して、ファースト・パーティ型保険で補償されない損害（設例では、物的被害である300万円。この金額は責任保険の保険金額の範囲内である）について損害賠償請求を行えば、物的被害の全額の賠償を受けることができる可能性が十分にある（あるいは、加害者が付保する責任保険の保険給付請求権について、責任保険者Dに対して保険金先取特権を行使すればよい）。その後に、ファースト・パーティ型保険で補償される損害（設例では、人的被害）について、ファースト・パーティ型保険者Cに保険給付請求を行えばよい（人傷保険金900万円を受領できる）。こうして、被害者は、人的被害についても物的被害についても、全損害額の補償を得ることができると思われる。どの損害項目について加害者Bに対して損害賠償請求をするか（あるいは、加害者Bの責任保険者Dに対して保険金先取特権を行使するか）、また、ファースト・パーティ型保険者Cに対して保険給付請求を行うか否か、そして、それらの時期をいつにするかは、Aの任意である（ファースト・パーティ型保険への保険給付請求の先後で総補償額に差違が生じたとしても、それはA自身の選択の結果に過ぎない。ただし、Aに対して適切な助言がなされることが社会的には望まれる）。

(b)被保険者優先とする考え方

　もう一つは、保険法には明文の規律が存在しないものの、保険法25条2項を類推適用するなどして、ファースト・パーティ型保険の被保険者たるAの保険金先取特権を、ファースト・パーティ型保険者Cの保険金先取特権よりも優先させる考え方である（以下、（γ）の考え方という）。

　実際問題として、上記（β）の考え方では、Aが加害者Bに対する損害賠償請求を先に行うか、それとも、ファースト・パーティ型保険者Cにファースト・パーティ型保険の保険給付請求を先に行うかで、Aが受領する総額に差が生じる可能性がある。しかるに、上記（γ）の考え方では、人傷保険の被保険者たるAがファースト・パーティ型保険者Cに優先するので、たとえファースト・パーティ型保険に先に保険給付請求をした場合であっても、Aは全額の補償を受けることができる（設例では、ファースト・パーティ型保険の保険金900万円に加えて、責任保険金から優先的に300万円を受領するので、合計すると損害額全額である1,200万円の補償となる）。

　なお、この考え方の論拠は、あくまでも被保険者優先であって、直接的な被害者保護ではないことに留意すべきである。なぜなら、ここで問題となっているのは加害者・被害者間の優劣関係ではなくて、ファースト・パーティ型保険における、被保険者と保険者との優劣関係だからである。けれども、ファースト・パーティ型保険の被保険者と当該保険契約の保険者が責任保険の保険金先取特権の準共有者である場合に、前者を後者に優先させることによって、ファースト・パーティ型保険の被保険者たる被害者が責任保険金として受領する賠償額が増えるので、被害者に対する賠償履行がより確保されることになるのは間違いない。したがって、間接的には被害者保護に資することになる。

　㋒　参考：約款規定

　ファースト・パーティ型保険の約款においては、一般に、保険者が保険代位をした場合には、被保険者（すなわち、賠償責任保険事故の被害者）が引き続き有する債権（ここでは、加害者に対して有する損害賠償請求権であって、保険代位で移転しなかった債権）が優先する旨が規定されている。したがって、このような約款規定が存在する場合には、たとえ上記（β）の考え方を採るとしても、被保険者に残存する損害賠償請求権が、てん補対象損害と同一の損害に関するもの

でであるか、異なる損害に関するものであるかを問わず、被保険者たる被害者が優先して配当を受けることになる（このような約款規定は、上記（β）の立場では創設規定であり、上記（α）や（γ）の立場では（注意）確認規定であることになる）。

（吉澤　卓哉）

〈Ⅱに関する参考文献〉
上田昌嗣「保険法制定を契機とした「対応原則」に関する一考察」損害保険研究72巻2号（2010年）
榊素寛「自動車保険契約と請求権代位—東京高裁平成30年4月25日判決—」ジュリスト1531号（2019年）
土岐孝弘「請求権代位における対応の原則—対応の原則は差額説を前に敗れるべきか：東京高判平成30・4・25金判1552号51頁が提起した問題を契機として—」中京法学56巻1号（2021年）
吉澤卓哉「責任保険における単独被害者に関する各種請求の競合」産大法学54巻1号（2020年）

第11章　事業者向け損害保険契約

Ⅰ．基礎的な説明

1．消費者保護法としての保険法と事業者向け損害保険契約

　保険法は、保険契約者保護の強化を図り、改正前商法とは異なり、消費者保護法としての性格を併せ持つものとなっている。しかし、保険契約は、消費者を相手方とするものばかりではなく、事業者を相手方とするものもある。そのような事業者を相手方とする保険契約においては、消費者保護のための保険法規定の適用が必要ない、あるいはむしろ不都合となることもあり得る。

　そこで、保険法は、消費者保護のために様々な片面的強行規定を定める一方で、事業者向け損害保険契約については片面的強行規定の適用を除外する。

2．事業者向け損害保険契約と片面的強行規定の適用除外

(1)　保険法における片面的強行規定の趣旨

　片面的強行規定とは、保険契約に関する規定のうち、保険法の規定に反する特約で保険契約者等に不利なものを無効とするものである。通常の強行規定（絶対的強行規定）は、法規定からの逸脱が一切許されないのに対し、片面的強行規定は保険契約者等にとって不利とはいえない特約であれば有効となる。

　片面的強行規定が定められる理由としては、保険契約の附合契約性から導く考え方と、保険契約者等と保険者との間の交渉力・情報の非対称性から導く考え方がある。前者の附合契約性とは、保険契約においては、契約交渉による契約内容の個別的形成が想定されないことを意味する。この場合に、保険者が自己に不利な保険法規定の適用を排除した約款を作成すれば、保険契約者側はそれを受け入れることを強いられる。そうだとすれば、保険法が保険契約者等の

保護のための規定を設けた趣旨が没却されてしまうことから、そのような事態を防ぐために、そうした規定の多くを片面的強行規定にしている、というのが前者の考え方である。後者の非対称性とは、保険契約者等と保険者との間では、交渉力において保険者が圧倒的に強い立場にあり、また保険契約の内容に関する情報についても、保険者の方が質・量ともに圧倒的に多くの情報を有することを意味する。そのような交渉力・情報の非対称性により、保険契約者等は、構造的に不利な立場に置かれている。このような状況の下では、契約自由の原則を妥当させる前提条件を欠くため、片面的強行規定による保護を与える必要がある、というのが後者の考え方である。

　前者の考え方の出発点である保険契約の附合契約性は、消費者の場合だけではなく、事業者が保険契約者等となる場合にも妥当し得る。もっとも、前者も、保険契約者等の保護のための規定の実効性を確保することを片面的強行規定の目的に据えており、片面的強行規定の趣旨が保険契約者等の保護にあることに異論はない。

(2)　事業者向け損害保険契約における片面的強行規定の適用除外

　前述(1)の通り、片面的強行規定の趣旨は保険契約者等の保護にあるため、その趣旨が妥当しないと考えられる保険契約に片面的強行規定を適用する必要はない。また、一定の保険契約については、保険法の片面的強行規定を適用すると、引受けにおいて支障が生ずる場合もある。そこで、保険法は、一定の事業者向け損害保険契約について、片面的強行規定の適用除外を定める（36条）。そのような場合として列挙されるのは、①海上保険（36条１号）、②航空保険（同２号）、③原子力保険（同３号）および④事業者の事業活動に伴って生ずることのある損害をてん補する損害保険契約（同４号）である。

　このうち①海上保険、②航空保険および③原子力保険は、保険事故発生により巨大損害が生ずる可能性が高いため、海外の再保険の利用が不可避である。そして、日本の保険法のルールと海外再保険における契約内容が抵触する場合があり得るところ、元受保険において日本の保険法に定めるルールからの逸脱を認めなければ、法律関係の矛盾などのため、海外再保険に出すことができなくなるおそれがある。また、損害の巨大性・複雑性・過去データ不在・リスク

情報の偏在などのため、保険の引受け・損害査定に特殊の考慮が必要となるところ、保険法の片面的強行規定に拘束されると合理的な処理ができなくなるおそれがある。

　特に問題となるのは、告知義務である。告知義務は、保険法上は質問応答義務であり、保険契約者等は保険者が質問した事項に回答すれば足りる（4条。前述第4章参照）。しかし、①〜③のような保険が担保するリスクについては、保険契約者側にリスク情報が偏在していることがあり、その場合には保険契約者側に自発的な告知を求めなければ、正確なリスク測定ができない。その結果、引受け自体ができなくなったり、予測不能なリスクに備えて保険料を著しく高額にせざるを得なくなったりする。そのため、片面的強行規定である質問応答義務を排除し、自発的申告義務とする特約を認める必要がある（なお、保険法立法後に商法が改正された結果、現行法の下では、①海上保険契約に関しては保険法の特別法たる商法820条で質問応答義務が自発的申告義務に修正されている。後述3(2)参照）。

　さて、④事業者の事業活動に伴って生ずることのある損害をてん補する損害保険契約は、抽象的な規定となっており、その範囲が必ずしも明らかではない。そこで、考え方が分かれており、①〜③と同様に事業活動に伴う特殊なリスクをカバーする保険契約に限定すべきであるとする考え方（限定説）と、事業活動リスク全般を含むとする考え方（非限定説）とがある。

　前者の限定説は、特殊なリスクであるため片面的強行規定の適用を排除しなければ保険の引受けに支障が生ずる保険契約に限って、例外的にその適用を排除するものであると考える。この見解は、乗用車を被保険自動車とする自動車保険は、事業者が締結するものであっても、基本的には事業活動に伴うリスクを対象とするとはいえないとする一方で、店舗の火災保険等は、個人事業主の店舗であっても、通常は事業リスクとしての評価が行われているとすれば事業活動に伴うリスクということができるとする。

　これに対し、後者の非限定説は、保険法36条4号は事業活動リスクの内容を明示的に限定しているわけではないこと、特殊なリスクとそれ以外のリスクの判別は困難であること、リスクに特殊性が認められなくても、保険契約者等が事業者であるなら、交渉力・情報の非対称性がなく、したがって消費者保護の

ためのルールを強制する必要がないことがあり得ることを理由とする。

なお、人保険は、適用除外の対象とはならない。すなわち、保険法36条4号括弧書は、片面的強行規定の適用除外の対象となる損害保険契約から傷害疾病損害保険契約を除いている。また、生命保険契約、傷害疾病定額保険契約については、そもそも片面的強行規定の適用除外の定めがない。事業活動に伴うリスクの特殊性に着目する限定説からは、人保険が付保するリスクについては、事業活動に由来する特殊性が認められないという説明がされる。事業活動に伴うリスクにすべて含むとする非限定説からは、人保険は事業活動リスクをカバーするものではないのが通常であると説明されたり、事業活動リスクをカバーする人保険であっても被保険者が自然人であることから保険法の消費者保護規定のうち被保険者を保護するルールを妥当させる必要性が認められるという説明がされたりする。

3. 保険法と海上保険法

(1) 総説

事業者向け損害保険契約のうち海上保険契約は、保険法規定のみならず、商法815条〜830条の規律も適用される。保険法が一般法、商法が特別法という構造となる（商法815条2項）。これは、海上企業活動には海特有の危険があるため、特別の海事私法体系が形成されているためである（海商法。商法典第3編684条以下）。海上保険契約に関する法ルール（以下、海上保険法という）は、海商法の一部を構成する。

海上保険は、典型的な企業保険であり、しかも国際取引で用いられるため国際性を有する。海上保険の分野では、イギリス法やイギリス海上保険実務が大きな影響力を持ち、日本の海上保険法や海上保険契約は、これら国際的な法実務と両立可能なものとしなければ、円滑な取引を行うことができなくなる。そのためには、海上保険における契約の自由を確保することの重要性は大きい。

(2) 海上保険契約における告知義務——自発的申告義務

告知義務は、保険法上は質問応答義務であり、保険契約者等は保険者が質問した事項に回答すれば足りる（4条）。保険法4条の前身である改正前商法644

条は、告知義務を自発的申告義務としていた。しかし、契約締結に際し危険を測定するために告知を求めるのであるから、何が危険測定のために必要な事項かは、危険測定にかかる情報収集能力を有する保険者の側で特定し、提示すべきであると考えられる。加えて、改正前商法下の実務において、消費者向け保険は、約款規定により質問応答義務化していたこともあり、保険法の制定時に、法規定上も質問応答義務にし、かつその実効性を確保するため片面的強行規定とされた。もっとも、これについて、事業者向け損害保険契約の場合に片面的強行規定の適用除外があることは前述 2 (2)で説明した通りである。

これに対し、海上保険法では、法律上、告知義務は自発的申告義務とされている（商法820条）。海上企業活動のリスクについて保険者が危険選択するために必要な情報は、複雑多様であることから、告知書の質問事項という形で告知事項を定型化することが困難であり、質問応答義務とすれば、適正・合理的な危険選択をすることが難しいという事情がある。ただ、自発的申告義務とする旨の法規定を置かずとも、保険法36条1号により片面的強行規定の適用が除外されるから、約款に規定を置くことで、実務上自発的申告義務とすることは可能ではある。しかし、比較法的には、海上保険契約においては、単に実務上自発的申告義務とされるだけではなく、法律上も自発的申告義務である旨の規定を置くことが通例である。そのため、法規定として、自発的申告義務である旨の明文規定を置くこととされた。

Ⅱ　考えてみよう：事業者向け損害保険契約における 告知義務の自発的申告義務化

1．任意規定としての保険法規定の効力

事業者向け損害保険契約であり、片面的強行規定が適用除外される場合に、必要があれば、告知義務を自発的申告義務とする旨の特約を置くことが考えられる。もっとも、保険法36条により保険法 4 条が片面的強行規定としての性質を失ったとしても、同条は、純粋の任意規定としては、当該事業者向け損害保険契約になお適用される。任意規定は、それに反する特約の効力を一定の場合

134　第 3 部　損害保険契約に共通の規律

に否定する効力を持つ。そのため、事業者向け損害保険契約であっても、保険法の片面的強行規定に反する特約を完全に自由に定めることができるとは限らない。そこで、自発的申告義務化と任意規定との関係性について考えてみることにしよう。

2. 設 例

　以下の設例1〜4は、設例1が海上保険契約、設例2〜4が火災保険契約に関する設例であり、設例2は倉庫業者の倉庫建物、設例3は大規模ショッピングモールの店舗建物、設例4は個人商店の店舗建物が付保目的物となっている。設例1と設例2〜4を比較しつつ、設例2〜4において、保険者による告知義務違反による解除は認められるかを考えてみよう。

【設例1】
　海運会社であるＡ社は、自らが所有・管理・運航する船舶Ｂについて、Ｃ保険会社との間で船舶普通期間保険契約（以下、本件契約1という）を締結した。船舶普通期間保険とは、海上保険の一種であり、保険の目的物を船舶とし、船舶運航中に、沈没、転覆、座礁、座州、火災および衝突その他海上危険によって生じた損害をてん補する保険である。
　Ａ社は、本件契約1の締結の際、保険契約申込書の記載事項についてはすべて正確に事実を告げた。しかし、保険契約申込書の記載事項ではなかったものの、船舶Ｂの船倉（貨物保管スペースのこと）に積載予定の貨物の発火リスクが、一般的な船舶の場合よりも著しく高いことを知りながら、これをＣ保険会社に告げなかった（以下、本件不告知1という）。
　その後、本件不告知1の存在が発覚したため、Ｃ保険会社は、Ａ社に対し、書面により、本件契約1の解除を通知した。

【設例2】
　倉庫業者である甲社は、自らが所有・管理する倉庫乙について、丙保険会社との間で普通火災保険（倉庫物件用）契約（以下、本件契約2という）を締結した。普通火災保険（倉庫物件用）とは、倉庫業者が管理する保管貨物や倉庫建物等を付保目的物とする火災保険の一種であり、火災、破裂・爆発、落雷による損害をてん補する。
　甲社は、本件契約2の締結の際、保険契約申込書の記載事項についてはすべて正確に事実を告げた。しかし、保険契約申込書の記載事項ではなかったものの、倉庫乙の収容物の発火リスクが、一般的な倉庫の収容物よりも著しく高いことを知りながら、これを

第11章　事業者向け損害保険契約　**135**

丙保険会社に告げなかった（以下、本件不告知２という）。

　その後、本件不告知２の存在が発覚したため、丙保険会社は、甲社に対し、書面により、本件契約２の解除を通知した。

【設例３】

　ショッピングセンターの運営会社であるＰ社は、自らが所有・管理・運営する大規模ショッピングモールの店舗建物Ｑについて、Ｒ保険会社との間で普通火災保険（一般物件用）契約（以下、本件契約３という）を締結した。普通火災保険（一般物件用）とは、住宅以外の一般物件のうち工場や倉庫でない建物・動産等を付保目的物とする火災保険の一種であり、その補償範囲は、火災、破裂・爆発、落雷のほか、風・ひょう・雪災による損害をてん補する。

　Ｐ社は、本件契約３の締結の際、保険契約申込書の記載事項についてはすべて正確に事実を告げた。しかし、保険契約申込書の記載事項ではなかったものの店舗建物Ｑのバックヤードに特殊な機械設備があり、その発火リスクが、一般的なショッピングセンターの場合よりも著しく高いことを知りながら、これをＲ保険会社に告げなかった（以下、本件不告知３という）。

　その後、本件不告知３の存在が発覚したため、Ｒ保険会社は、Ｐ社に対し、書面により、本件契約３の解除を通知した。

【設例４】

　青果店を営む個人商人Ｘは、自らが所有し、その事業を行う店舗建物Ｙについて、Ｚ保険会社との間で店舗総合保険契約（以下、本件契約4という）を締結した。店舗総合保険とは、一般物件となる建物（事務所、店舗、工場など）・動産を保険の目的物とする火災保険の一種であり、その補償範囲は、火災、破裂・爆発、落雷および風・ひょう・雪災のほか、車両の衝突、物体の飛来・衝突、盗難、水災などにより生じた損害に拡大されている。

　Ｘは、本件契約４の締結の際、保険契約申込書の記載事項についてはすべて正確に事実を告げた。しかし、保険契約申込書の記載事項ではなかったが、青果保管用の特殊な冷蔵庫の発火リスクが、一般的な業務用冷蔵庫の場合よりも著しく高いことを知りながら、これをＺ保険会社に告げなかった（以下、本件不告知４という）。

　その後、本件不告知４の存在が発覚したため、Ｚ保険会社は、Ｘに対し、書面により、本件契約の解除を通知した。

【設例１〜４に共通する事情】

　本件契約１〜４の普通保険約款には、次のような条項がある。
「第＊条（告知義務）

（1）保険契約者または被保険者になる者は、保険契約締結の際、保険契約申込書（保険契約締結に際して、当会社が提出を求めた書類がある場合は、これを含みます。以下同様とします。）の記載事項その他当会社の保険引受の諾否または保険契約内容の決定に影響を及ぼすべき重要な事項（以下「告知事項」といいます）について、当会社に事実を正確に告げなければなりません。

（2）当会社は、保険契約締結の際、保険契約者または被保険者が、告知事項のうち当会社の負担する危険に関する重要な事項について、故意または重大な過失によって事実を告げなかった場合または事実と異なることを告げた場合は、保険契約者に対する書面による通知をもって、この保険契約を解除することができます。」

【設例2～4に共通する事情】

　甲・P・Xは、次のような理由で、丙・R・Z保険会社による解除はできないと主張している。

(i)　本件契約2～4について、特約がなければ任意規定である保険法4条が適用され、それによれば告知義務の対象は保険者が告知を求めたものに限定される（質問応答義務）。

(ii)　本件契約2～4の普通保険約款第＊条（1）項において、保険契約申込書の記載事項に含まれないものまで告知義務の対象とすることは、自発的申告義務を定めるものにほかならない。したがって、同項は、保険契約者や被保険者の義務を加重する規定である。

(iii)　丙・R・Z保険会社以外の保険会社における同種の保険契約は、一般に告知義務を質問応答義務としているため、本件契約の普通保険約款第＊条（1）項が自発的申告義務を定めることは、定型取引の態様およびその実情ならびに取引上の社会通念に照らして、民法1条2項に規定する基本原則（信義誠実の原則）に反して甲・P・Xの利益を一方的に害すると認められるから、同項について、合意をしなかったものとみなされ（民法548条の2第2項）、本件契約の契約内容とならない。

　ここまで読んだら、次には進まずに、設例1～設例4のそれぞれについて、保険会社による解除は認められるか否か、その理由は何かについて考えてみよう。

3．多様な考え方

(1)　任意規定としての保険法4条の効力と商法820条の意味

　まず、設例1の本件契約1は海上保険契約であるから、片面的強行規定の適用がない（36条1号）。また、そもそも海上保険契約に関する告知義務は、法律

第11章　事業者向け損害保険契約　137

上も自発的申告義務である（商法820条）。海上保険法の諸規定は、保険法の特別法として、保険法規定に優先して適用されるからである。本件契約１の第＊条は、法律上の任意規定を確認的に定めたものということになる。そのため、設例１において、Ｃ保険会社による解除は、問題なく認められるということになる。

　次に、設例１と対比すべき設例２～４の本件契約２～４は、いずれも事業者の店舗や倉庫など事業活動を行う建物を対象とする火災保険契約である。保険法36条４号の「損害保険契約」の範囲については限定説と非限定説があるが（前述Ｉ２⑵参照）、非限定説はもとより、限定説でも、本件契約２～４は、同号の「損害保険契約」に当たり、片面的強行規定の適用が排除されることになるだろう。限定説は、一般に、店舗等の火災保険契約を保険法36条４号の「損害保険契約」に当たるとするからである。

　もっとも、設例４において、店舗建物Ｙが、Ｘの住居と店舗の併用住宅であったなら、建物Ｙは、店舗にかかる事業リスクと住居にかかる非事業リスクが混在する物件である。そのため、このような併用住宅に係る本件契約４を引き受ける際に、店舗部分のリスクを重視するのであれば、限定説からも、本件契約４は保険法36条４号に該当すると考えることになる。その一方で、住居部分のリスクを重視し、店舗部分のリスクは無視できると評価するのであれば、限定説からは、保険法36条４号に該当しないという結論に至る。そのいずれに当たるかは、保険会社の引受基準次第である。住居部分のリスクを重視する後者の取扱いが一般的なようであるが、以下では、議論を単純化するため、設例４における店舗建物Ｙは、併用住宅ではなく、専用店舗である、したがって、本件契約４は保険法36条４号に該当する、という前提で考察を進める。

　そこで、本件契約２～４は、いずれも保険法36条４号に該当するから、告知義務を質問応答義務とする保険法４条は、片面的強行規定ではなく、適用されるとすれば任意規定として適用される。そのため、同条に反する特約で保険契約者または被保険者に不利なものを本件契約２～４で定めたとしても、それが直ちに無効となるわけではない。

　その関係で設例２～４で注目すべきは、本件契約２～４に第＊条（告知義務）があり、その第１項において、告知義務が自発的申告義務とされていることで

ある。すなわち、告知事項は、「保険契約申込書……の記載事項」という保険者になる者が告知を求めたもののみならず、「その他当会社の保険引受の諾否または保険契約内容の決定に影響を及ぼすべき重要な事項」をも含むとされていることから、保険者になる者が質問しなかったとしても、「重要な事項」は告知事項となることとされている。そのため、第＊条は、保険法4条に反する特約で保険契約者または被保険者に不利なものに当たるが、本件契約2～4は保険法36条4号がいう事業者向け損害保険契約に当たることから、保険法4条は片面的強行規定とはならず、第＊条が直ちに無効となる訳ではない。

しかし、それなら、第＊条が当然に有効かといえば、必ずしもそうとはいえない。本件契約2～4の普通保険約款は、「定型約款」（民法548条の2第1項）に当たると考えられるところ、同約款に不当条項や不意打ち条項があれば、みなし合意からの排除があり得るからである（同条2項。第3章も参照）。

その際に、内容が不当か否かは、任意規定との比較により判断されることになるだろう。すなわち、民法548条の2第2項にいう「相手方の権利を制限し、又は相手方の義務を加重する条項」は、比較対象として任意規定を明示するものではないものの（消費者契約法10条と対比せよ）、当該条項がない場合と当該条項がある場合とを比較することになる。問題の場面に適用され得る任意規定があるなら、当該条項がなければ（契約により任意規定の適用を排除していない以上）当該任意規定が適用されることになるから、任意規定の内容と比較することになると思われる。

そこで、各設例において、告知義務を自発的申告義務とする約款条項と比較されるべき任意規定は何かを確認しよう。設例2～4の本件契約2～4は、火災保険契約であり、保険法上の損害保険契約である。そのため、告知義務を質問応答義務とする保険法4条が適用される（保険法36条により、片面的強行規定としてではなく、任意規定として適用される）。そのため、素直に考えれば、本件契約2～4の第＊条の内容と比較されるべき任意規定は、保険法4条であるということになりそうである。

もっとも、海上保険契約は、事業者向け損害保険契約の典型例ともいえるものであるところ、そのようなタイプの損害保険契約について、商法820条は、告知義務を自発的申告義務とする。仮に、同条は、事業者向け損害保険契約に

おける告知義務の標準的内容を定めたものであり、その一方で、保険法4条は、消費者向け保険契約における告知義務の標準的内容を定めたものだと考えるのであれば、事業者向け損害保険契約には、保険法4条ではなく、商法820条を類推適用すべきではないか。このように考えることが許されるなら、本件契約2〜4の第＊条の内容と比較されるべき任意規定は、商法820条であると考える余地が出てくる。

(2) あり得る考え方：保険法4条対商法820条

設例2〜4の本件契約2〜4に適用されるべき告知義務に関する任意規定は、保険法4条なのか、商法820条なのかについて、大きく2つの考え方があり得る。

第1の考え方は、特別法のある海上保険契約を除いて、事業者向け損害保険契約については、すべて保険法4条が適用されるというものである。

第2の考え方は、事業者向け損害保険契約のうち少なくとも海上保険契約と同様に事業活動に伴う特殊なリスクを担保するものについては、保険法4条ではなく、商法820条が類推適用されるというものである。

(3) 検　討

事業者向け損害保険契約も、保険法上の損害保険契約である（2条6号）。そして、保険法36条は、事業者向け損害保険契約について、保険法規定の片面的強行規定性を排除するに過ぎず、純粋の任意規定としての適用を排除する趣旨の規定ではない。そのため、保険法の規定内容と異なる合意をすることはできるものの、保険法の各規定は、民法548条の2第2項の適用において考慮されるべき任意規定である。そして、告知義務に関する保険法4条も、その例外ではないと考えるのであれば、第1の考え方になるだろう。

そもそも、保険法36条が事業者向け損害保険契約について片面的強行規定性を除外するのはなぜか。最も大きな理由の一つは、告知義務の自発的申告義務化を認める必要があることであった。そして、保険法4条が任意規定として事業者向け損害保険契約について適用されるとしても、自発的申告義務とする約款規定を置くことは、契約自由の原則から認められる。後は、保険者の商品設

計に委ねればよい。保険法の立法者は、このように考えていたと思われる。

　しかし、保険法の施行後、平成30年の商法改正で商法820条が定められるまでの間、実務においては、海上保険契約について、告知義務を質問応答義務とする旨の約款改定が行われた。これは、海上保険契約について任意規定が自発的申告義務とされ、その理由が、海上保険契約では自発的申告義務とすることの方が合理的であり、かつ比較法的にもその方が通例であることであったことから考えれば（前述Ⅰ3(2)参照）、極めて不合理な約款改定であるともいえそうである。

　では、なぜそのような一見すると不合理な約款改定が行われたのか。その詳細は明らかではないが、金融庁（保険会社の監督官庁）における約款改定の認可において、法律レベルで正当性の裏付けのない規定を設けることのハードルは低くはないという実情があるのかもしれない。そうだとすれば、保険法36条の趣旨を貫徹し、告知義務の自発的申告義務化を認めるためには、片面的強行規定性の適用を排除するだけでは、必ずしも十分ではない可能性がある。このように考えれば、第2の考え方も十分にあり得るものといえる。

　海上保険契約における商法820条は、海上保険契約が事業活動に伴う特殊なリスクを担保する保険契約であって、そのようなリスクについて保険者が危険選択するために必要な情報は複雑多様であり、告知書の質問事項という形で告知事項を定型化することが困難であることから、告知義務を質問応答義務ではなく、自発的申告義務を任意法ルールとして定めるものである。

　そして、海上保険契約に限らず、事業者向け損害保険契約のうち少なくとも事業活動に伴う特殊なリスクを担保するものについては（それがどのようなものについては、前述Ⅰ2(2)参照。保険法36条の適用範囲に関する限定説により同条が適用されることとなる契約がこれに当たるといえる）、海上保険契約と同様に、質問応答義務を適用することは適切ではないと考えることはできるだろう。すなわち、商法820条の立法趣旨は、事業者向け損害保険契約のうち少なくとも事業活動に伴う特殊なリスクを担保するものについては、同様に妥当すると考える余地がある。

　その一方で、少なくとも設例4の本件契約4のような店舗総合保険の場合には、海上保険のような国際性もないし、その担保するリスクの性質は、消費者

第11章　事業者向け損害保険契約　141

向けの住宅総合保険が担保するリスクと比べたときにそれほど特殊なものともいえないとも評価し得る。そのことから、告知書の質問事項という形で告知事項を定型化することにさほどの困難がないのだとすれば、そのような保険契約について、海上保険に関する商法820条を類推適用する基礎がないという考え方も成り立つ。

　そして、設例2・3の本件契約2・3は、設例1の本件契約1（海上保険契約）と設例4の本件契約4（店舗総合保険）の中間形態である。設例3の本件契約3は、ショッピングモールの店舗建物が付保目的物となる普通火災保険（一般物件用）であり、設例4と同じく対象となる建物は店舗であるが、その規模がかなり大きくなる。また、設例2の本件契約2は、倉庫業者向けの普通火災保険（倉庫物件用）である。これは、もはや店舗ではなく、事業用の特殊建物である。

　そのため、一定の範囲で、海上保険契約以外の事業者向け損害保険契約にも商法820条の類推適用を認めるとしても、その趣旨がどのようなタイプの保険契約に妥当するかは、個別に判断する必要がありそうである。問題となる損害保険契約が担保するリスクの性質から、自発的申告義務とする必要性がどの程度認められるかを見極め、海上保険契約の場合に匹敵する状況にあるといえるかどうかによって判断すべきことになるだろう。

（山下　徹哉）

〈Ⅱに関する参考文献〉
　落合誠一「海上保険に関する法規整」木村栄一ほか編『海上保険の理論と実務』（弘文堂、2011年）
　嶋寺基「保険法立法時の想定と異なる実務の現状と今後の課題」保険学雑誌638号（2017年）
　中出哲＝嶋寺基編著『企業損害保険の理論と実務』（成文堂、2021年）88-90頁〔嶋寺基〕

第 4 部

人定額保険契約に特有の規律

第12章　被保険者同意と被保険者の解除請求権

Ⅰ．基礎的な説明

1．被保険者同意

(1)　他人の生命の保険契約

　生命保険契約には、その保険給付事由を保険契約者本人の生死とする場合（被保険者が保険契約者である場合）と、保険契約者以外の者の生死とする場合（被保険者が保険契約者以外の者である場合）とがある。前者を自己の生命の（生命・死亡）保険契約、後者を他人の生命の（生命・死亡）保険契約と呼ぶ（他人の生命の保険契約・他人の死亡の保険契約と呼ぶこともある）。傷害疾病定額保険契約においても、被保険者は保険契約者自身である場合も、他の者である場合もある。

(2)　他人の生命の保険契約の要件：同意主義

　他人の生命の死亡保険契約には、(a) 保険契約を賭博に利用する危険性や、(β) 保険金目的の殺人（故殺）等のモラルリスク、そして、(γ) そもそも他人を勝手に生命保険の被保険者とすることがその者の人格権に反することなどの問題が指摘されてきた。

　これらの問題に対処する方法としては、そもそも保険金受取人には被保険者の親族しかなれないとする親族主義、損害保険と同様に、保険金受取人に被保険利益が必要とする利益主義、被保険者の同意を要求する同意主義などが考えられてきた。保険法も改正前商法も、死亡保険契約および傷害疾病定額保険契約について、これらのうちの同意主義を採用している（38条・45条・47条、67条・74条・76条）。

利益主義は被保険利益を要求する立場であるが（したがって、上記（α）や（β）の防止には役立つ）、海外ではその被保険利益を抽象化する議論が多く、基準として明確とはいえない。他方、被保険者故殺というモラルリスク（上記（β））については、同意主義・親族主義のいずれを採用した方が低くなるかは一概にいえないものと考えられる。

　もっとも、同意主義の根幹に、そもそも自己の生命にかかる契約を締結することは人格権（自己決定権）の一種であるとの考えがあるのであれば（上記（γ）の防止）、親族主義や利益主義を採用することはできない。傷害疾病定額保険契約においては、原則として被保険者同意が求められている（67条1項本文）一方で、被保険者（被保険者の死亡に関する保険給付にあっては、被保険者またはその相続人）が保険金受取人である場合は同意が不要とされている（同条1項但書）点は同意主義に反するようにもみえる。けれども、傷害疾病定額保険契約は主として傷害疾病に備えるための保険契約であり、死亡給付に関する賭博やモラルリスクの可能性は少ないものとして、例外が認められているとされる。また、傷害疾病定額保険契約の給付事由が傷害疾病による死亡のみである場合には、原則通り被保険者同意が求められている（同条2項）。総合的に考えて、日本法が同意主義を採用していることには合理性があるといえるだろう。

(3)　保険法における改正点

　もっとも、死亡保険契約に関して、改正前商法と保険法の規律は全く同一ではない。改正前商法674条1項但書においては、被保険者が保険金受取人とされている場合には、同意は不要とされていた。しかし、死亡保険契約の場合、実際に保険金受取人になるのは被保険者の相続人になるから、モラルリスク（上記（β））が存在する点は変わりがない。そこで保険法では当該例外規定が削除された（38条）。

　また、保険法では傷害疾病定額保険契約に関する規律が新設されたが、傷害疾病定額保険においても類似の規定が整備された（67条）。ただし、傷害疾病による死亡のみを給付事由とする契約以外は、原則として被保険者同意は不要とされている。厳密には、傷害疾病給付・死亡給付の両方が含まれている保険契約の場合、モラルリスクはなお存在するため、多額の死亡給付を行う契約に

第12章　被保険者同意と被保険者の解除請求権　145

ごく少額の傷害疾病給付が組み合わされているような場合にも、保険法67条2項が（類推）適用されると解される。その結果、保険法67条1項但書の適用が除外されることから、同項本文の原則に戻って被保険者同意が必要と解される。

(4) 関連規定

死亡保険契約や傷害疾病定額保険契約における被保険者同意は、保険契約締結の場合のみならず、保険金受取人変更（45条・74条）や保険金請求権の譲渡・質入れ（47条・76条）の場合にも要求されている。これらの場合には契約締結当時には存在していなかったモラルリスクが新たに生じる可能性があるからである（上記（β）参照）。また、これらの場合にも、新たな者を保険金受取人とすること、保険金請求権の譲渡・質入れの対象とすることも人格権の範疇に含まれるからである（上記（γ）参照）。

これに対し、保険契約者変更の場合についての被保険者同意の規定は設けられなかった。もっとも、保険実務では、死亡保険契約のうちの個人保険に関しては、保険契約者変更の場合にも被保険者同意を要求している。

(5) 立法が見送られた内容

これらに対し、保険法立案段階で立法が検討されたものの、見送られた内容もある。

一つは、未成年者を被保険者とする生命保険契約の取扱いである。諸外国においてはそもそも一定範囲の未成年者を被保険者とする生命保険契約を禁止するものや、支払保険金を葬儀費用に限定するものなども存在する。しかし、日本においては学資保険など、未成年者を被保険者とする生命保険契約の内容が多様であることなどを理由として、一律の規定は整備しないこととされた。代わりに監督規制による対応が行われ、現在では15歳未満の者を被保険者とする生命保険契約は、各社通算で死亡保険金上限が1,000万円とされている。これに対し、15歳以上の場合は、被保険者同意が有効であるとの認識の下、制限は設けられていない。

もう一つは、傷害疾病定額保険のうち、一部の種類の保険契約について例外

を設ける具体案もあったが、最終的な立法は上記のような内容に落ち着いた。たとえば自動車保険における搭乗者傷害保険の場合、最終的な被保険者は搭乗時点まで確定せず、被保険者同意を保険者が確認する機会がない。また、海外旅行傷害保険においては、保険契約者が家族全員を被保険者として加入することが少なくなく、その場合には個別の被保険者同意は取られていない。さらに、イベント参加者やテーマパーク来場者全員を被保険者とするような傷害保険契約も存在する。これらについては、保険法が一般法であり、新たな商品開発の妨げにならないよう、特定の規制や除外による手当ては行われなかった。もっとも、海外旅行傷害保険の場合には個別の被保険者同意をとることは不可能ではないとして、例外扱いに反対する見解もなお存在する。

(6) 同意の方式

　保険法立案段階では、被保険者同意に書面を要するかも検討されたが、最終的にはこれは不要とされた。書面性を要求することで、かえって保険契約者の不利益になることが懸念されるなどの理由による。もっとも、監督法上は書面ないしそれに準ずる方法による同意が要求されているし、保険契約締結時には契約申込書上に被保険者同意欄が設けられているなど、通常の個人保険の場合は書面により対応が行われている。

　これに対し、会社が福利厚生目的で従業員を被保険者として一括加入する団体定期保険の場合には、様相が異なる。団体定期保険の場合には、従前は福利厚生の一環とする趣旨などに鑑みて、労働組合の代表者の了承を得るなどの概括的対応も行われていた。しかし、会社が高額な保険金を受け取ったり、保険料総額が支払保険金総額を上回るのに保険会社との関係維持目的などで保険契約を維持したりした。その一方で、従業員の死亡時には会社は従業員遺族に対して僅かな退職金や弔慰金を支払うにとどまるケースが横行し、遺族が会社の受け取った保険金の引渡しを請求する事案が頻発した。そのため、現在の総合福祉団体定期保険の下では、個別の被保険者同意を要求するか、同意した者のリストを提出することで被保険者の範囲を画し、または同意しなかった者のリストを提出することで被保険者から除外するなどの運用改善が図られている。

第12章　被保険者同意と被保険者の解除請求権　147

(7) 同意の時期・遡及効の有無

被保険者同意は、死亡保険契約の成立要件ではなく、効力要件である。その ため、（通常は契約締結時に書面による同意が要求されているものの）死亡保険契約 締結後、事後的に被保険者が同意することも考えられる。改正前商法下では事 前の同意を要求する見解も見られ、個人保険の場合には実際に契約締結時に同 意を要求している。しかし、団体保険の運用に鑑みて、事後の同意も認められ るとの見解が現在では多数になっている。ただし、事後の同意を認める見解に おいても、契約締結後長期間が経過するまで同意が不要であると積極的に論じ るものは少なく、多少のずれは許容されるとするものが多い。遺言による受取 人変更の場合は、保険契約者の死亡後に被保険者同意を得ることになるケース も多いだろう（44条・73条。遺言による保険金受取人変更に関する規定は保険法で新 設された）。

事後の同意を認めた場合に問題となるのが、被保険者の同意によって契約が 遡及的に有効になるか、それとも将来に向かってのみ有効になるかという点で ある。学説は分かれているが、将来効を認めれば十分とする見解が比較的有力 になりつつある。もっとも、この場合にも、同意以前の保険料の取扱いや、契 約締結時に未成年である場合の取扱いなど、様々な論点が伏在している。

2. 被保険者による解除請求

(1) 同意の撤回の可否

死亡保険契約締結に際し、被保険者が同意した場合、事後的にその同意を撤 回することができるかについては議論があった。保険金受取人との関係悪化の 場合など、そのようなニーズがあることは理解できる。他方で、同意の撤回を 認めると保険契約の安定性を害することも事実である。そのため、改正前商法 下の通説は、同意の撤回を認めていなかった。

(2) 保険法の対応

これらの問題意識の下、保険法では、被保険者が事後的な事情変更等を理由 として、保険契約者に対し保険契約の解除を請求できる旨の規定を、生命保険 および傷害疾病定額保険契約について設けた。保険者の重大事由解除に相当す

る事由が保険契約者・被保険者間に生じた場合や、事後的な身分関係の変動など事情変更が生じた場合には、被保険者は保険契約者に対し、保険契約の解除を請求できる（58条1項・87条1項。詳細は後述Ⅱの1を参照）。

　条文の文言上は、保険契約者は解除請求を受けたときは、死亡保険契約や傷害疾病定額保険契約を解除できるとの規定ぶりになっているが（58条2項・87条2項）、たとえ任意解除権（54条・83条）が特約で排除されたり制限されていたりした場合であっても、この規定によって保険契約者に解除権が発生するという趣旨である。そして、解除請求を受けた保険契約者に解除しない自由は与えられず、解除する義務を負うと解されている。仮に保険契約者が解除しない場合には、被保険者は保険契約者を相手に意思表示を命ずる裁判を起こし、その裁判の勝訴判決をもって保険契約の解除を実現することが可能である（民事執行法174条1項）。

(3)　保険者への直接請求の可否

　被保険者が保険契約者に解除請求し、保険契約者が保険者に対し保険契約を解除するという法律構成は、一見すると迂遠である。保険法立案段階では、被保険者が保険者に対し直接保険契約の終了を求める制度設計も検討された。もっとも、解除請求事由該当性は保険契約者と被保険者との間の関係性に深く関わる問題であり、保険者がその当否を判断するのは困難である。そこで、解除請求にかかる紛争は被保険者・保険契約者間で解決されることを前提に、保険法58条・87条のような規律が採用されている。

Ⅱ．考えてみよう：親族関係の変化と被保険者の解除請求

1．解除請求事由の多様性

　保険法58条1項が定める被保険者の解除請求事由には、次の三つがある。
　(ア)58条1項1号
　保険者の重大解除事由の一部（57条1号、2号）と同じ事由。すなわち、保険契約者または保険金受取人による保険金取得目的での故殺行為またはその未

遂、および、保険金受取人による保険給付詐欺または詐欺未遂。

(イ)58条1項2号

被保険者の保険契約者または保険金受取人に対する信頼関係の破壊。すなわち、信頼関係を損ない、当該死亡保険契約の存在を困難とする重大な事由。

(ウ)58条1項3号

「保険契約者と被保険者との間の親族関係の終了その他の事情により、被保険者が第38条の同意をするに当たって基礎とした事情が著しく変更した場合」。被保険者「同意をするに当たって基礎とした事情」には様々なものがあり、「親族関係の終了」（離婚による夫婦関係の変化など）が挙げられているが、具体的にどのような場合に解除請求が可能かが問題となる。

2．設　例

【設例1】

保険契約者Ａは、配偶者Ｂを被保険者、ＡＢの子Ｃを死亡保険金・満期保険金受取人とした養老保険契約（本件保険契約）を締結していた。本件保険契約は満期において満期保険金を受け取ることができ、満期時点での満期保険金をＣの学資に充てる目的で締結されたものだった。

その後、満期を迎える前にＡとＢとは離婚し、ＡがＣの親権者となった（図表12－1参照）。Ｂは親族関係の終了を理由に、Ａに対し本件保険契約の解除請求をした。これに対しＡは、本件保険契約の満期保険金はＣの学資に充てることはＡＢ間で契約締結時に合意したことであるとして、解除請求を争っている。ＢがＡの意思表示に代わる裁判を求めて訴えを提起した場合、裁判所としてはこの請求を認めるべきか。

【図表12－1：設例1の人物関係図】

(筆者作成)

【設例2】

保険契約者Ｐは、ＰとＰの配偶者Ｑとの間の子Ｒを被保険者かつ死亡保険金・満期保険金受取人とした学資保険（本件保険契約）を締結していた。申込時には、ＱがＲを代

理して被保険者欄に署名・押印した。契約締結時においてRの年齢は10歳だった（図表12－2参照）。なお、学資保険とは、子供の学資（教育資金）を準備するための生死混合型の保険のことである。

その後、本件保険契約が満期を迎える前に18歳（成年到達。民法4条）となったRは、Pが保険契約者として保険料を支払った保険契約の満期保険金を使って大学に進学することを嫌い、本件保険契約の解除請求をした。PとしてはRの学資のために本件保険契約を締結したものであり、保険金受取人もRであることから解除請求を争っている。RがPの意思表示に代わる裁判を求めて訴えを提起した場合、裁判所としてはこの請求を認めるべきか。

【図表12－2：設例2の人物関係図】

（筆者作成）

3．多様な考え方

(1) 設例1について

設例1では、保険法58条1項3号の解除請求事由が認められるかが問題となる。一見するとABの離婚は「保険契約者と被保険者との間の親族関係の終了」に該当するから、「被保険者が第38条の同意をするに当たって基礎とした事情が著しく変更した場合」に該当するようにもみえる。実際、そのような見解も成り立ち得るだろう。

もっとも、本件保険契約の目的は、ABの子Cの学資に充てることだった。ABは離婚しておりCの親権はAが有しているものの、本件保険契約の契約者であり保険料を出捐しているのがAであることも考えると、被保険者Bの解除請求を認めるべきかは立ち止まって考えてみるべき問題だろう。形式的な「親族関係の終了」という事由該当性のみから「同意をするに当たって基礎とした事情が著しく変更した場合」を直ちに認めるべきではない。

では、「被保険者が第38条の同意をするに当たって基礎とした事情が著しく変更した場合」は、どのような基準に基づいて解釈すべきだろうか。前述したように、同意主義の根拠をモラルリスクの可能な範囲での排除（前掲（β）参

照）と人格権（自己決定権）の保護（前掲（γ）参照）に求めた場合、それらは58条1項1号、2号に対応する内容であるように思われる。本件では死亡保険金受取人はＣとされており、ＣはＡの親権下にある以上、Ｂからすればモラルリスクが高まる可能性は否定できないが、仮に保険金給付目的のＢ殺人未遂が生じた場合は保険法58条1項1号で、その他ＢのＡＣに対する信頼破壊があった場合は保険法58条1項2号で解除請求が可能である。そうである以上、保険法58条1項3号は、いわゆる事情変更の原則の表れとして、保険契約締結後、当該契約を維持できなくなるほどの事情変更が起こった場合を定めたものと理解するのが適切のように思われる。

　以上を踏まえた考え方としては、ＡＢの関係が本件保険契約締結時とは異なり夫婦ではなかった場合、同様の契約を締結していたか、という条件関係の有無で判断する方法があろう。仮にＡＢが夫婦でなかったとしても本件保険契約と同様の契約を締結するというのであれば、基礎とした事情が著しく変更した場合には当たらないと考えるのである。

　また、設例では明確にされていないが、ＡＢが離婚時に本件保険契約を維持することを合意していたにもかかわらず、事後的にＢが翻意するようなことも考えられる。このような場合においては、基礎とした事情が著しく変更した場合には該当しないようにも思われる。親族関係の終了を形式的に捉えるのではなく、保険契約を取り巻く種々の事情のうち、どのようなものを取捨選択して判断材料にするかが問われているといえる。たとえば、本件ではＣはＡの単独親権とされているが、ＢがＣと面会交流しているのか（あるいは、面会交流できているのか）、といった事情は特に指摘されていない。このような事情も考慮されるべきだろうか。また、将来的に離婚後の共同親権が認められた場合、そのような事情の有無も考慮されるべきだろうか。本稿筆者は（β）モラルリスクの可及的予防と（γ）被保険者の人格権を制度趣旨として重視しているため、これらの事情は大きな考慮要素にはならないものと考えるが、各自で考えてみて欲しい。

⑵　**設例2について**

　設例2では、未成年者を被保険者とする保険契約の帰趨が問われている。そ

もそも未成年者を被保険者とする生命保険契約の取扱いについて保険法立案時に相当の検討が行われたことは前述した通りである。また、その結果、業界の自主ルールと監督法による規制による対応が取られ、保険（契約）法上特段の対応は取られず、従来の解釈問題がそのまま残ることとなった。そこで問題となるのが、未成年者を被保険者とする生命保険契約における被保険者同意のあり方である。

　学説上は、㋐そもそもそのような保険契約は締結できないとするもの、㋑反対に無制限に締結できるとするもの、㋒未成年者自身の同意を必要とするもの、㋓親権者等の同意を必要とするもの、㋔未成年者・親権者双方の同意を必要とするもの、といった見解が考えられる。実務上は、遺言を単独で行える（民法961条参照）15歳以上の場合には本人の同意を取り、未成年の場合には親権者の同意もあわせて取ることが一般的とされるが、遺言年齢と平仄を合わせる必然性も判然としない。また、古い保険契約においては、被保険者が15歳に達していたにもかかわらず本人の同意が取られていなかった事案も存在する（東京高裁平成27年6月16日判決・生判26巻203頁）。同事案では法定代理人である親権者による被保険者同意が有効になされていたとの認定のもとに当初の保険契約が有効に成立したものと扱われており、本設例のような事案でも保険者は同様に主張するものと推測される。

　では、どのように考えるべきだろうか。前述したように同意主義は人格権（自己決定権）の表れでもあると考えるのであれば（上記（γ）参照）、被保険者同意は親権者の代理になじまない性質のものであると解すべきであろう。わが国では生命保険が学資目的で締結されることも少なくないが、被保険者である未成年者が当該保険契約を望まないのであれば、それを維持する法的根拠はないと解すべきであろう。

　したがって、被保険者同意を死亡保険契約の効力要件とする考え方を貫徹するのであれば、本件保険契約はもはや有効に存続させることはできず、（無効とすることにはハードルが高いように思われるが）少なくともRによる解除請求は認められるべきであるように思われる。条文上は「親族関係の終了」は生じていない以上、「その他の事情により」に該当するものと解さざるを得ないだろう。この場合、当初は十分な自我を有しなかった被保険者が同意しないことを

第12章　被保険者同意と被保険者の解除請求権　153

明確にしたことが事情の変更に該当すると理解することになろう。

　これに対して、本設例の下では、あくまでもRは保険金受取人として満期保険金を受け取ることを拒んでいるものと思われ、そのことはRの被保険者たる地位とは関係ないようにも思われる。つまり、Rが被保険者でない場合にもRは満期保険金を受け取ることを拒むものと思われるのである。かかる考え方からすれば、Rの解除請求はRがたまたま被保険者であることを理由としたものであって、認められないとの考えも成り立ちうるだろう。この場合にRが自己の意思を貫徹するためには、保険金請求権の放棄によるほかないことになる。もっとも、裁判例は保険金請求権の放棄は確定した金銭債権の放棄と解しているので（大阪高裁平成27年4月23日判決・判例集未登載（LEX/DB25540916）、大阪高裁平成11年12月21日判決・金判1084号44頁）、その結論の是非がさらに問題になるように思われる。

　また、Rは満期保険金の受取りを拒絶したいと考えているのであって、死亡保険契約の解除請求にかかる58条1項を援用できないのではないか、との反論もあり得る。現実の学資保険において死亡給付のみの契約内容となっている商品は相当限られるものと思われる。また、学資保険の目的からして死亡保険金・満期保険金の区別は大きな意味をなさず、相当程度重複関係にあるとするのであれば、生存給付に関しても58条1項各号を類推適用する余地はある、と反論することになるだろうか。

　別の法律構成としては、本人同意がないままに本件保険契約のような契約が締結された場合はそもそも無効状態にあり、本人同意によって無効行為の転換（民法119条但書参照）が生じたと考える余地もないではないだろう。もっとも、このような構成は未成年者を被保険者とする保険契約の法的安定性を著しく弱めることが懸念される。

（原　　弘明）

〈Ⅱに関する参考文献〉
江頭憲治郎「他人の生命の保険」中西正明先生喜寿記念『保険法改正の論点』（法律文化社、2009年）
田口城「他人の生命の保険」落合誠一＝山下典孝編『新しい保険法の理論と実務』（経済法令研究会、2008年）

竹濱修「生命保険契約に固有の問題」旬刊商事法務1808号（2007年）47頁

遠山優治「他人の生命・身体の保険契約について」生命保険論集160号（2007年）

潘阿憲「生命保険契約における被保険利益の機能について」文献論集129号（1999年）

福田弥夫「被保険者の同意」甘利公人＝山本哲生編『保険法の論点と展望』（商事法務、2009年）

三宅一夫「他人の死亡の保険契約」大森忠夫＝三宅一夫『生命保険契約法の諸問題』（有斐閣、1958年）

山下友信「保険法制定の総括と重要解釈問題（生保版）」生命保険論集167号（2009年）

吉川良平「他人の死亡の保険における被保険者同意の時的限界及び事後の同意の効力」勝野義孝先生古稀記念『共済と保険の現在と未来』（文眞堂、2019年）

第13章　保険金受取人の指定・変更

Ⅰ．基礎的な説明

1．自己・第三者のためにする保険契約

　生命保険契約のうち、保険契約者と被保険者が同一である保険契約（自己の生命の保険契約。保険契約者と被保険者が同一人でない保険契約は、他人の生命の保険契約という）について考えてみよう。

　生命保険契約においては、保険給付を受ける者は保険金受取人である（保険法2条5号）。そのため、自己の生命保険契約であっても、保険金を受け取るのは保険金受取人である。

　保険料を出捐している保険契約者兼被保険者としては、自己を保険金受取人とすることも当然に考えられ、保険契約者と保険金受取人が同一である保険契約を自己のためにする保険契約と呼ぶ。もっとも、保険契約者と被保険者が同一人の場合、通常その死亡保険契約は遺族の生活保障を目的として締結されているものと考えられる。典型的には、死亡保険金の受取人を保険契約者兼被保険者の法定相続人と定める場合である。このように、保険契約者以外の者を保険金受取人とする契約を、第三者のためにする保険契約という（他人のためにする保険契約ともいう）。

　なお、以上のことは、傷害疾病定額保険契約において、給付事由（66条）が死亡である場合にも当てはまる。

2．固有権説

　死亡保険契約は遺族の生活保障を目的として締結されることが多い。それでは、法定相続人を保険金受取人と定めた死亡保険契約の死亡保険金は被相続人

である保険契約者兼被保険者の相続財産を構成するか。判例（最高裁昭和40年2月2日判決・民集19巻1号1頁）・通説はそのようには考えておらず、死亡保険金請求権は法定相続人が固有権として取得するものと解している。これを固有権説という。

固有権説の帰結として、①被相続人が相続について放棄・限定承認をしたとしても、死亡保険金は相続財産を構成しないので、相続人である保険金受取人は死亡保険金を受け取ることができる。②被相続人である保険契約者兼被保険者の債権者（相続債権者）は、保険金請求権に対して強制執行等をすることができないまた、③一部の相続人にのみ死亡保険金が支払われるとしても、そのことが遺留分を侵害しているとして遺留分侵害額請求をすることはできず（民法1046条1項参照）、また原則として特別受益（民法903条1項）の持戻しの対象ともならないとするのが判例である。もっとも、このような処理には学説上の異論も強く、妥当な帰結を模索する理論的検討が続いている状況にある。

3. 保険金受取人変更権

保険契約締結時に保険契約者は保険金受取人を、（自己であれ第三者であれ）定めることになる。改正前商法下ではこれを保険金受取人の指定と呼んでおり（保険法の下では「指定」の文言は用いられていない）、事後の変更も含めて保険契約者が権利を留保している場合のみ、指定・変更が可能という位置付けになっていた。しかし、長期間継続するのが通常である生命保険契約においては、事後の変更権をあえて留保するという構成を採らず、保険契約者が変更権を有している状態をデフォルトと考える方が望ましい。そこで保険法では、保険契約者は原則として保険金受取人変更権を有しているものとし、保険事故が発生するまでは、保険金受取人の変更をすることができるとした（43条1項・72条1項）。ただし、傷害疾病保険や自動車保険の搭乗者傷害保険など、保険金受取人の範囲を限定したり固定したりしている保険があることにも鑑みて、保険法43条1項・72条1項は任意規定と解されている。

なお、改正前商法では、保険契約者の死亡によって保険金受取人は確定する旨定められていたが（改正前商法675条2項）、保険法はこの規定を設けなかった。保険契約者の相続人は保険契約者たる地位を承継し保険料を支払う義務を

負うにもかかわらず、保険金受取人の変更を行えないことに合理性はなく、保険契約を解約することによって解約返戻金を受け取れること、従前の生命保険会社の約款も保険契約者の相続人による保険金受取人変更を認めていたことなどによるものである。

4．受取人変更の方法

保険金受取人の変更は、保険者に対する意思表示によってするか（43条2項・72条2項）、遺言によって行う（44条1項・73条1項）。遺言による受取人変更については後述することとし、ここでは保険者に対する変更の意思表示について述べる。

改正前商法では、保険者に対する意思表示は受取人変更の対抗要件と定められており、受取人変更の効力要件が何か議論されていた。そもそも受取人変更の意思表示が相手方のある意思表示か、相手方のない意思表示かも議論されていた。後者の議論は主として、改正前商法で明文規定のなかった遺言による受取人変更を認めるための法律構成として主張されたものであった。判例は、保険者のほか新旧受取人に対する意思表示でも有効であるとしていた（最高裁昭和62年10月29日判決・民集41巻7号1527頁）。もっとも、結局は対抗要件を具備しなければ、受取人変更を知らない保険者は旧保険金受取人に死亡保険金を支払ってしまい、新旧受取人間での紛争を誘発することを避けられない。そのため、保険法では保険者に対する意思表示を効力要件として正面から定めている。

5．受取人変更の効力発生時

受取人変更の意思表示は、その通知が保険者に到達したときは、当該通知を発した時に遡ってその効力を生ずる。ただし、その到達前に行われた保険給付の効力を妨げない（43条3項・72条3項）。保険契約者の受取人変更の意思を尊重するため、民法上の原則である到達主義（民法97条1項）を修正し、保険者への意思表示の到達を停止条件とした発信主義を採用したものである。もっとも、保険者は意思表示の到達までは新保険金受取人が誰かを知り得ないから、保険契約者の意思表示発信後到達前に保険者が旧保険金受取人に保険給付した

場合には、有効な保険給付とされる（両項但書）。

解釈上の論点となるのは、どのような場合に発信・到達が認められるかである。一般には保険契約者の意思の外部への表明が客観的に明らかになった時点が発信と認められ、保険者の支配領域内に達したときに到達が認められると解されるが、具体的な発信・到達の認定は個別ケースごとに考えざるを得ない。

6. 遺言による受取人変更

保険金受取人の変更は、遺言によっても、することができる（44条1項・73条1項）。保険契約者の意思を可能な限り保険金受取人変更にも反映させる目的で、保険法で新設された規定である。この場合は相手方のない意思表示と解することになる。

遺言の効力要件については民法の定めに従い、仮に遺言が無効となった場合にはその中でしていた受取人変更も無効となると考えられる。また、当該遺言が有効であっても保険者に知らせる必要があるから、保険契約者の相続人がその旨を保険者に通知しなければ、保険者に対抗できない（44条2項・73条2項）。保険者としては、遺言が民法の定めに従って適式に行われているかを確認する必要がある。適式と考えられる遺言による受取人変更を踏まえて保険金が支払われた後に、それより後の遺言が発見された場合などは、受領権者としての外観を有する者に対する弁済（民法478条）として保険者は免責されると解すべきだろう。

7. 受取人先死亡

保険金受取人が保険事故の発生前に死亡したときは、その相続人の全員が保険金受取人となる（46条・75条）。改正前商法下の判例法理を成文化した規定と位置付けられている。

仮にこの条文がなかった場合、保険事故である被保険者の死亡以前に保険金受取人が死亡した場合、その取扱いについていくつかの解釈の可能性がある。一つは保険金受取人が未指定の状態になり、一旦保険契約者の自己のためにする契約になると解するものである（指定失効説という）。もう一つは、保険金受取人の死亡と同時に保険金受取人の相続人が保険金受取人となるという考え方

であり（指定非失効説という）、保険契約者の意図が保険金受取人の親族の経済的保障にあるとの理由によるものである。改正前商法下の判例は、受取人先死亡時の保険金受取人は、保険金受取人の相続人またはその順次の相続人であって、被保険者死亡時に現に生存するものと解していた（最高裁平成5年9月7日判決・民集47巻7号4740頁。類似の保険約款規定が置かれていた場合につき同旨を判示したものとして、最高裁平成4年3月13日判決・民集46巻3号188頁）。保険法46条は現に生存するという限定をつけた文言となっていないため、従来の判例と全く同じ帰結が導かれるかは議論があるが、基本的には判例の考え方が踏襲されていると解されている。

　判例によれば、受取人の相続人らの権利取得割合は民法の分割債権・債務の原則に従い、権利者の平等の割合になるとされる（前掲最判平成5年）。けれども、相続割合によるべきとする見解も有力であり、保険会社の約款も平等割合を定めるものと相続割合によるとするものに分かれている。保険法立案段階でも議論されたが、相続人不存在の場合の処理の問題や、民法の特則を設けることの妥当性などが問題となり、明文化は見送られた。最高裁平成6年7月18日判決・民集48巻5号1233頁は、傷害保険契約において保険金受取人欄が空欄の場合は相続人とする旨の記載がなされていたケースにおいて、保険契約者が死亡保険金の受取人を省略することによって被保険者の「相続人」と指定したと考えられる場合には、受け取るべき権利の割合を相続分の割合によるとする旨の指定も含まれていると解している。前掲最判平成4年・前掲最判平成5年・前掲最判平成6年はいずれも他の判例を変更するものではなく、平等割合・相続割合のいずれの指定も可能なものとして併存しているものと考えられる。よって、現行法上も、平等割合・相続割合のいずれの約款規定も有効と考えられる。

Ⅱ．考えてみよう：受取人先死亡・同時死亡

1．保険法46条と判例法理との関係

　受取人先死亡に関する保険法46条の立法経緯については前述したが、保険法46条は判例法理を忠実に成文化したものとはいえないため、判例法理と異なる

点を中心に、新たな解釈問題が生じたことが指摘されている。

ここでは、保険法46条の解釈をめぐるいくつかの問題を考えてみよう。

2．設　例

【設例1】

Aには、配偶者Bおよび子Cがいた。Aは、自己を保険契約者兼被保険者とし、保険金受取人をCとする死亡保険契約（本件保険契約）を生命保険会社Eとの間で締結していた。その後、保険事故に相当するAの死亡より前にCが死亡した。Cには配偶者Dがいたが、CD間に子はいなかった。その後、Aは新たな保険金受取人を指定する前に死亡した（図表13－1参照）。

この場合、本件保険契約に基づく死亡保険金を受け取れるのは誰で、その割合はどのようになるだろうか。なお、本件保険契約の約款には、かかる場合についての定めは置かれていなかったものとする。

【図表13－1：設例1の人物関係図】

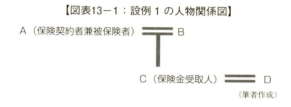

（筆者作成）

【設例2】

保険契約者兼被保険者Pは、保険金受取人を配偶者Qとする死亡保険契約（本件保険契約）を生命保険会社Rとの間で締結していた。その後、PとQは同一の事故により死亡し、両者の死亡時期の先後関係は不明であるとされた。R社がQの相続人であるQの兄弟姉妹Sに本件保険契約の死亡保険金を支払ったところ、Pの相続人であるPの兄弟姉妹Tが、同時死亡の場合には保険法46条は適用されず、死亡保険金は保険契約者Pの相続人に支払われるべきものとしてSに死亡保険金相当額の支払を請求した（図表13－2参照）。どのように考えるべきか。

【図表13－2：設例2の人物関係図】

（筆者作成）

第13章　保険金受取人の指定・変更　161

3．多様な考え方

(1) 受取人先死亡

設例１では、保険事故であるＡの死亡よりも前に、保険金受取人Ｃが死亡している。保険法46条は「保険金受取人が保険事故の発生前に死亡したときは、その相続人の全員が保険金受取人となる。」と規定するが、「相続人」の範囲は文言上明確ではない。もっとも、同条は前掲最判平成５年の成文化にその主眼があったとされるので、最判平成５年と同様、保険金受取人の相続人またはその順次の相続人であり、保険事故の発生時に現に生存している者と理解すべきだろう。そうすると、Ｃの法定相続人であり、Ａ死亡時に現存している、その配偶者Ｄと母Ｂが保険法46条に基づく保険金受取人となる。このことは判例でも保険法46条でも特に変わるところはない。

では、ＢとＣはどのような割合で死亡保険金を受け取ることになるだろうか。前掲最判平成５年は、分割債務の原則（民法427条）に従い、これらの者は均等割合で死亡保険金を取得する旨判示した。保険法の立案段階では、取得割合を相続分とすることも検討されたが、最終的には解釈に任されることとなった。また、生命保険各社の約款は、均等割合にする会社と相続割合とする会社とに分かれている状況にある。

本設例においては、Ｃの遺産の法定相続分はＤが2/3、Ｂが1/3（民法900条２号）となる一方、均等割合とする場合には各1/2となるため、保険金取得割合に差が生じることになる。（α）保険金受取人の遺族保障を重視するか、（β）債権総論の一般原則をそのまま当てはめるべきかの価値判断の違いが結論に直結する論点である。保険金受取人は相続の結果ではなく、固有権として死亡保険金を原始取得することを重視すれば、むしろ均等割合説が合理的と考える余地もあるが、均等割合説によっても結局相続人の範囲を確定させなければならない点は相続割合説と変わらない。また、「（法定）相続人」と一般的に指定した場合には前掲最判平成６年の考え方が妥当すると思われるが、相続人に該当する者を保険金受取人欄に並列的に記載した場合には、均等割合によると考えることも可能のように思われる。

また、前掲最判平成５年は保険事故発生時に保険金受取人が確定するという

立場を採っているとされる。この立場を、一旦保険金受取人指定がなかったこ
とになるという意味で指定失効説と呼ぶことがある。この立場からは、保険金
受取人死亡後新たな保険金受取人が指定されるまでの間は、自己のためにする
保険契約になっていると解されている。これに対し保険法46条は、保険金受取
人の死亡時にその相続人が直ちに新たな保険金受取人になる点で、保険金受取
人指定に空白が生じない立場を採っているようにも読める。このような理解を
指定非失効説と呼ぶことがある。この立場からは、常に第三者のためにする保
険契約という構造は変化しないことになる。もっとも、指定失効説・指定非失
効説のいずれの立場も均等割合説・相続割合説と論理的に結びつくものではな
いものと考えられる。やはり見解の分かれ目は、(α) 遺族保障と (β) 債権
総論の一般原則のどちらを優先すべきかという点にあると考えられる。

(2) 受取人の同時死亡

設例2では、保険契約者兼被保険者と保険金受取人が同一の事故で死亡して
おり、その死亡時期の先後は不明であった。このような場合には両者は同時に
死亡したものと推定される（民法32条の2）。では、この場合には保険金受取人
は誰になるのだろうか。

最高裁平成21年6月2日判決・民集63巻5号953頁は、保険法46条の前身の
規定であった改正前商法676条2項が同時死亡の場合にも類推適用されるとし、
同時死亡の場合には一方が他方の相続人とはならないことから（民法882条参
照）、現存する保険金受取人の相続人が死亡保険金を受け取ると判示した。な
お、改正前商法676条の文言は、以下の通りである。

> 「676条1項　保険金額ヲ受取ルヘキ者カ被保険者ニ非サル第三者ナル場合ニ於テ其者
> カ死亡シタルトキハ保険契約者ハ更ニ保険金額ヲ受取ルヘキ者ヲ指定スルコトヲ得
> 　2項　保険契約者カ前項ニ定メタル権利ヲ行ハスシテ死亡シタルトキハ保険金額ヲ受
> 取ルヘキ者ノ相続人ヲ以テ保険金額ヲ受取ルヘキ者トス」

この帰結によれば、設例2では同時死亡によりPはQの相続人とはならず、
Pの死亡保険金はQの相続人であるSに帰属することになる。

この判例に反対する見解も有力に主張されている。上記の結論では保険金受

取人の遺族が保険契約者の遺族よりも有利に取り扱われるという問題意識から、同時死亡の場合にも本件のような事案の処理にあたっては同時死亡とせず、保険金受取人が先に死亡したと捉える。その結果、Qの死亡後にPが保険金受取人の変更をせず死亡したことになり、PはQの相続人でもあるから、死亡保険金はP・Qの双方の相続人に帰属することになる。

　以上の見解の対立は、（γ）保険金受取人の相続人と保険契約者の相続人のいずれの利益をどの程度重視し、そのバランスを図るかという問題意識から生じているものであるが、これに加えて（δ）保険法46条の文言も問題となり得る。保険法46条は明確に「保険事故の発生前に」との限定を付している以上、同時死亡の場合には同条の適用の前提を欠くようにも思われる。学説上は、それでも従来の判例と違う解釈を採ることも合理的とは思われないとして、なお類推適用を認める見解が有力であるが、文理解釈上の難点は否めない。改正前商法676条2項のように保険契約者死亡の時点で保険金受取人の相続人に死亡保険金請求権が帰属するように読める場合には、上記最判平成21年の考え方に無理はない。他方、仮に保険法46条の文言変更によって最判平成21年が維持できないと考える場合には、保険金受取人が誰かについては新たな解釈問題が生じることになる。一旦保険契約者兼被保険者Pの自己のためにする契約になると考えるとすれば、保険金請求権はPの相続財産に帰属するという考え方も成り立ち得るかもしれない。

（原　弘明）

〈Ⅱに関する参考文献〉
大森忠夫「保険金受取人指定・変更・撤回行為の法的性質」大森忠夫＝三宅一夫『生命保険契約法の諸問題』（有斐閣、1958年）
岡田豊基「保険金受取人変更時における保険契約者の意思能力の有無」神戸学院法学47巻2・3号（2018年）
洲崎博史「保険金受取人の指定・変更」旬刊商事法務1330号（1993年）
竹濱修「生命保険契約に固有の問題」旬刊商事法務1808号（2007年）
遠山聡「保険金受取人に関する規定の理論的課題とその検討」保険学雑誌649号（2020年）
遠山優治「遺言による保険金受取人の変更と新たに保険金受取人とされた者の死亡」生命保険論集174号（2011年）
遠山優治「保険金受取人を巡る近時の裁判例・学説と実務の状況」生命保険論集208号

（2019年）

野口夕子「保険金受取人変更の意思表示」近畿大学法学66巻3＝4号（2019年）

萩本修ほか「保険法の解説(4)」NBL887号（2008年）

長谷川仁彦「保険金受取人の変更の意思表示と効力の発生」中西正明先生喜寿記念『保険法改正の論点』（法律文化社、2009年）

潘阿憲「保険金受取人の指定・変更」落合誠一＝山下典孝編『新しい保険法の理論と実務』（経済法令研究会、2008年）

矢野慎次郎「『遺言による保険金受取人の変更』の法制化について」生命保険論集159号（2007年）

矢野慎次郎「遺言による受取人変更」落合誠一＝山下典孝編『新しい保険法の理論と実務』（経済法令研究会、2008年）

山下友信『現代の生命・傷害保険法』（弘文堂、1999年）

山下友信「保険法制定の総括と重要解釈問題（生保版）」生命保険論集167号（2009年）

山本哲生「保険金受取人の指定・変更」甘利公人＝山本哲生編『保険法の論点と展望』（商事法務、2009年）

和田一雄「保険事故発生前に保険金受取人が死亡した場合」落合誠一＝山下典孝編『新しい保険法の理論と実務』（経済法令研究会、2008年）

第14章　自殺免責・自傷免責

Ⅰ．基礎的な説明

1．保険法・保険約款における自殺免責・自傷免責

　保険法は死亡保険における保険者免責事由として、被保険者が自殺をしたときを定める（51条1号）。保険契約者（同条2号）・保険金受取人（同条3号）による被保険者の殺人（これらを特に故殺免責と呼ぶことがある）とは独立した免責事由である。

　一方、保険約款上は、保険契約締結後一定期間（保険会社によって異なり、1年・2年・3年といった定めが多い）に限って自殺免責を規定することが多い。

　また、保険法は傷害疾病定額保険においても、被保険者が故意または重大な過失により給付事由を発生させたときを免責事由とする（80条1号）。

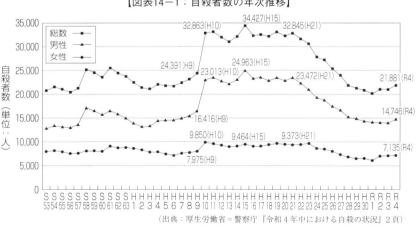

【図表14−1：自殺者数の年次推移】

（出典：厚生労働省＝警察庁『令和4年中における自殺の状況』2頁）

なお、以下で説明する学説・判例の議論は、主として自殺免責を念頭に展開されている。

２．参考：自殺の実態

　日本における自殺者は、年間２万人〜3.5万人である。2022年においては、

【図表14−2：年齢階級別の自殺原因】

原因・動機別 ＼ 年齢階級別		〜19歳	20〜29歳	30〜39歳	40〜49歳	50〜59歳	60〜69歳	70〜79歳	80歳〜	不詳	合計
合計	計	1,006	3,089	3,329	5,007	5,512	3,564	3,767	3,078	3	28,355
	男	592	2,020	2,291	3,551	3,827	2,406	2,345	1,886	2	18,920
	女	414	1,069	1,038	1,456	1,685	1,158	1,422	1,192	1	9,435
家庭問題	計	166	351	601	906	976	586	604	585	0	4,775
	男	98	221	363	555	593	364	334	357	0	2,885
	女	68	130	238	351	383	222	270	228	0	1,890
健康問題	計	222	947	1,150	1,838	2,196	1,828	2,491	2,102	0	12,774
	男	89	475	627	1,059	1,249	1,044	1,486	1,272	0	7,301
	女	133	472	523	779	947	784	1,005	830	0	5,473
経済・生活問題	計	25	499	673	1,049	1,232	705	380	133	1	4,697
	男	19	428	601	929	1,091	640	319	99	1	4,127
	女	6	71	72	120	141	65	61	34	0	570
勤務問題	計	45	517	539	815	744	226	67	15	0	2,968
	男	37	398	460	709	651	208	60	15	0	2,538
	女	8	119	79	106	93	18	7	0	0	430
交際問題	計	80	315	177	147	82	16	7	4	0	828
	男	46	163	99	99	57	13	5	3	0	485
	女	34	152	78	48	25	3	2	1	0	343
学校問題	計	354	219	4	2	0	0	0	0	0	579
	男	224	163	3	2	0	0	0	0	0	392
	女	130	56	1	0	0	0	0	0	0	187
その他	計	114	241	185	250	282	203	218	239	2	1,734
	男	79	172	138	198	186	137	141	140	1	1,192
	女	35	69	47	52	96	66	77	99	1	542

　注）自殺の多くは多様かつ複合的な原因及び背景を有しており、様々な要因が連鎖する中で起きている。

　注）令和３年までは、遺書等の自殺を裏付ける資料により明らかに推定できる原因・動機について、自殺者一人につき３つまで計上可能としていたが、令和４年１月からは、家族の証言等から自殺の原因・動機と考えられるものについて、自殺者一人につき４つまで計上可能とした。このため、昨年以前の資料とは単純に比較することはできない。また、原因・動機特定者の原因・動機別の和と原因・動機特定者数（19,164人）とは一致しない。

（出典：厚生労働省＝警察庁『令和４年中における自殺の状況』24頁表５）

21,881人（男性が14,746人、女性が7,135人）であった（厚生労働省＝警察庁『令和4年中における自殺の状況』参照。昭和53年〜令和4年における自殺者数の年次推移について図表14-1を参照。年齢階級別の自殺原因について図表14-2を参照）。ちなみに、道路交通事故の死者数は、2,636人であった（内閣府『令和4年交通安全白書』参照）。

3．自殺免責（・自傷免責）の趣旨

(1) 自殺免責の趣旨に関する学説

学説上は、自殺免責の趣旨についていくつかの理解が見られる。というのも、自殺自体は刑法上の違法行為ではなく、公序良俗や信義則に違反すると断定することが若干疑問視されるからである。たしかに、自殺関与罪・同意殺人罪は刑法上可罰的であるが（刑法202条）、これらの行為は、自殺という本人の自由意思に任せるべき行為に他人が関与すること自体を可罰的にする点で、パターナリズムの見地から定められていると理解されているに過ぎないのである。

もっとも、自殺そのものを免責事由から外すことは必ずしも適切ではない。被保険者が遺族などに死亡保険金を取得させる目的で自殺する可能性があり、保険団体全体に悪影響を及ぼし得るからである。保険金取得目的での自殺を抑止する必要性も踏まえると、一般的に自殺免責の趣旨としては次のことが考えられる。

（a）契約当事者間の信義則違反の防止

被保険者の自殺は、保険者が本来予定している通常の死亡原因ではなく、被保険者集団の死亡率を高めることとなることから、生命保険契約の性質上要請される当事者間の信義誠実に反するものである。

けれども、自殺という死因を織り込んで保険料率を設定すれば、この問題は解消する。ただし、被保険者が保険契約者や保険金受取人を兼ねている場合には、自殺という死因を織り込んだ保険料率を設定しても信義則の問題がなお残るが（そのような死亡保険契約についても保険法51条1号が適用される）、以下では、被保険者が、保険契約者でも保険金受取人でもないことを前提に検討を進める。

（β）生命保険契約の不当目的利用の防止

被保険者の自殺を保険給付対象とすると、①被保険者が保険金受取人（遺族など）に死亡保険金を取得させる目的で自殺したり、②死亡保険金による債権回収を企図した、債権者による被保険者に対する自殺の強要が行われたりするなど、生命保険契約が不当目的で利用されることがあるが、そうした不当目的利用を防ぐ必要がある。

（γ）生命保険契約の自殺推進機能の抑止

生命保険契約の死亡保険金が自殺の場合にも支払われるとすると、生命保険契約が自殺促進機能を持つことになるので、そのような自殺促進機能を抑止する必要がある。なお、いうまでもないが、生命保険契約の自殺促進機能に対する社会的非難を回避することが規定の趣旨ではない。

(2) 最高裁平成16年判決

最高裁平成16年3月25日判決・民集58巻3号753頁は、自殺免責規定（改正前商法680条1項1号）の趣旨について次のように述べる。

> 「商法680条1項1号は、被保険者の自殺による死亡を保険者の保険金支払義務の免責事由の一つとして規定しているが、その趣旨は、（α）被保険者が自殺をすることにより故意に保険事故（被保険者の死亡）を発生させることは、生命保険契約上要請される信義誠実の原則に反するものであり、また、（β）そのような場合に保険金が支払われるとすれば、生命保険契約が不当な目的に利用される可能性が生ずるから、これを防止する必要があること等によるものと解される。」（（α）および（β）は筆者が付した）

このように、最高裁平成16年判決は、自殺免責規定の趣旨と考えられる（α）～（γ）のうち、（α）および（β）を規定の趣旨として述べている。換言すると、（γ）の趣旨、すなわち、生命保険の自殺促進機能の抑止について最高裁は触れていない。

Ⅱ．考えてみよう：免責期間経過後の自殺

1．免責事由とされる「自殺」の範囲

　一口に被保険者の自殺といっても、その要因にも様々なものが考えられる。上述したような保険金取得目的での自殺もあれば、それ以外の要因で自ら望んで命を絶つこともある。

　また、同列に論じられるべきでない要因として、精神疾患・精神障害を理由とする自殺や自殺未遂が挙げられる。たとえば、うつ病患者は自殺を図る可能性が高いことはよく知られているし、精神障害の一種である境界性人格障害の場合、自傷行為に及ぶ傾向が強いことも知られている。

　学説・判例もこのことは自覚しており、精神障害や精神疾患に起因する「自殺」は上記自殺免責事由としての自殺には該当しないとする（大審院大正5年2月12日判決・民録22輯234頁、大審院大正15年7月12日判決・判決全集7巻25号5頁など）。ただし、免責事由としての「自殺」に当たらないこと、すなわち被保険者が精神疾患や精神障害に起因して死亡したと評価できることの主張・立証責任は、保険金請求者側が負うこととされている。

2．設　　例

【設例1】
　生命保険の保険契約者兼被保険者Aは、経済苦から自殺を考え、家族のために死亡保険金を残したいという思いから、生命保険会社Bとの間で生命保険契約（本件保険契約）を締結した。B社の生命保険契約に関する約款においては、契約締結後2年以内に被保険者が自殺した場合には死亡保険金を支払わない旨の免責条項が置かれていた。Aは本件保険契約の締結後4年経過後に自殺し、Aの配偶者で保険金受取人として指定されていたCはB社に対し死亡保険金を請求した。Aの保険金取得目的での自殺意思が強固なものであり、本件保険契約締結後4年間持続していたものとすると、BはCに対して保険金支払を拒むことができるか。

【設例2】
　生命保険の保険契約者兼被保険者Pは、生命保険会社Qとの間で生命保険契約（本件

保険契約）を締結していた。Q社の生命保険契約に関する約款においては、契約締結後
2年以内に被保険者が自殺した場合には死亡保険金を支払わない旨の免責条項が置かれて
いた。Pは本件保険契約締結当時、特に自殺意思を有していたわけではなかったが、
本件保険契約締結後3年ほど経ってから失業し、経済的に困窮するようになった。その
後Pは経済苦を理由に本件保険契約の締結後4年経過後に保険金取得目的で自殺し、P
の配偶者で保険金受取人として指定されていたRはQ社に対し死亡保険金を請求した。
QはRに対して保険金支払を拒むことができるか。

3. 多様な考え方

(1) 設例1について

設例1においては、自殺免責期間経過後の自殺の場合、保険金請求が認めら
れるかが問題となる。Aの自殺意思は本件保険契約締結時から変わらず維持さ
れていたと思われるから、自殺免責を認めてもよいようにも思われるし、保険
法51条1号も自殺免責に期間制限を設けているわけではない。

前掲最高裁平成16年判決は、自殺免責期間が1年と定められていた生命保険
契約における同旨の事案について次のように述べた。

「生命保険契約の約款には、保険者の責任開始の日から一定の期間内に被保険者が
自殺した場合には保険者は死亡保険金を支払わない旨の特約が定められるのが通例で
あるが、このような特約は、（ア）生命保険契約締結の動機が被保険者の自殺による保
険金の取得にあったとしても、その動機を、一定の期間を超えて、長期にわたって持
続することは一般的には困難であり、一定の期間経過後の自殺については、当初の契
約締結時の動機との関係は希薄であるのが通常であること、また、（イ）自殺の真の動
機、原因が何であったかを事後において解明することは極めて困難であることなどか
ら、一定の期間内の被保険者の自殺による死亡の場合に限って、その動機、目的が保
険金の取得にあるか否かにかかわりなく、一律に保険者を免責することとし、これに
よって生命保険契約が上記のような不当な目的に利用されることを防止することが可
能であるとの考えにより定められたものと解される。そうだとすると、上記の期間を
1年とする1年内自殺免責特約は、責任開始の日から1年内の被保険者の自殺による
死亡の場合に限って、自殺の動機、目的を考慮することなく、一律に保険者を免責す
ることにより、当該生命保険契約が不当な目的に利用されることの防止を図るものと
する反面、1年経過後の被保険者の自殺による死亡については、当該自殺に関し犯罪
行為等が介在し、当該自殺による死亡保険金の支払を認めることが公序良俗に違反す
るおそれがあるなどの特段の事情がある場合は格別、そのような事情が認められない

場合には、当該自殺の動機、目的が保険金の取得にあることが認められるときであっても、免責の対象とはしない旨の約定と解するのが相当である。そして、このような内容の特約は、当事者の合意により、免責の対象、範囲を一定期間内の自殺による死亡に限定するものであって、商法の上記規定にかかわらず、有効と解すべきである」（（ア）（イ）は筆者が付した）

　前述したように、自殺免責の趣旨の理解には多様なものがある。最判平成16年は平成20年改正前商法680条1項1号（その趣旨・内容は51条1号と同様と考えて良いだろう）の自殺免責の趣旨と、保険会社が定める自殺免責規定の趣旨を完全に同一には理解していないようにも読める。すなわち、最高裁平成16年判決は、法の自殺免責規定の趣旨は、（α）信義則、および、（β）生命保険の不当目的利用防止であると述べる。その一方で、約款の自殺免責条項の趣旨は、㈠自殺による保険金取得という契約締結時の動機の長期保持の困難性、および㈡自殺の動機・原因の事後解明の困難性であると述べる。

　また、強固な自殺意思が保険会社の定める自殺免責期間を経過した後も存続している場合にも、保険集団に与えるマイナスの影響は否定できないはずであるが、判例のように割り切って考えることは望ましいのであろうか。

　保険法や保険約款における自殺免責規定の趣旨のうち（α）保険契約当事者間の信義則に反するという観点からは、自殺免責期間経過後の自殺については特段の事情のない限り、保険者が保険金を支払うこととしても問題ないと思われる。そもそも、信義則違反という考え方に対しては、自殺も自己決定権の一つの現れであるという批判がある。また、保険者が自殺は信義則に反しないと考えることも可能であるし、自殺率を織り込んだ保険料率を設定することも可能だからである。これに対し、（β）生命保険の不当利用目的抑止や（γ）生命保険の自殺促進機能抑止という観点からは、免責期間経過後の自殺も保険法51条1号に照らしてなお無効とする余地がある。（β）（γ）は生命保険の公序に関する規定と理解するならば、その例外は許されないことになるからである。

(2)　設例2について
　設例2においては、設例1とは異なり、Pは本件保険契約締結当時には自殺

172　第4部　人定額保険契約に特有の規律

意思を有していなかった。このような場合にもＱ社の自殺免責条項によれば、本件保険契約締結後２年以内の自殺については保険者免責とされ、保険金は支払われない。しかしながら、Ｐが自殺意思を有するようになったのは本件保険契約締結後３年程度経ってからであり、実際に自殺したのも本件保険契約締結後４年経過してからであった。このような場合、Ｑ社の自殺免責条項に関して最判平成16年の法理が適用されるとすると、Ｑ社は自殺免責条項を適用できず、Ｒの保険金請求は認められることになる。

　もっとも、前述した通り、保険法51条１号の自殺免責規定は特に期間制限を設けているものではなく、生命保険会社の自殺免責条項における期間制限は、いわば自主的制限によるものである。そうだとすると、特に期間制限を設けない自殺免責条項を保険約款で規定することは可能と考えられるし、そもそも生命保険会社が自殺免責条項を設けなかった場合には、法律上の原則である保険法51条１号が適用されることになる。保険法51条１号のような期間制限のない自殺免責について、特に全期間免責と呼んで区別することもある。

　前述(1)でも述べたように、保険法51条１号の全期間免責と生命保険会社の自殺免責条項の趣旨がそもそも異なると理解する判例によれば、生命保険会社の自殺免責条項においては期間制限がほぼ唯一の判断基準となり、その期間内の自殺についてはおよそ保険者は免責される一方、期間経過後の自殺はおよそ保険者有責とされることになる。

　もっとも、保険法51条１号であれ生命保険会社の自殺免責条項であれ、自殺が生命保険（制度）に対し一定の悪影響を及ぼすことを理由として、免責事由として定めている点に変わりはないはずである。その趣旨が（ɑ）（β）（γ）として整理されるものだとすると、基本的な発想は設例１と変わらず、（ɑ）信義則違反という観点からは保険者が有責となる旨の判例理論は正当化でき得るものの、（β）生命保険の不当利用抑止や（γ）生命保険の自殺促進機能抑止という要請は、免責期間経過後の自殺意思発露の場合にも及び、保険者が免責される余地がある。

　そうであるとすると、判例とは異なるが、生命保険会社の自殺免責条項に定める期間経過後の自殺についても保険法51条１号が適用され、免責期間経過後の自殺意思発露の場合にも、設例１と同様に全期間免責が原則となるという考

第14章　自殺免責・自傷免責　173

え方も、成り立ち得ないわけではない。自殺のタイミングと、保険集団への悪影響や自殺促進機能の抑止という自殺免責の趣旨とは本質的には関わりがないからである。一般に保険法51条1号は任意規定とされ、それゆえ生命保険会社の自殺免責特約がその特則として機能するというのが最判平成16年の理解と考えられるが、保険法51条1号を（少なくとも自殺免責期間経過後について）強行規定と考えることも、一つの考え方ではあるだろう。

　他方で、最判平成16年を踏まえ、保険者が約款期間経過後の被保険者自殺による死亡リスクを織り込んで保険料を算定しているのであれば、保険者による期間経過後の免責を主張させる積極的な理由はない、との考えもあり得るだろう。

（原　　弘明）

〈Ⅱに関する参考文献〉
太田晃詳「最判平成16・3・25判解」最高裁判所判例解説民事篇平成16年度（上）215頁
木опра彩夏「被保険者死亡に第三者が関わった場面の再検討―自殺免責期間後の自殺における例外と契約者・受取人故殺免責規定が拡張される場合との対比―」川濱昇先生・前田雅弘先生・洲崎博史先生・北村雅史先生還暦記念『企業と法をめぐる現代的課題』（商事法務、2021年）
厚生労働省＝警察庁『令和4年中における自殺の状況』（2023年）＜https://www.npa.go.jp/safetylife/seianki/jisatsu/R05/R4jisatsunojoukyou2.pdf＞
榊素寛「故殺・自殺・保険事故招致免責の法的根拠」江頭憲治郎先生還暦記念『企業法の理論〔下巻〕』（商事法務、2007年）
内閣府『令和4年交通安全白書』＜https://www8.cao.go.jp/koutu/taisaku/r04kou_haku/zenbun/genkyo/h1/h1b1s1_2.html＞

第15章　傷害保険

Ⅰ．基礎的な説明

1．傷害保険の典型契約化

　傷害保険は、改正前商法にはこれに関する明文規定はなかったが、保険法の制定に伴い、典型契約化された。保険法は、主たる契約類型として、損害保険契約（2条6号）、生命保険契約（同8号）および傷害疾病定額保険契約（同9号）の3類型を規定し、かつ損害保険契約の下位類型として傷害疾病損害保険契約（2条7号）を定める。

　傷害保険とは、従来、被保険者が被った傷害に関して保険給付を行う人保険のことを指すものとされてきた。このような定義に示される傷害保険は、保険法の契約類型のうちでいえば、傷害疾病損害保険契約か傷害疾病定額保険契約かのいずれかに分類されることになる。なお、損害保険実務では、定額給付型の傷害保険（すなわち、傷害疾病定額保険契約）を傷害保険と称することが多い。また、生命保険契約に付帯する特約の一つとして、災害関係特約などと称する特約が生命保険会社によって引き受けられているが、これも定額給付型の傷害保険の一種である。

2．傷害疾病定額保険契約における保険給付要件の定め方

　保険法は、損害保険契約および生命保険契約については、保険給付を生じさせる事由として保険事故という概念を用いる（5条1項・37条）。しかし、傷害疾病定額保険契約については、保険事故という概念を用いていない。

　損害保険契約における保険事故とは、損害保険契約によりてん補することとされる損害を生ずることのある偶然の事故として損害保険契約で定めるもので

175

ある（5条1項）。損害保険契約の一種である傷害疾病損害保険契約における保険事故は、「人の傷害または疾病」である（2条4号ハ、6号、7号および5条1項参照）。そのため、傷害疾病損害保険契約は、保険期間中に発生した保険事故（傷害疾病）によって生ずる損害をてん補する。

これに対し、傷害疾病定額保険契約については、保険法は、傷害疾病と給付事由という二つの概念を用いて保険給付が行われるための条件を定める。傷害疾病とは、「人の傷害または疾病」であり（2条4号ハ）、給付事由とは、「傷害疾病による治療、死亡その他の保険給付を行う要件として傷害疾病定額保険契約で定める事由」である（66条）。傷害疾病定額保険契約の保険給付が行われるためには、傷害疾病が生じただけでは足りず、さらに給付事由である治療や死亡なども生じて初めて保険給付が行われる。

傷害疾病定額保険契約において保険事故という概念を用いず、代わりに傷害疾病と給付事由という二つの概念を用いる理由は、傷害疾病定額保険契約として現に販売されている商品に、次のような2種類のものが存在するからである。一つは、傷害疾病が保険期間中に発生すれば、それに基づく入院や死亡という結果が保険期間満了後（ただし、通常は傷害疾病が生じた日から一定期間内に限る）に生じた場合でも保険給付を行うものである。損害保険会社が販売するものに多い。もう一つは、保険期間中に傷害疾病のみならず、入院や死亡という結果まで発生した場合に限って保険給付を行うものである。生命保険会社が販売するものに多い。保険期間とは一般に、その期間内に保険事故が発生した場合に保険給付が行われることとなる期間のことであるため、前者のタイプなら傷害疾病が保険事故であり、後者のタイプなら傷害疾病＋給付事由（傷害疾病による入院や死亡）が保険事故である。このため、傷害疾病定額保険契約では、保険事故の具体的内容が商品ごとに異なり得ることとなる。そこで、保険法は、保険事故という概念を用いず、傷害疾病と給付事由という二つの概念を用いて、各種の規律を設けることとしている。

3．傷害保険契約における保険給付要件

このように保険法は、傷害疾病と給付事由という概念を用いて傷害疾病定額保険契約を規律する一方で、具体的な保険給付要件を規定していない（ちなみ

に、損害保険商品に関しても、保険法は具体的な保険給付要件をほとんど規定していない)。そのため、保険約款で傷害保険の保険給付要件を規定することになる。

　一般に、損害保険会社が販売する普通傷害保険においては、「急激かつ偶然な外来の事故によって被保険者の身体に傷害を被ること」を保険事故とする(約款文言は後述Ⅱ2を参照)。これに対し、生命保険会社が販売する傷害保険(災害関係特約)では、「不慮の事故」により傷害を被ることを傷害とし、「不慮の事故」の定め方にはいくつかのタイプがあるものの(分類提要方式と一般要件方式)、「不慮の事故」を「急激かつ偶発的な外来の事故」と定義する点では共通する。そして、いずれの傷害保険においても、傷害によって給付事由が発生することも保険給付要件となる。

　以上のことを整理すると、傷害保険における保険給付要件は保険約款で規定されているが、それらは次の通りである(図表15参照)。

　①：3要件を充足する原因事故(「急激かつ偶然な外来の事故」)の発生
　②：被保険者の受傷(「被保険者の身体に傷害を被ること」)
　③：①(原因事故)と②(傷害)の間の因果関係
　④：給付事由の発生
　⑤：②(傷害)と④(給付事由)の間の因果関係

4．原因事故3要件

　上述の傷害保険の保険給付要件(①〜⑤)のうち、特に問題となるのが①：3要件を充足する原因事故(「急激かつ偶然な外来の事故」)の発生である。なお、保険約款では単に「事故」と規定するだけであるが、保険事故(損害保険会社の傷害保険の保険事故は被保険者の受傷である)と区別するために、原因事故と呼ぶことにする。そして、この原因事故には、急激性、偶然性、外来性の具備が求められる。換言すると、急激性のない原因事故や、偶然性のない原因事故、

外来性のない原因事故によって被保険者が受傷したとしても、保険給付要件を充足しない。

そのため、実務上、急激・偶然・外来の3要件（以下、原因事故3要件という）の解釈・適用が重要な問題となる。

(1) 原因事故の急激性

原因事故の急激性（急激な事故）に関しては、主に2つの点で見解が分かれている。第1に、急激性判断の対象事象である。すなわち、原因事故自体について急激性を判断するという立場と、原因事故から結果（傷害）の発生までの期間について急激性を判断するという立場がある。

第2に、急激性の捉え方である。すなわち、極めて短時間であることをいうと捉える立場と（第1の点について原因事故から結果たる傷害発生までの期間について急激性を判断する立場では、「原因事故から傷害発生までに時間的間隔がない」といった表現になる）、通常の傷害事故は極めて短時間であることを要するとしつつ、こと原因事故に事故性が強い場合には、例外的に、予見可能性や結果回避可能性を勘案して、より長時間や長期間であっても急激性の充足を認める立場がある。

(2) 原因事故の偶然性

原因事故の偶然性（偶然な事故）とは、被保険者が、原因事故の発生または傷害という結果の発生を予知していないことである。

前者は、原因事故発生の偶然性である。たとえば、被保険者が横断歩道を歩行中に、赤信号無視の自動車に衝突されて受傷した場合がこれにあたる。

後者は、結果発生の偶然性である。たとえば、被保険者が柔道で投げ技をかけたところ、自分の肩を脱臼した場合がこれに当たる。

(3) 原因事故の外来性

原因事故の外来性（外来の事故）とは、原因事故が被保険者の身体の外部からの作用によるものであることとされている（最高裁平成19年7月6日判決・民集61巻5号1955頁、最高裁平成19年7月19日判決・生判19巻334頁、最高裁平成19年10

月19日判決・裁判集民226号155頁、最高裁平成25年4月16日判決・裁判集民243号315頁）。

Ⅱ. 考えてみよう：約款解釈と保険法規定との関係性

1. 実体法規定の意味

　約款解釈においては、既に第3章で説明されたような各種の解釈手法があると考えられている。本章では、さらに約款解釈と保険法規定との関係性を、傷害保険における論点を用いて考えてみたい。

　約款の定めは契約内容となるところ、契約内容は原則として契約当事者の私的自治に委ねられている。しかし、実体法において典型契約化された契約類型であれば、契約当事者がゼロから契約内容を構築するわけではない。実体法に定められた各種の定めがあることを前提に、一部は実体法規定による補充に委ね、一部は実体法規定の内容を修正し、あるいは一部は実体法規定の内容をそのまま改めて合意するなどして、契約内容が決まっていく。

　では、契約およびその契約内容となるべき約款の定めの解釈をするに際して、実体法規定の内容はどのような意味を持つのであろうか。任意規定たる実体法規定は、約款解釈において参照しなければならないものなのか、参照しなければならないとすればどの程度の影響力を有すると考えるべきなのだろうか。

2. 設　例

　Aは、B保険会社との間で、Aを被保険者とする普通傷害保険契約（以下、本件契約という）を締結した。本件契約の約款には次のような定めがある。
「第2条（保険金を支払う場合）
（1）当会社は、被保険者が日本国内または国外において急激かつ偶然な外来の事故（注）によってその身体に被った傷害に対して、この約款に従い保険金を支払います。
　　（注）以下「事故」といいます。
（2）（1）の傷害には、身体外部から有毒ガスまたは有毒物質を偶然かつ一時に吸入、吸収または摂取した場合に急激に生ずる中毒症状（注）を含みます。ただし、細菌性食中毒

およびウイルス性食中毒は含みません。
　　（注）継続的に吸入、吸収または摂取した結果生ずる中毒症状を除きます。
第3条（保険金を支払わない場合─その1）
(1)当会社は、次のいずれかに該当する事由によって生じた傷害に対しては、保険金を支払いません。
　①　保険契約者または被保険者の故意または重大な過失
　②　①に規定する者以外の保険金を受け取るべき者の故意または重大な過失。ただし、その者が死亡保険金の一部の受取人である場合には、保険金を支払わないのはその者が受け取るべき金額に限ります。
　③　被保険者の自殺行為、犯罪行為または闘争行為
　④　（以下略）
(2)　（以下略）
第5条（死亡保険金の支払）
(1)当会社は、被保険者が第2条（保険金を支払う場合）の傷害を被り、その直接の結果として、事故の発生の日からその日を含めて180日以内に死亡した場合は、保険金額の全額を死亡保険金として死亡保険金受取人に支払います。
(2)　（以下略）」
　Aは、本件契約の保険期間中に、ある建物の非常階段の10階部分から地面に転落し、死亡した。本件契約における死亡保険金受取人であるCは、B社に対し、本件契約に基づき、死亡保険金を請求することはできるか。

3．多様な考え方

(1)　偶然性要件と故意免責条項の関係

　偶然とは、被保険者が原因事故または傷害結果の発生を予知していないことを意味すると解されており、被保険者の故意によらないことと同じ意味であると理解されている。他方で、傷害保険契約の約款には、故意免責条項が定められている。そのため、傷害事故における偶然性要件と故意免責条項とがいかなる関係に立つのかが、証明責任の所在に関連して問題になる。

　保険給付要件の一つに偶然性要件がある（前述 I 4(2)参照）。保険給付要件を充足する事実の存在は、保険金請求者が証明責任を負うと解される。そのため、偶然性の存在、すなわち傷害の発生が被保険者の故意によらないことは、保険金請求者が証明責任を負うことになりそうである。その一方で、免責事由に故意免責条項がある。免責事由を充足する事実の存在は、保険者が証明責任

を負うと解される。そのため、故意の事故招致であること、すなわち傷害の発生が被保険者の故意によることは、保険者が証明責任を負うことになりそうである。しかし、そうすると、傷害の発生が被保険者の故意によるか否かという同じ事実の証明責任が、保険金請求者と保険者の両方に分配されることになるが、これは矛盾である。そのため、どちらか一方にのみ証明責任を負担させなければならず、そのためには、偶然性要件と故意免責条項との関係性を検討しなければならない。

この問題に関する最高裁の判例として、最高裁平成13年4月20日判決・民集55巻3号682頁（以下、平成13年最判という）がある。これは、被保険者が5階建て建物の屋上から転落し、死亡したため、傷害保険における傷害死亡保険金が請求されたのに対し、当該死亡が被保険者による自殺（故意の事故招致）か否かが争われた事案で、最高裁は、保険金請求者が偶然な事故であることの証明責任を負うと判示した。その理由として、発生した事故の偶然性は保険金請求権の成立要件であること、そのように解しなければ保険金の不正請求が容易となるおそれが増大すること（モラルリスク防止）、故意免責条項は確認的注意的規定に過ぎないことを挙げる（第8章Ⅰ3参照）。

もっとも、平成13年最判は、保険法制定前の判決である。その後に保険法が制定され、傷害保険契約は典型契約化された。そして、保険法は、法定免責事由として故意免責を定める（35条で読み替えられる17条1項、80条1号）。法定免責事由たる故意免責の定めは、傷害の発生が被保険者の故意によることを保険者が証明責任を負うべき事情であると判断するものと解される。

では、以上のような傷害保険契約の典型契約化とそれに伴い法定免責事由として故意免責の定めが置かれたことは、約款解釈にどのような影響を及ぼすのであろうか。法定免責事由の規定は、任意規定と考えられるが、任意規定であっても、その存在が傷害保険契約の約款解釈に影響し、約款規定は任意規定の内容に沿った解釈をすべきなのであろうか。それとも、強行規定ではなく任意規定に過ぎない以上は、約款規定は、任意規定の存在と無関係に、独立して解釈してよいのであろうか。

第15章　傷害保険　181

(2)　あり得る考え方：任意規定の意味

　一つの考え方は、前述の通り、任意規定であっても、その存在が傷害保険契約の約款解釈に影響し、約款規定は任意規定の内容に沿った解釈をすべきなのだとするものである。これによれば、傷害保険契約約款の偶然性要件と故意免責条項との関係は、保険法規定と同様に、故意免責条項を意味あるものとし、偶然性要件の方は確認的定めに過ぎないと解し、傷害の発生が被保険者の故意によるものであることの証明責任は保険者が負担すると解すべきことになろう。この場合には、平成13年最判は、傷害保険に関する定めのない改正前商法時代だからこその判決であり、保険法下の傷害保険契約約款にはその射程が及ばないと理解することになる。

　もう一つの考え方は、強行規定ではなく任意規定に過ぎない以上は、約款規定は、任意規定の存在と無関係に、独立して解釈してよいのだとするものである。これによれば、平成13年最判の判断は、保険法下でも維持し得る（し、その一方で、同最判の判断に反対する解釈も、それを根拠付ける十分な論拠を示せば可能となる）。

(3)　検　　討

　任意規定たる法律条項は、契約において任意規定の定めと異なる特約をすることが可能である（民法91条）。もっとも、任意規定の内容は、原則として合理的なものと考えられ、任意規定からの変更・逸脱にはそれを正当化する相当の理由を要求するという見解が有力に主張されている。任意法規の秩序付け機能または指導形像機能など任意法規の半強行化の議論がそれである。あるいは、裁判所の判断において任意規定が正当性の淵源として機能することがあるという議論もある。以上のように、任意規定であっても、契約解釈に一定の影響を及ぼす可能性がある。

　保険契約における証明責任の分配についても、いわゆる法律要件分類説によれば、証明責任の分配は、まず、約款規定の解釈ではなく、実体法の解釈を問題としなければならないとする見解がある。約款で任意規定と異なる定めを置くことは可能であるが、約款による合意が、保険金請求権の発生要件である保険事故の内容を本質的に限定する趣旨のものと解される場合にのみ、実体法上

請求者が保険事故を主張立証すべきであるとしていることとの関係で、約款の記述内容が、立証すべき事実に影響する、とする。約款において、ある文言を付加したという形式的事実から、直ちに実体法の定めによる証明責任の分配が変更されると考えるべきではない、という。

そうすると、任意規定であっても、その存在が傷害保険契約の約款解釈に影響し、約款規定は任意規定の内容に沿った解釈をすべきだということになりそうである。もっとも、任意規定の契約解釈に対する影響を認める見解であっても、常に、任意規定通りの内容で契約を解釈すべきだとまで主張するわけではない。契約で任意規定と異なる特約をすることは可能であるのであり、問題は、そのような任意規定からの変更・逸脱を正当化する十分な理由があるか否かである。

被保険者の故意による傷害の発生か否かに関しては、①原因事故の偶然性（正確には、原因事故発生の偶然性または結果発生の偶然性）を保険金請求権の成立要件とすることにどれほどの意味があるか、そして、②保険金請求者に証明責任を負担させる必要性がどれほど大きいかということを検討すべきである。傷害保険の保険給付要件は、伝統的に、原因事故3要件を充足する原因事故によって被保険者が受傷し、それによって給付事由が生じることと保険約款で規定されてきたが、偶然性要件の具備を求める根拠や必要性が問われることになる。

もし、原因事故3要件を充足する原因事故による身体の損傷を保険給付要件とすることに合理性が認められるとすれば、あとは、証明責任の分配のあり方の問題となる。すなわち、故意の有無という被保険者の主観的事情の立証が必ずしも容易ではなく、その証明責任を保険金請求者に負担させるのは酷であると考えて証明責任を保険者に負担させるか、保険金請求者がそのような負担を負うことはやむを得ないと考えるか、あるいは保険金請求者に証明責任を負担させつつ、その証明負担を軽減する別の方策を探るかのいずれかの途があり得る。

なお、近時の裁判例は、保険法下でも、平成13年最判の判断を継承し、保険金請求者負担説を採用する。もっとも、保険金請求者の立証負担の重さに配慮し、その上で、保険金請求者は外形的に偶然な事故であることを立証すればよ

いとして、保険金請求者の立証負担を緩和させるものがある（名古屋地裁平成28年 9 月26日判決・判時2332号44頁、仙台地裁平成27年10月16日判決・判例集未登載（2015WLJPCA10166007）とその控訴審判決である仙台高裁平成28年10月21日判決・判例集未登載（2016WLJPCA10216008））。

（山下　徹哉）

〈Ⅱに関する参考文献〉

榊素寛「保険事故の要件論を巡る最高裁判例・下級審裁判例・学説の緊張関係」損害保険研究75巻 4 号（2014年）

土岐孝宏「傷害保険契約における偶然性の立証責任分配に関する将来展望─法制審議会保険法部会・保険法の見直しに関する中間試案を踏まえて─」損害保険研究69巻 4 号（2008年）

得津晶「生命保険契約における任意法規の意義：消費者契約法10条と無催告失効条項・免責条項」生命保険論集198号（2017年）

山下徹哉「傷害保険契約における傷害概念と免責条項をめぐる諸問題─偶然性と外来性の立証責任を中心に─」商事法務2245号（2020年）

保険法

平成20年（2008年）法律第56号
平成22年（2010年）4月1日施行

目　次
第1章　総則（第1条・第2条）
第2章　損害保険
　第1節　成立（第3条−第7条）
　第2節　効力（第8条−第12条）
　第3節　保険給付（第13条−第26条）
　第4節　終了（第27条−第33条）
　第5節　傷害疾病損害保険の特則（第34
　　　　条・第35条）
　第6節　適用除外（第36条）
第3章　生命保険
　第1節　成立（第37条−第41条）
　第2節　効力（第42条−第49条）
　第3節　保険給付（第50条−第53条）
　第4節　終了（第54条−第65条）
第4章　傷害疾病定額保険
　第1節　成立（第66条−第70条）
　第2節　効力（第71条−第78条）
　第3節　保険給付（第79条−第82条）
　第4節　終了（第83条−第94条）
第5章　雑則（第95条・第96条）

第1章　総則

（趣旨）
第1条　保険に係る契約の成立、効力、履行
及び終了については、他の法令に定めるもの
のほか、この法律の定めるところによる。
（定義）
第2条　この法律において、次の各号に掲げ
る用語の意義は、当該各号に定めるところに
よる。

一　保険契約　保険契約、共済契約その他い
かなる名称であるかを問わず、当事者の一方
が一定の事由が生じたことを条件として財産
上の給付（生命保険契約及び傷害疾病定額保
険契約にあっては、金銭の支払に限る。以下
「保険給付」という。）を行うことを約し、相
手方がこれに対して当該一定の事由の発生の
可能性に応じたものとして保険料（共済掛金
を含む。以下同じ。）を支払うことを約する
契約をいう。
二　保険者　保険契約の当事者のうち、保険
給付を行う義務を負う者をいう。
三　保険契約者　保険契約の当事者のうち、
保険料を支払う義務を負う者をいう。
四　被保険者　次のイからハまでに掲げる保
険契約の区分に応じ、当該イからハまでに定
める者をいう。
イ　損害保険契約　損害保険契約によりてん
補することとされる損害を受ける者
ロ　生命保険契約　その者の生存又は死亡に
関し保険者が保険給付を行うこととなる者
ハ　傷害疾病定額保険契約　その者の傷害又
は疾病（以下「傷害疾病」という。）に基づ
き保険者が保険給付を行うこととなる者
五　保険金受取人　保険給付を受ける者とし
て生命保険契約又は傷害疾病定額保険契約で
定めるものをいう。
六　損害保険契約　保険契約のうち、保険者
が一定の偶然の事故によって生ずることのあ
る損害をてん補することを約するものをい
う。
七　傷害疾病損害保険契約　損害保険契約の

うち、保険者が人の傷害疾病によって生ずることのある損害（当該傷害疾病が生じた者が受けるものに限る。）をてん補することを約するものをいう。

八　生命保険契約　保険契約のうち、保険者が人の生存又は死亡に関し一定の保険給付を行うことを約するもの（傷害疾病定額保険契約に該当するものを除く。）をいう。

九　傷害疾病定額保険契約　保険契約のうち、保険者が人の傷害疾病に基づき一定の保険給付を行うことを約するものをいう。

第2章　損害保険

第1節　成立

（損害保険契約の目的）

第3条　損害保険契約は、金銭に見積もることができる利益に限り、その目的とすることができる。

（告知義務）

第4条　保険契約者又は被保険者になる者は、損害保険契約の締結に際し、損害保険契約によりてん補することとされる損害の発生の可能性（以下この章において「危険」という。）に関する重要な事項のうち保険者になる者が告知を求めたもの（第28条第1項及び第29条第1項において「告知事項」という。）について、事実の告知をしなければならない。

（遡及保険）

第5条　損害保険契約を締結する前に発生した保険事故（損害保険契約によりてん補することとされる損害を生ずることのある偶然の事故として当該損害保険契約で定めるものをいう。以下この章において同じ。）による損害をてん補する旨の定めは、保険契約者が当該損害保険契約の申込み又はその承諾をした時において、当該保険契約者又は被保険者が既に保険事故が発生していることを知ってい

たときは、無効とする。

2　損害保険契約の申込みの時より前に発生した損害保険契約の申込みをした時において、当該保険者が保険事故が発生していないことを知っていたときは、無効とする。

（損害保険契約の締結時の書面交付）

第6条　保険者は、損害保険契約を締結したときは、遅滞なく、保険契約者に対し、次に掲げる事項を記載した書面を交付しなければならない。

一　保険者の氏名又は名称

二　保険契約者の氏名又は名称

三　被保険者の氏名又は名称その他の被保険者を特定するために必要な事項

四　保険事故

五　その期間内に発生した保険事故による損害をてん補するものとして損害保険契約で定める期間

六　保険金額（保険給付の限度額として損害保険契約で定めるものをいう。以下この章において同じ。）又は保険金額の定めがないときはその旨

七　保険の目的物（保険事故によって損害が生ずることのある物として損害保険契約で定めるものをいう。以下この章において同じ。）があるときは、これを特定するために必要な事項

八　第9条ただし書に規定する約定保険価額があるときは、その約定保険価額

九　保険料及びその支払の方法

十　第29条第1項第1号の通知をすべき旨が定められているときは、その旨

十一　損害保険契約を締結した年月日

十二　書面を作成した年月日

2　前項の書面には、保険者（法人その他の団体にあっては、その代表者）が署名し、又は記名押印しなければならない。

（強行規定）

第7条　第4条の規定に反する特約で保険契約者又は被保険者に不利なもの及び第5条第2項の規定に反する特約で保険契約者に不利なものは、無効とする。

第2節　効力

（第三者のためにする損害保険契約）

第8条　被保険者が損害保険契約の当事者以外の者であるときは、当該被保険者は、当然に当該損害保険契約の利益を享受する。

（超過保険）

第9条　損害保険契約の締結の時において保険金額が保険の目的物の価額（以下この章において「保険価額」という。）を超えていたことにつき保険契約者及び被保険者が善意でかつ重大な過失がなかったときは、保険契約者は、その超過部分について、当該損害保険契約を取り消すことができる。ただし、保険価額について約定した一定の価額（以下この章において『約定保険価額』という。）があるときは、この限りでない。

（保険価額の減少）

第10条　損害保険契約の締結後に保険価額が著しく減少したときは、保険契約者は、保険者に対し、将来に向かって、保険金額又は約定保険価額については減少後の保険価額に至るまでの減額を、保険料についてはその減額後の保険金額に対応する保険料に至るまでの減額をそれぞれ請求することができる。

（危険の減少）

第11条　損害保険契約の締結後に危険が著しく減少したときは、保険契約者は、保険者に対し、将来に向かって、保険料について、減少後の当該危険に対応する保険料に至るまでの減額を請求することができる。

（強行規定）

第12条　第8条の規定に反する特約で被保険者に不利なもの及び第9条本文又は前2条の規定に反する特約で保険契約者に不利なものは、無効とする。

第3節　保険給付

（損害の発生及び拡大の防止）

第13条　保険契約者及び被保険者は、保険事故が発生したことを知ったときは、これによる損害の発生及び拡大の防止に努めなければならない。

（損害発生の通知）

第14条　保険契約者又は被保険者は、保険事故による損害が生じたことを知ったときは、遅滞なく、保険者に対し、その旨の通知を発しなければならない。

（損害発生後の保険の目的物の滅失）

第15条　保険者は、保険事故による損害が生じた場合には、当該損害に係る保険の目的物が当該損害の発生後に保険事故によらずに滅失したときであっても、当該損害をてん補しなければならない。

（火災保険契約による損害てん補の特則）

第16条　火災を保険事故とする損害保険契約の保険者は、保険事故が発生していないときであっても、消火、避難その他の消防の活動のために必要な処置によって保険の目的物に生じた損害をてん補しなければならない。

（保険者の免責）

第17条　保険者は、保険契約者又は被保険者の故意又は重大な過失によって生じた損害をてん補する責任を負わない。戦争その他の変乱によって生じた損害についても、同様とする。

2　責任保険契約（損害保険契約のうち、被保険者が損害賠償の責任を負うことによって生ずることのある損害をてん補するものをいう。以下同じ。）に関する前項の規定の適用については、同項中「故意又は重大な過失」とあるのは、「故意」とする。

（損害額の算定）

保険法　187

第18条　損害保険契約によりてん補すべき損害の額（以下この章において「てん補損害額」という。）は、その損害が生じた地及び時における価額によって算定する。

2　約定保険価額があるときは、てん補損害額は、当該約定保険価額によって算定する。ただし、当該約定保険価額が保険価額を著しく超えるときは、てん補損害額は、当該保険価額によって算定する。

（一部保険）

第19条　保険金額が保険価額（約定保険価額があるときは、当該約定保険価額）に満たないときは、保険者が行うべき保険給付の額は、当該保険金額の当該保険価額に対する割合をてん補損害額に乗じて得た額とする。

（重複保険）

第20条　損害保険契約によりてん補すべき損害について他の損害保険契約がこれをてん補することとなっている場合においても、保険者は、てん補損害額の全額（前条に規定する場合にあっては、同条の規定により行うべき保険給付の額の全額）について、保険給付を行う義務を負う。

2　二以上の損害保険契約の各保険者が行うべき保険給付の額の合計額がてん補損害額（各損害保険契約に基づいて算定したてん補損害額が異なるときは、そのうち最も高い額。以下この項において同じ。）を超える場合において、保険者の一人が自己の負担部分（他の損害保険契約がないとする場合における各保険者が行うべき保険給付の額のその合計額に対する割合をてん補損害額に乗じて得た額をいう。以下この項において同じ。）を超えて保険給付を行い、これにより共同の免責を得たときは、当該保険者は、自己の負担部分を超える部分に限り、他の保険者に対し、各自の負担部分について求償権を有する。

（保険給付の履行期）

第21条　保険給付を行う期限を定めた場合であっても、当該期限が、保険事故、てん補損害額、保険者が免責される事由その他の保険給付を行うために確認をすることが損害保険契約上必要とされる事項の確認をするための相当の期間を経過する日後の日であるときは、当該期間を経過する日をもって保険給付を行う期限とする。

2　保険給付を行う期限を定めなかったときは、保険者は、保険給付の請求があった後、当該請求に係る保険事故及びてん補損害額の確認をするために必要な期間を経過するまでは、遅滞の責任を負わない。

3　保険者が前2項に規定する確認をするために必要な調査を行うに当たり、保険契約者又は被保険者が正当な理由なく当該調査を妨げ、又はこれに応じなかった場合には、保険者は、これにより保険給付を遅延した期間について、遅滞の責任を負わない。

（責任保険契約についての先取特権）

第22条　責任保険契約の被保険者に対して当該責任保険契約の保険事故に係る損害賠償請求権を有する者は、保険給付を請求する権利について先取特権を有する。

2　被保険者は、前項の損害賠償請求権に係る債務について弁済をした金額又は当該損害賠償請求権を有する者の承諾があった金額の限度においてのみ、保険者に対して保険給付を請求する権利を行使することができる。

3　責任保険契約に基づき保険給付を請求する権利は、譲り渡し、質権の目的とし、又は差し押さえることができない。ただし、次に掲げる場合は、この限りでない。

一　第1項の損害賠償請求権を有する者に譲り渡し、又は当該損害賠償請求権に関して差し押さえる場合

二　前項の規定により被保険者が保険給付を請求する権利を行使することができる場合

（費用の負担）

第23条　次に掲げる費用は、保険者の負担とする。
一　てん補損害額の算定に必要な費用
二　第13条の場合において、損害の発生又は拡大の防止のために必要又は有益であった費用
2　第19条の規定は、前項第2号に掲げる費用の額について準用する。この場合において、同条中「てん補損害額」とあるのは、「第23条第1項第2号に掲げる費用の額」と読み替えるものとする。
（残存物代位）
第24条　保険者は、保険の目的物の全部が滅失した場合において、保険給付を行ったときは、当該保険給付の額の保険価額（約定保険価額があるときは、当該約定保険価額）に対する割合に応じて、当該保険の目的物に関して被保険者が有する所有権その他の物権について当然に被保険者に代位する。
（請求権代位）
第25条　保険者は、保険給付を行ったときは、次に掲げる額のうちいずれか少ない額を限度として、保険事故による損害が生じたことにより被保険者が取得する債権（債務の不履行その他の理由により債権について生ずることのある損害をてん補する損害保険契約においては、当該債権を含む。以下この条において「被保険者債権」という。）について当然に被保険者に代位する。
一　当該保険者が行った保険給付の額
二　被保険者債権の額（前号に掲げる額がてん補損害額に不足するときは、被保険者債権の額から当該不足額を控除した残額）
2　前項の場合において、同項第1号に掲げる額がてん補損害額に不足するときは、被保険者は、被保険者債権のうち保険者が同項の規定により代位した部分を除いた部分について、当該代位に係る保険者の債権に先立って弁済を受ける権利を有する。

（強行規定）
第26条　第15条、第21条第1項若しくは第3項又は前2条の規定に反する特約で被保険者に不利なものは、無効とする。

第4節　終了

（保険契約者による解除）
第27条　保険契約者は、いつでも損害保険契約を解除することができる。
（告知義務違反による解除）
第28条　保険者は、保険契約者又は被保険者が、告知事項について、故意又は重大な過失により事実の告知をせず、又は不実の告知をしたときは、損害保険契約を解除することができる。
2　保険者は、前項の規定にかかわらず、次に掲げる場合には、損害保険契約を解除することができない。
一　損害保険契約の締結の時において、保険者が前項の事実を知り、又は過失によって知らなかったとき。
二　保険者のために保険契約の締結の媒介を行うことができる者（保険者のために保険契約の締結の代理を行うことができる者を除く。以下「保険媒介者」という。）が、保険契約者又は被保険者が前項の事実の告知をすることを妨げたとき。
三　保険媒介者が、保険契約者又は被保険者に対し、前項の事実の告知をせず、又は不実の告知をすることを勧めたとき。
3　前項第2号及び第3号の規定は、当該各号に規定する保険媒介者の行為がなかったとしても保険契約者又は被保険者が第1項の事実の告知をせず、又は不実の告知をしたと認められる場合には、適用しない。
4　第1項の規定による解除権は、保険者が同項の規定による解除の原因があることを知った時から1箇月間行使しないときは、消滅する。損害保険契約の締結の時から5年を

保険法　189

経過したときも、同様とする。

（危険増加による解除）

第29条　損害保険契約の締結後に危険増加（告知事項についての危険が高くなり、損害保険契約で定められている保険料が当該危険を計算の基礎として算出される保険料に不足する状態になることをいう。以下この条及び第31条第２項第２号において同じ。）が生じた場合において、保険料を当該危険増加に対応した額に変更するとしたならば当該損害保険契約を継続することができるときであっても、保険者は、次に掲げる要件のいずれにも該当する場合には、当該損害保険契約を解除することができる。

一　当該危険増加に係る告知事項について、その内容に変更が生じたときは保険契約者又は被保険者が保険者に遅滞なくその旨の通知をすべき旨が当該損害保険契約で定められていること。

二　保険契約者又は被保険者が故意又は重大な過失により遅滞なく前号の通知をしなかったこと。

２　前条第４項の規定は、前項の規定による解除権について準用する。この場合において、同条第４項中「損害保険契約の締結の時」とあるのは、「次条第１項に規定する危険増加が生じた時」と読み替えるものとする。

（重大事由による解除）

第30条　保険者は、次に掲げる事由がある場合には、損害保険契約を解除することができる。

一　保険契約者又は被保険者が、保険者に当該損害保険契約に基づく保険給付を行わせることを目的として損害を生じさせ、又は生じさせようとしたこと。

二　被保険者が、当該損害保険契約に基づく保険給付の請求について詐欺を行い、又は行おうとしたこと。

三　前２号に掲げるもののほか、保険者の保険契約者又は被保険者に対する信頼を損ない、当該損害保険契約の存続を困難とする重大な事由

（解除の効力）

第31条　損害保険契約の解除は、将来に向かってのみその効力を生ずる。

２　保険者は、次の各号に掲げる規定により損害保険契約の解除をした場合には、当該各号に定める損害をてん補する責任を負わない。

一　第28条第１項　解除がされた時までに発生した保険事故による損害。ただし、同項の事実に基づかずに発生した保険事故による損害については、この限りでない。

二　第29条第１項　解除に係る危険増加が生じた時から解除がされた時までに発生した保険事故による損害。ただし、当該危険増加をもたらした事由に基づかずに発生した保険事故による損害については、この限りでない。

三　前条　同条各号に掲げる事由が生じた時から解除がされた時までに発生した保険事故による損害

（保険料の返還の制限）

第32条　保険者は、次に掲げる場合には、保険料を返還する義務を負わない。

一　保険契約者又は被保険者の詐欺又は強迫を理由として損害保険契約に係る意思表示を取り消した場合

二　損害保険契約が第５条第１項の規定により無効とされる場合。ただし、保険者が保険事故の発生を知って当該損害保険契約の申込み又はその承諾をしたときは、この限りでない。

（強行規定）

第33条　第28条第１項から第３項まで、第29条第１項、第30条又は第31条の規定に反する特約で保険契約者又は被保険者に不利なものは、無効とする。

2 前条の規定に反する特約で保険契約者に不利なものは、無効とする。

第5節 傷害疾病損害保険の特則

（被保険者による解除請求）

第34条 被保険者が傷害疾病損害保険契約の当事者以外の者であるときは、当該被保険者は、保険契約者に対し、当該保険契約者との間に別段の合意がある場合を除き、当該傷害疾病損害保険契約を解除することを請求することができる。

2 保険契約者は、前項の規定により傷害疾病損害保険契約を解除することの請求を受けたときは、当該傷害疾病損害保険契約を解除することができる。

（傷害疾病損害保険契約に関する読替え）

第35条 傷害疾病損害保険契約における第1節から前節までの規定の適用については、第5条第1項、第14条、第21条第3項及び第26条中「被保険者」とあるのは「被保険者（被保険者の死亡によって生ずる損害をてん補する傷害疾病損害保険契約にあっては、その相続人）」と、第5条第1項中「保険事故が発生している」とあるのは「保険事故による損害が生じている」と、同条第2項中「保険事故が発生していない」とあるのは「保険事故による損害が生じていない」と、第17条第1項、第30条及び第32条第1号中「被保険者」とあるのは「被保険者（被保険者の死亡によって生ずる損害をてん補する傷害疾病損害保険契約にあっては、被保険者又はその相続人）」と、第25条第1項中「被保険者が」とあるのは「被保険者（被保険者の死亡によって生ずる損害をてん補する傷害疾病損害保険契約にあっては、その相続人。以下この条において同じ。）が」と、第32条第2号中「保険事故の発生」とあるのは「保険事故による損害が生じていること」と、第33条第1項中「、第30条又は第31条」とあるのは「又は第

31条」と、「不利なものは」とあるのは「不利なもの及び第30条の規定に反する特約で保険契約者又は被保険者（被保険者の死亡によって生ずる損害をてん補する傷害疾病損害保険契約にあっては、被保険者又はその相続人）に不利なものは」とする。

第6節 適用除外

第36条 第7条、第12条、第26条及び第33条の規定は、次に掲げる損害保険契約については、適用しない。

一 商法（明治32年法律第48号）第815条第1項に規定する海上保険契約

二 航空機若しくは航空機により運送される貨物を保険の目的物とする損害保険契約又は航空機の事故により生じた損害を賠償する責任に係る責任保険契約

三 原子力施設を保険の目的物とする損害保険契約又は原子力施設の事故により生じた損害を賠償する責任に係る責任保険契約

四 前3号に掲げるもののほか、法人その他の団体又は事業を行う個人の事業活動に伴って生ずることのある損害をてん補する損害保険契約（傷害疾病損害保険契約に該当するものを除く。）

第3章 生命保険

第1節 成立

（告知義務）

第37条 保険契約者又は被保険者になる者は、生命保険契約の締結に際し、保険事故（被保険者の死亡又は一定の時点における生存をいう。以下この章において同じ。）の発生の可能性（以下この章において「危険」という。）に関する重要な事項のうち保険者になる者が告知を求めたもの（第55条第1項及び第56条第1項において「告知事項」という。）について、事実の告知をしなければな

保険法 191

らない。

（被保険者の同意）

第38条　生命保険契約の当事者以外の者を被保険者とする死亡保険契約（保険者が被保険者の死亡に関し保険給付を行うことを約する生命保険契約をいう。以下この章において同じ。）は、当該被保険者の同意がなければ、その効力を生じない。

（遡及保険）

第39条　死亡保険契約を締結する前に発生した保険事故に関し保険給付を行う旨の定めは、保険契約者が当該死亡保険契約の申込み又はその承諾をした時において、当該保険契約者又は保険金受取人が既に保険事故が発生していることを知っていたときは、無効とする。

2　死亡保険契約の申込みの時より前に発生した保険事故に関し保険給付を行う旨の定めは、保険者又は保険契約者が当該死亡保険契約の申込みをした時において、当該保険者が保険事故が発生していないことを知っていたときは、無効とする。

（生命保険契約の締結時の書面交付）

第40条　保険者は、生命保険契約を締結したときは、遅滞なく、保険契約者に対し、次に掲げる事項を記載した書面を交付しなければならない。

一　保険者の氏名又は名称

二　保険契約者の氏名又は名称

三　被保険者の氏名その他の被保険者を特定するために必要な事項

四　保険金受取人の氏名又は名称その他の保険金受取人を特定するために必要な事項

五　保険事故

六　その期間内に保険事故が発生した場合に保険給付を行うものとして生命保険契約で定める期間

七　保険給付の額及びその方法

八　保険料及びその支払の方法

九　第56条第1項第1号の通知をすべき旨が定められているときは、その旨

十　生命保険契約を締結した年月日

十一　書面を作成した年月日

2　前項の書面には、保険者（法人その他の団体にあっては、その代表者）が署名し、又は記名押印しなければならない。

（強行規定）

第41条　第37条の規定に反する特約で保険契約者又は被保険者に不利なもの及び第39条第2項の規定に反する特約で保険契約者に不利なものは、無効とする。

第2節　効力

（第三者のためにする生命保険契約）

第42条　保険金受取人が生命保険契約の当事者以外の者であるときは、当該保険金受取人は、当然に当該生命保険契約の利益を享受する。

（保険金受取人の変更）

第43条　保険契約者は、保険事故が発生するまでは、保険金受取人の変更をすることができる。

2　保険金受取人の変更は、保険者に対する意思表示によってする。

3　前項の意思表示は、その通知が保険者に到達したときは、当該通知を発した時にさかのぼってその効力を生ずる。ただし、その到達前に行われた保険給付の効力を妨げない。

（遺言による保険金受取人の変更）

第44条　保険金受取人の変更は、遺言によっても、することができる。

2　遺言による保険金受取人の変更は、その遺言が効力を生じた後、保険契約者の相続人がその旨を保険者に通知しなければ、これをもって保険者に対抗することができない。

（保険金受取人の変更についての被保険者の同意）

第45条　死亡保険契約の保険金受取人の変更

は、被保険者の同意がなければ、その効力を
生じない。

（保険金受取人の死亡）

第46条　保険金受取人が保険事故の発生前に
死亡したときは、その相続人の全員が保険金
受取人となる。

（保険給付請求権の譲渡等についての被保険
者の同意）

第47条　死亡保険契約に基づき保険給付を請
求する権利の譲渡又は当該権利を目的とする
質権の設定（保険事故が発生した後にされた
ものを除く。）は、被保険者の同意がなけれ
ば、その効力を生じない。

（危険の減少）

第48条　生命保険契約の締結後に危険が著し
く減少したときは、保険契約者は、保険者に
対し、将来に向かって、保険料について、減
少後の当該危険に対応する保険料に至るまで
の減額を請求することができる。

（強行規定）

第49条　第42条の規定に反する特約で保険金
受取人に不利なもの及び前条の規定に反する
特約で保険契約者に不利なものは、無効とす
る。

第3節　保険給付

（被保険者の死亡の通知）

第50条　死亡保険契約の保険契約者又は保険
金受取人は、被保険者が死亡したことを知っ
たときは、遅滞なく、保険者に対し、その旨
の通知を発しなければならない。

（保険者の免責）

第51条　死亡保険契約の保険者は、次に掲げ
る場合には、保険給付を行う責任を負わな
い。ただし、第3号に掲げる場合には、被保
険者を故意に死亡させた保険金受取人以外の
保険金受取人に対する責任については、この
限りでない。

一　被保険者が自殺をしたとき。

二　保険契約者が被保険者を故意に死亡させ
たとき（前号に掲げる場合を除く。）。

三　保険金受取人が被保険者を故意に死亡さ
せたとき（前2号に掲げる場合を除く。）。

四　戦争その他の変乱によって被保険者が死
亡したとき。

（保険給付の履行期）

第52条　保険給付を行う期限を定めた場合で
あっても、当該期限が、保険事故、保険者が
免責される事由その他の保険給付を行うため
に確認をすることが生命保険契約上必要とさ
れる事項の確認をするための相当の期間を経
過する日後の日であるときは、当該期間を経
過する日をもって保険給付を行う期限とす
る。

2　保険給付を行う期限を定めなかったとき
は、保険者は、保険給付の請求があった後、
当該請求に係る保険事故の確認をするために
必要な期間を経過するまでは、遅滞の責任を
負わない。

3　保険者が前2項に規定する確認をするた
めに必要な調査を行うに当たり、保険契約
者、被保険者又は保険金受取人が正当な理由
なく当該調査を妨げ、又はこれに応じなかっ
た場合には、保険者は、これにより保険給付
を遅延した期間について、遅滞の責任を負わ
ない。

（強行規定）

第53条　前条第1項又は第3項の規定に反す
る特約で保険金受取人に不利なものは、無効
とする。

第4節　終了

（保険契約者による解除）

第54条　保険契約者は、いつでも生命保険契
約を解除することができる。

（告知義務違反による解除）

第55条　保険者は、保険契約者又は被保険者
が、告知事項について、故意又は重大な過失

保険法　193

により事実の告知をせず、又は不実の告知をしたときは、生命保険契約を解除することができる。

2　保険者は、前項の規定にかかわらず、次に掲げる場合には、生命保険契約を解除することができない。

一　生命保険契約の締結の時において、保険者が前項の事実を知り、又は過失によって知らなかったとき。

二　保険媒介者が、保険契約者又は被保険者が前項の事実の告知をすることを妨げたとき。

三　保険媒介者が、保険契約者又は被保険者に対し、前項の事実の告知をせず、又は不実の告知をすることを勧めたとき。

3　前項第2号及び第3号の規定は、当該各号に規定する保険媒介者の行為がなかったとしても保険契約者又は被保険者が第1項の事実の告知をせず、又は不実の告知をしたと認められる場合には、適用しない。

4　第1項の規定による解除権は、保険者が同項の規定による解除の原因があることを知った時から1箇月間行使しないときは、消滅する。生命保険契約の締結の時から5年を経過したときも、同様とする。

（危険増加による解除）

第56条　生命保険契約の締結後に危険増加（告知事項についての危険が高くなり、生命保険契約で定められている保険料が当該危険を計算の基礎として算出される保険料に不足する状態になることをいう。以下この条及び第59条第2項第2号において同じ。）が生じた場合において、保険料を当該危険増加に対応した額に変更するとしたならば当該生命保険契約を継続することができるときであっても、保険者は、次に掲げる要件のいずれにも該当する場合には、当該生命保険契約を解除することができる。

一　当該危険増加に係る告知事項について、

その内容に変更が生じたときは保険契約者又は被保険者が保険者に遅滞なくその旨の通知をすべき旨が当該生命保険契約で定められていること。

二　保険契約者又は被保険者が故意又は重大な過失により遅滞なく前号の通知をしなかったこと。

2　前条第4項の規定は、前項の規定による解除権について準用する。この場合において、同条第4項中「生命保険契約の締結の時」とあるのは、「次条第1項に規定する危険増加が生じた時」と読み替えるものとする。

（重大事由による解除）

第57条　保険者は、次に掲げる事由がある場合には、生命保険契約（第1号の場合にあっては、死亡保険契約に限る。）を解除することができる。

一　保険契約者又は保険金受取人が、保険者に保険給付を行わせることを目的として故意に被保険者を死亡させ、又は死亡させようとしたこと。

二　保険金受取人が、当該生命保険契約に基づく保険給付の請求について詐欺を行い、又は行おうとしたこと。

三　前2号に掲げるもののほか、保険者の保険契約者、被保険者又は保険金受取人に対する信頼を損ない、当該生命保険契約の存続を困難とする重大な事由

（被保険者による解除請求）

第58条　死亡保険契約の被保険者が当該死亡保険契約の当事者以外の者である場合において、次に掲げるときは、当該被保険者は、保険契約者に対し、当該死亡保険契約を解除することを請求することができる。

一　前条第1号又は第2号に掲げる事由がある場合

二　前号に掲げるもののほか、被保険者の保険契約者又は保険金受取人に対する信頼を損

ない、当該死亡保険契約の存続を困難とする
重大な事由がある場合

三　保険契約者と被保険者との間の親族関係
の終了その他の事情により、被保険者が第38
条の同意をするに当たって基礎とした事情が
著しく変更した場合

2　保険契約者は、前項の規定により死亡保
険契約を解除することの請求を受けたとき
は、当該死亡保険契約を解除することができ
る。

（解除の効力）

第59条　生命保険契約の解除は、将来に向
かってのみその効力を生ずる。

2　保険者に、次の各号に掲げる規定により
生命保険契約の解除をした場合には、当該各
号に定める保険事故に関し保険給付を行う責
任を負わない。

一　第55条第1項　解除がされた時までに発
生した保険事故。ただし、同項の事実に基づ
かずに発生した保険事故については、この限
りでない。

二　第56条第1項　解除に係る危険増加が生
じた時から解除がされた時までに発生した保
険事故。ただし、当該危険増加をもたらした
事由に基づかずに発生した保険事故につい
ては、この限りでない。

三　第57条　同条各号に掲げる事由が生じた
時から解除がされた時までに発生した保険事
故

（契約当事者以外の者による解除の効力等）

第60条　差押債権者、破産管財人その他の死
亡保険契約（第63条に規定する保険料積立金
があるものに限る。次項及び次条第1項にお
いて同じ。）の当事者以外の者で当該死亡保
険契約の解除をすることができるもの（次項
及び第62条において「解除権者」という。）
がする当該解除は、保険者がその通知を受け
た時から1箇月を経過した日に、その効力を
生ずる。

2　保険金受取人（前項に規定する通知の時
において、保険契約者である者を除き、保険
契約者若しくは被保険者の親族又は被保険者
である者に限る。次項及び次条において「介
入権者」という。）が、保険契約者の同意を
得て、前項の期間が経過するまでの間に、当
該通知の日に当該死亡保険契約の解除の効力
が生じたとすれば保険者が解除権者に対して
支払うべき金額を解除権者に対して支払い、
かつ、保険者に対してその旨の通知をしたと
きは、同項に規定する解除は、その効力を生
じない。

3　第1項に規定する解除の意思表示が差押
えの手続又は保険契約者の破産手続、再生手
続若しくは更生手続においてされたものであ
る場合において、介入権者が前項の規定によ
る支払及びその旨の通知をしたときは、当該
差押えの手続、破産手続、再生手続又は更生
手続との関係においては、保険者が当該解除
により支払うべき金銭の支払をしたものとみ
なす。

第61条　死亡保険契約の解除により保険契約
者が保険者に対して有することとなる金銭債
権を差し押さえた債権者が前条第1項に規定
する通知をした場合において、同条第2項の
規定による支払の時に保険者が当該差押えに
係る金銭債権の支払をするとすれば民事執行
法（昭和54年法律第4号）その他の法令の規
定による供託をすることができるときは、介
入権者は、当該供託の方法により同項の規定
による支払をすることができる。

2　前項の通知があった場合において、前条
第2項の規定による支払の時に保険者が当該
差押えに係る金銭債権の支払をするとすれば
民事執行法その他の法令の規定による供託の
義務を負うときは、介入権者は、当該供託の
方法により同項の規定による支払をしなけれ
ばならない。

3　介入権者が前2項の規定により供託の方

保険法　195

法による支払をしたときは、当該供託に係る差押えの手続との関係においては、保険者が当該差押えに係る金銭債権につき当該供託の方法による支払をしたものとみなす。

4　介入権者は、第1項又は第2項の規定による供託をしたときは、民事執行法その他の法令の規定により第三債務者が執行裁判所その他の官庁又は公署に対してすべき届出をしなければならない。

第62条　第60条第1項に規定する通知の時から同項に規定する解除の効力が生じ、又は同条第2項の規定により当該解除の効力が生じないこととなるまでの間に保険事故が発生したことにより保険者が保険給付を行うべきときは、当該保険者は、当該保険給付を行うべき額の限度で、解除権者に対し、同項に規定する金額を支払わなければならない。この場合において、保険金受取人に対しては、当該保険給付を行うべき額から当該解除権者に支払った金額を控除した残額について保険給付を行えば足りる。

2　前条の規定は、前項の規定による保険者の解除権者に対する支払について準用する。

（保険料積立金の払戻し）

第63条　保険者は、次に掲げる事由により生命保険契約が終了した場合には、保険契約者に対し、当該終了の時における保険料積立金（受領した保険料の総額のうち、当該生命保険契約に係る保険給付に充てるべきものとして、保険料又は保険給付の額を定めるための予定死亡率、予定利率その他の計算の基礎を用いて算出される金額に相当する部分をいう。）を払い戻さなければならない。ただし、保険者が保険給付を行う責任を負うときは、この限りでない。

一　第51条各号（第2号を除く。）に規定する事由

二　保険者の責任が開始する前における第54条又は第58条第2項の規定による解除

三　第56条第1項の規定による解除

四　第96条第1項の規定による解除又は同条第2項の規定による当該生命保険契約の失効

（保険料の返還の制限）

第64条　保険者は、次に掲げる場合には、保険料を返還する義務を負わない。

一　保険契約者、被保険者又は保険金受取人の詐欺又は強迫を理由として生命保険契約に係る意思表示を取り消した場合

二　死亡保険契約が第39条第1項の規定により無効とされる場合。ただし、保険者が保険事故の発生を知って当該死亡保険契約の申込み又はその承諾をしたときは、この限りでない。

（強行規定）

第65条　次の各号に掲げる規定に反する特約で当該各号に定める者に不利なものは、無効とする。

一　第55条第1項から第3項まで又は第56条第1項　保険契約者又は被保険者

二　第57条又は第59条　保険契約者、被保険者又は保険金受取人

三　前2条　保険契約者

第4章　傷害疾病定額保険

第1節　成立

（告知義務）

第66条　保険契約者又は被保険者になる者は、傷害疾病定額保険契約の締結に際し、給付事由（傷害疾病による治療、死亡その他の保険給付を行う要件として傷害疾病定額保険契約で定める事由をいう。以下この章において同じ。）の発生の可能性（以下この章において「危険」という。）に関する重要な事項のうち保険者になる者が告知を求めたもの（第84条第1項及び第85条第1項において「告知事項」という。）について、事実の告知をしなければならない。

（被保険者の同意）

第67条　傷害疾病定額保険契約の当事者以外の者を被保険者とする傷害疾病定額保険契約は、当該被保険者の同意がなければ、その効力を生じない。ただし、被保険者（被保険者の死亡に関する保険給付にあっては、被保険者又はその相続人）が保険金受取人である場合は、この限りでない。

2　前項ただし書の規定は、給付事由が傷害疾病による死亡のみである傷害疾病定額保険契約については、適用しない。

（遡及保険）

第68条　傷害疾病定額保険契約を締結する前に発生した給付事由に基づき保険給付を行う旨の定めは、保険契約者が当該傷害疾病定額保険契約の申込み又はその承諾をした時において、当該保険契約者、被保険者又は保険金受取人が既に給付事由が発生していることを知っていたときは、無効とする。

2　傷害疾病定額保険契約の申込みの時より前に発生した給付事由に基づき保険給付を行う旨の定めは、保険者又は保険契約者が当該傷害疾病定額保険契約の申込みをした時において、当該保険者が給付事由が発生していないことを知っていたときは、無効とする。

（傷害疾病定額保険契約の締結時の書面交付）

第69条　保険者は、傷害疾病定額保険契約を締結したときは、遅滞なく、保険契約者に対し、次に掲げる事項を記載した書面を交付しなければならない。

一　保険者の氏名又は名称

二　保険契約者の氏名又は名称

三　被保険者の氏名その他の被保険者を特定するために必要な事項

四　保険金受取人の氏名又は名称その他の保険金受取人を特定するために必要な事項

五　給付事由

六　その期間内に傷害疾病又は給付事由が発生した場合に保険給付を行うものとして傷害疾病定額保険契約で定める期間

七　保険給付の額及びその方法

八　保険料及びその支払の方法

九　第85条第1項第1号の通知をすべき旨が定められているときは、その旨

十　傷害疾病定額保険契約を締結した年月日

十一　書面を作成した年月日

2　前項の書面には、保険者（法人その他の団体にあっては、その代表者）が署名し、又は記名押印しなければならない。

（強行規定）

第70条　第66条の規定に反する特約で保険契約者又は被保険者に不利なもの及び第68条第2項の規定に反する特約で保険契約者に不利なものは、無効とする。

第2節　効力

（第三者のためにする傷害疾病定額保険契約）

第71条　保険金受取人が傷害疾病定額保険契約の当事者以外の者であるときは、当該保険金受取人は、当然に当該傷害疾病定額保険契約の利益を享受する。

（保険金受取人の変更）

第72条　保険契約者は、給付事由が発生するまでは、保険金受取人の変更をすることができる。

2　保険金受取人の変更は、保険者に対する意思表示によってする。

3　前項の意思表示は、その通知が保険者に到達したときは、当該通知を発した時にさかのぼってその効力を生ずる。ただし、その到達前に行われた保険給付の効力を妨げない。

（遺言による保険金受取人の変更）

第73条　保険金受取人の変更は、遺言によっても、することができる。

2　遺言による保険金受取人の変更は、その遺言が効力を生じた後、保険契約者の相続人

がその旨を保険者に通知しなければ、これを
もって保険者に対抗することができない。
（保険金受取人の変更についての被保険者の
同意）
第74条　保険金受取人の変更は、被保険者の
同意がなければ、その効力を生じない。ただ
し、変更後の保険金受取人が被保険者（被保
険者の死亡に関する保険給付にあっては、被
保険者又はその相続人）である場合は、この
限りでない。
2　前項ただし書の規定は、給付事由が傷害
疾病による死亡のみである傷害疾病定額保険
契約については、適用しない。
（保険金受取人の死亡）
第75条　保険金受取人が給付事由の発生前に
死亡したときは、その相続人の全員が保険金
受取人となる。
（保険給付請求権の譲渡等についての被保険
者の同意）
第76条　保険給付を請求する権利の譲渡又は
当該権利を目的とする質権の設定（給付事由
が発生した後にされたものを除く。）は、被
保険者の同意がなければ、その効力を生じな
い。
（危険の減少）
第77条　傷害疾病定額保険契約の締結後に危
険が著しく減少したときは、保険契約者は、
保険者に対し、将来に向かって、保険料につ
いて、減少後の当該危険に対応する保険料に
至るまでの減額を請求することができる。
（強行規定）
第78条　第71条の規定に反する特約で保険金
受取人に不利なもの及び前条の規定に反する
特約で保険契約者に不利なものは、無効とす
る。

第3節　保険給付

（給付事由発生の通知）
第79条　保険契約者、被保険者又は保険金受

取人は、給付事由が発生したことを知ったと
きは、遅滞なく、保険者に対し、その旨の通
知を発しなければならない。
（保険者の免責）
第80条　保険者は、次に掲げる場合には、保
険給付を行う責任を負わない。ただし、第3
号に掲げる場合には、給付事由を発生させた
保険金受取人以外の保険金受取人に対する責
任については、この限りでない。
一　被保険者が故意又は重大な過失により給
付事由を発生させたとき。
二　保険契約者が故意又は重大な過失により
給付事由を発生させたとき（前号に掲げる場
合を除く。）。
三　保険金受取人が故意又は重大な過失によ
り給付事由を発生させたとき（前2号に掲げ
る場合を除く。）。
四　戦争その他の変乱によって給付事由が発
生したとき。
（保険給付の履行期）
第81条　保険給付を行う期限を定めた場合で
あっても、当該期限が、給付事由、保険者が
免責される事由その他の保険給付を行うため
に確認をすることが傷害疾病定額保険契約上
必要とされる事項の確認をするための相当の
期間を経過する日後の日であるときは、当該
期間を経過する日をもって保険給付を行う期
限とする。
2　保険給付を行う期限を定めなかったとき
は、保険者は、保険給付の請求があった後、
当該請求に係る給付事由の確認をするために
必要な期間を経過するまでは、遅滞の責任を
負わない。
3　保険者が前2項に規定する確認をするた
めに必要な調査を行うに当たり、保険契約
者、被保険者又は保険金受取人が正当な理由
なく当該調査を妨げ、又はこれに応じなかっ
た場合には、保険者は、これにより保険給付
を遅延した期間について、遅滞の責任を負わ

ない。
（強行規定）
第82条　前条第1項又は第3項の規定に反する特約で保険金受取人に不利なものは、無効とする。

第4節　終了

（保険契約者による解除）
第83条　保険契約者は、いつでも傷害疾病定額保険契約を解除することができる。
（告知義務違反による解除）
第84条　保険者は、保険契約者又は被保険者が、告知事項について、故意又は重大な過失により事実の告知をせず、又は不実の告知をしたときは、傷害疾病定額保険契約を解除することができる。
2　保険者は、前項の規定にかかわらず、次に掲げる場合には、傷害疾病定額保険契約を解除することができない。
一　傷害疾病定額保険契約の締結の時において、保険者が前項の事実を知り、又は過失によって知らなかったとき。
二　保険媒介者が、保険契約者又は被保険者が前項の事実の告知をすることを妨げたとき。
三　保険媒介者が、保険契約者又は被保険者に対し、前項の事実の告知をせず、又は不実の告知をすることを勧めたとき。
3　前項第2号及び第3号の規定は、当該各号に規定する保険媒介者の行為がなかったとしても保険契約者又は被保険者が第1項の事実の告知をせず、又は不実の告知をしたと認められる場合には、適用しない。
4　第1項の規定による解除権は、保険者が同項の規定による解除の原因があることを知った時から1箇月間行使しないときは、消滅する。傷害疾病定額保険契約の締結の時から5年を経過したときも、同様とする。
（危険増加による解除）

第85条　傷害疾病定額保険契約の締結後に危険増加（告知事項についての危険が高くなり、傷害疾病定額保険契約で定められている保険料が当該危険を計算の基礎として算出される保険料に不足する状態になることをいう。以下この条及び第88条第2項第2号において同じ。）が生じた場合において、保険料を当該危険増加に対応した額に変更するとしたならば当該傷害疾病定額保険契約を継続することができるときであっても、保険者は、次に掲げる要件のいずれにも該当する場合には、当該傷害疾病定額保険契約を解除することができる。
一　当該危険増加に係る告知事項について、その内容に変更が生じたときは保険契約者又は被保険者が保険者に遅滞なくその旨の通知をすべき旨が当該傷害疾病定額保険契約で定められていること。
二　保険契約者又は被保険者が故意又は重大な過失により遅滞なく前号の通知をしなかったこと。
2　前条第4項の規定は、前項の規定による解除権について準用する。この場合において、同条第4項中「傷害疾病定額保険契約の締結の時」とあるのは、「次条第1項に規定する危険増加が生じた時」と読み替えるものとする。
（重大事由による解除）
第86条　保険者は、次に掲げる事由がある場合には、傷害疾病定額保険契約を解除することができる。
一　保険契約者、被保険者又は保険金受取人が、保険者に当該傷害疾病定額保険契約に基づく保険給付を行わせることを目的として給付事由を発生させ、又は発生させようとしたこと。
二　保険金受取人が、当該傷害疾病定額保険契約に基づく保険給付の請求について詐欺を行い、又は行おうとしたこと。

保険法　199

三　前2号に掲げるもののほか、保険者の保険契約者、被保険者又は保険金受取人に対する信頼を損ない、当該傷害疾病定額保険契約の存続を困難とする重大な事由

（被保険者による解除請求）

第87条　被保険者が傷害疾病定額保険契約の当事者以外の者である場合において、次に掲げるときは、当該被保険者は、保険契約者に対し、当該傷害疾病定額保険契約を解除することを請求することができる。

一　第67条第1項ただし書に規定する場合（同項の同意がある場合を除く。）

二　前条第1号又は第2号に掲げる事由がある場合

三　前号に掲げるもののほか、被保険者の保険契約者又は保険金受取人に対する信頼を損ない、当該傷害疾病定額保険契約の存続を困難とする重大な事由がある場合

四　保険契約者と被保険者との間の親族関係の終了その他の事情により、被保険者が第67条第1項の同意をするに当たって基礎とした事情が著しく変更した場合

2　保険契約者は、前項の規定により傷害疾病定額保険契約を解除することの請求を受けたときは、当該傷害疾病定額保険契約を解除することができる。

（解除の効力）

第88条　傷害疾病定額保険契約の解除は、将来に向かってのみその効力を生ずる。

2　保険者は、次の各号に掲げる規定により傷害疾病定額保険契約の解除をした場合には、当該各号に定める事由に基づき保険給付を行う責任を負わない。

一　第84条第1項　解除がされた時までに発生した傷害疾病。ただし、同項の事実に基づかずに発生した傷害疾病については、この限りでない。

二　第85条第1項　解除に係る危険増加が生じた時から解除がされた時までに発生した傷

害疾病。ただし、当該危険増加をもたらした事由に基づかずに発生した傷害疾病については、この限りでない。

三　第86条　同条各号に掲げる事由が生じた時から解除がされた時までに発生した給付事由

（契約当事者以外の者による解除の効力等）

第89条　差押債権者、破産管財人その他の傷害疾病定額保険契約（第92条に規定する保険料積立金があるものに限る。以下この条から第91条までにおいて同じ。）の当事者以外の者で当該傷害疾病定額保険契約の解除をすることができるもの（次項及び同条において「解除権者」という。）がする当該解除は、保険者がその通知を受けた時から1箇月を経過した日に、その効力を生ずる。

2　保険金受取人（前項に規定する通知の時において、保険契約者である者を除き、保険契約者若しくは被保険者の親族又は被保険者である者に限る。次項及び次条において「介入権者」という。）が、保険契約者の同意を得て、前項の期間が経過するまでの間に、当該通知の日に当該傷害疾病定額保険契約の解除の効力が生じたとすれば保険者が解除権者に対して支払うべき金額を解除権者に対して支払い、かつ、保険者に対してその旨の通知をしたときは、同項に規定する解除は、その効力を生じない。

3　第1項に規定する解除の意思表示が差押えの手続又は保険契約者の破産手続、再生手続若しくは更生手続においてされたものである場合において、介入権者が前項の規定による支払及びその旨の通知をしたときは、当該差押えの手続、破産手続、再生手続又は更生手続との関係においては、保険者が当該解除により支払うべき金銭の支払をしたものとみなす。

第90条　傷害疾病定額保険契約の解除により保険契約者が保険者に対して有することとな

る金銭債権を差し押さえた債権者が前条第1項に規定する通知をした場合において、同条第2項の規定による支払の時に保険者が当該差押えに係る金銭債権の支払をするとすれば民事執行法その他の法令の規定による供託をすることができるときは、介入権者は、当該供託の方法により同項の規定による支払をすることができる。

2　前項の通知があった場合において、前条第2項の規定による支払の時に保険者が当該差押えに係る金銭債権の支払をするとすれば民事執行法その他の法令の規定による供託の義務を負うときは、介入権者は、当該供託の方法により同項の規定による支払をしなければならない。

3　介入権者が前2項の規定により供託の方法による支払をしたときは、当該供託に係る差押えの手続との関係においては、保険者が当該差押えに係る金銭債権につき当該供託の方法による支払をしたものとみなす。

4　介入権者は、第1項又は第2項の規定による供託をしたときは、民事執行法その他の法令の規定により第三債務者が執行裁判所その他の官庁又は公署に対してすべき届出をしなければならない。

第91条　第89条第1項に規定する通知の時から同項に規定する解除の効力が生じ、又は同条第2項の規定により当該解除の効力が生じないこととなるまでの間に給付事由が発生したことにより保険者が保険給付を行うべき場合において、当該保険給付を行うことにより傷害疾病定額保険契約が終了することとなるときは、当該保険者は、当該保険給付を行うべき額の限度で、解除権者に対し、同項に規定する金額を支払わなければならない。この場合において、保険金受取人に対しては、当該保険給付を行うべき額から当該解除権者に支払った金額を控除した残額について保険給付を行えば足りる。

2　前条の規定は、前項の規定による保険者の解除権者に対する支払について準用する。

（保険料積立金の払戻し）

第92条　保険者は、次に掲げる事由により傷害疾病定額保険契約が終了した場合には、保険契約者に対し、当該終了の時における保険料積立金（受領した保険料の総額のうち、当該傷害疾病定額保険契約に係る保険給付に充てるべきものとして、保険料又は保険給付の額を定めるための給付事由の発生率、予定利率その他の計算の基礎を用いて算出される金額に相当する部分をいう。）を払い戻さなければならない。ただし、保険者が保険給付を行う責任を負うときは、この限りでない。

一　第80条各号（第2号を除く。）に規定する事由

二　保険者の責任が開始する前における第83条又は第87条第2項の規定による解除

三　第85条第1項の規定による解除

四　第96条第1項の規定による解除又は同条第2項の規定による当該傷害疾病定額保険契約の失効

（保険料の返還の制限）

第93条　保険者は、次に掲げる場合には、保険料を返還する義務を負わない。

一　保険契約者、被保険者又は保険金受取人の詐欺又は強迫を理由として傷害疾病定額保険契約に係る意思表示を取り消した場合

二　傷害疾病定額保険契約が第68条第1項の規定により無効とされる場合。ただし、保険者が給付事由の発生を知って当該傷害疾病定額保険契約の申込み又はその承諾をしたときは、この限りでない。

（強行規定）

第94条　次の各号に掲げる規定に反する特約で当該各号に定める者に不利なものは、無効とする。

一　第84条第1項から第3項まで又は第85条第1項　保険契約者又は被保険者

二　第86条又は第88条　保険契約者、被保険者又は保険金受取人
三　前2条　保険契約者

第5章　雑則

（消滅時効）
第95条　保険給付を請求する権利、保険料の返還を請求する権利及び第63条又は第92条に規定する保険料積立金の払戻しを請求する権利は、これらを行使することができる時から3年間行使しないときは、時効によって消滅する。

2　保険料を請求する権利は、これを行使することができる時から1年間行使しないときは、時効によって消滅する。

（保険者の破産）
第96条　保険者が破産手続開始の決定を受けたときは、保険契約者は、保険契約を解除することができる。

2　保険契約者が前項の規定による保険契約の解除をしなかったときは、当該保険契約は、破産手続開始の決定の日から3箇月を経過した日にその効力を失う。

商　法（抜粋）

（明治32年法律第48号）

第 1 編　総則（第 1 条～第500条）（略）
第 2 編　商行為（第501条～第683条）（略）
第 3 編　海商
第 1 章～第 6 章（第684条～814条）（略）
第 7 章　海上保険（第815条～第841条）
第 8 章（第842条～第850条）（略）

第 7 章　海上保険

（定義等）
第815条　この章において「海上保険契約」とは、損害保険契約のうち、保険者（営業として保険の引受けを行うものに限る。以下この章において同じ。）が航海に関する事故によって生ずることのある損害を塡補することを約するものをいう。

2　海上保険契約については、この章に別段の定めがある場合を除き、保険法（平成20年法律第56号）第 2 章第 1 節から第 4 節まで及び第 6 節並びに第 5 章の規定を適用する。
（保険者の塡補責任）
第816条　保険者は、この章又は海上保険契約に別段の定めがある場合を除き、保険の目的について、保険期間内に発生した航海に関する事故によって生じた一切の損害を塡補する責任を負う。
第817条　保険者は、海難の救助又は共同海損の分担のため被保険者が支払うべき金額を塡補する責任を負う。

2　保険法第19条の規定は、前項に規定する金額について準用する。この場合において、同条中「てん補損害額」とあるのは、「商法（明治32年法律第48号）第817条第 1 項に規定

する金額」と読み替えるものとする。
（船舶保険の保険価額）
第818条　船舶を保険の目的物とする海上保険契約（以下この章において「船舶保険契約」という。）については、保険期間の始期における当該船舶の価額を保険価額とする。
（貨物保険の保険価額）
第819条　貨物を保険の目的物とする海上保険契約（以下この章において「貨物保険契約」という。）については、その船積みがされた地及び時における当該貨物の価額、運送賃並びに保険に関する費用の合計額を保険価額とする。
（告知義務）
第820条　保険契約者又は被保険者になる者は、海上保険契約の締結に際し、海上保険契約により塡補することとされる損害の発生の可能性（以下この章において「危険」という。）に関する重要な事項について、事実の告知をしなければならない。
（契約締結時に交付すべき書面の記載事項）
第821条　保険者が海上保険契約を締結した場合においては、保険法第 6 条第 1 項に規定する書面には、同項各号に掲げる事項のほか、次の各号に掲げる場合の区分に応じ、当該各号に定める事項を記載しなければならない。
一　船舶保険契約を締結した場合　船舶の名称、国籍、種類、船質、総トン数、建造の年及び航行区域（一の航海について船舶保険契約を締結した場合にあっては、発航港及び到達港（寄航港の定めがあるときは、その港を含む。））並びに船舶所有者の氏名又は名称

203

二　貨物保険契約を締結した場合　船舶の名称並びに貨物の発送地、船積港、陸揚港及び到達地

（航海の変更）

第822条　保険期間の始期の到来前に航海の変更をしたときは、海上保険契約は、その効力を失う。

2　保険期間内に航海の変更をしたときは、保険者は、その変更以後に発生した事故によって生じた損害を塡補する責任を負わない。ただし、その変更が保険契約者又は被保険者の責めに帰することができない事由によるものであるときは、この限りでない。

3　到達港を変更し、その実行に着手した場合においては、海上保険契約で定める航路を離れないときであっても、航海の変更をしたものとみなす。

（著しい危険の増加）

第823条　次に掲げる場合には、保険者は、その事実が生じた時以後に発生した事故によって生じた損害を塡補する責任を負わない。ただし、当該事実が当該事故の発生に影響を及ぼさなかったとき、又は保険契約者若しくは被保険者の責めに帰することができない事由によるものであるときは、この限りでない。

一　被保険者が発航又は航海の継続を怠ったとき。

二　被保険者が航路を変更したとき。

三　前2号に掲げるもののほか、保険契約者又は被保険者が危険を著しく増加させたとき。

（船舶の変更）

第824条　貨物保険契約で定める船舶を変更したときは、保険者は、その変更以後に発生した事故によって生じた損害を塡補する責任を負わない。ただし、その変更が保険契約者又は被保険者の責めに帰することができない事由によるものであるときは、この限りでな

い。

（予定保険）

第825条　貨物保険契約において、保険期間、保険金額、保険の目的物、約定保険価額、保険料若しくはその支払の方法、船舶の名称又は貨物の発送地、船積港、陸揚港若しくは到達地（以下この条において「保険期間等」という。）につきその決定の方法を定めたときは、保険法第6条第1項に規定する書面には、保険期間等を記載することを要しない。

2　保険契約者又は被保険者は、前項に規定する場合において、保険期間等が確定したことを知ったときは、遅滞なく、保険者に対し、その旨の通知を発しなければならない。

3　保険契約者又は被保険者が故意又は重大な過失により遅滞なく前項の通知をしなかったときは、貨物保険契約は、その効力を失う。

（保険者の免責）

第826条　保険者は、次に掲げる損害を塡補する責任を負わない。ただし、第4号に掲げる損害にあっては、保険契約者又は被保険者が発航の当時同号に規定する事項について注意を怠らなかったことを証明したときは、この限りでない。

一　保険の目的物の性質若しくは瑕疵又はその通常の損耗によって生じた損害

二　保険契約者又は被保険者の故意又は重大な過失（責任保険契約にあっては、故意）によって生じた損害

三　戦争その他の変乱によって生じた損害

四　船舶保険契約にあっては、発航の当時第739条第1項各号（第707条及び第756条第1項において準用する場合を含む。）に掲げる事項を欠いたことにより生じた損害

五　貨物保険契約にあっては、貨物の荷造りの不完全によって生じた損害

（貨物の損傷等の場合の塡補責任）

第827条　保険の目的物である貨物が損傷し、

又はその一部が減失して到達地に到着したときは、保険者は、第1号に掲げる額の第2号に掲げる額に対する割合を保険価額（約定保険価額があるときは、当該約定保険価額）に乗じて得た額を塡補する責任を負う。

一　当該貨物に損傷又は一部減失がなかったとした場合の当該貨物の価額から損傷又は一部減失後の当該貨物の価額を控除した額

二　当該貨物に損傷又は一部減失がなかったとした場合の当該貨物の価額

（不可抗力による貨物の売却の場合の塡補責任）

第828条　航海の途口において不可抗力により保険の目的物である貨物が売却されたときは、保険者は、第1号に掲げる額から第2号に掲げる額を控除した額を塡補する責任を負う。

一　保険価額（約定保険価額があるときは、当該約定保険価額）

二　当該貨物の売却によって得た代価から運送賃その他の費用を控除した額

（告知義務違反による解除）

第829条　保険者は、保険契約者又は被保険者が、危険に関する重要な事項について、故意又は重大な過失により事実の告知をせず、又は不実の告知をしたときは、海上保険契約を解除することができる。この場合においては、保険法第28条第2項（第1号に係る部分に限る。）及び第4項並びに第31条第2項（第1号に係る部分に限る。）の規定を準用する。

（相互保険への準用）

第830条　この章の規定は、相互保険について準用する。ただし、その性質がこれを許さないときは、この限りでない。

第831条から第841条まで　削除

商　法（抜粋）　205

判例索引

大審院

大審院大正 4 年12月24日判決・民録21輯2182頁·····25
大審院大正 5 年 2 月12日判決・民録22輯234頁·····170
大審院大正14年11月23日判決・民集 4 巻677頁·····20
大審院大正15年 7 月12日判決・判決全集 7 巻25号 5 頁·····170
大審院昭和 4 年12月11日判決・新聞3090号14頁·····40

最高裁判所

最高裁昭和27年 4 月25日判決・民集 6 巻 4 号451頁·····63
最高裁昭和40年 2 月 2 日判決・民集19巻 1 号 1 頁·····157
最高裁昭和42年 1 月31日判決・民集21巻 1 号77頁·····52, 53
最高裁昭和50年10月24日判決・民集29巻 9 号1417頁·····32
最高裁昭和60年 5 月23日判決・民集39巻 4 号940頁·····124
最高裁昭和62年 2 月20日判決・民集41巻 1 号159頁·····29
最高裁昭和62年 4 月23日判決・金法1169号29頁·····124, 125
最高裁昭和62年10月20日判決・民集41巻 7 号1527頁·····158
最高裁平成元年 1 月19日判決・判時1302号144頁·····108
最高裁平成 4 年 3 月13日判決・民集46巻 3 号188頁·····160
最高裁平成 5 年 3 月24日判決・民集47巻 4 号3039頁·····32
最高裁平成 5 年 3 月30日判決・民集47巻 4 号3262頁·····48, 49
最高裁平成 5 年 9 月 7 日判決・民集47巻 7 号4740頁·····160
最高裁平成 6 年 7 月13日判決・民集48巻 5 号1233頁·····160
最高裁平成11年 9 月 9 日判決・民集53巻 7 号1173頁·····19
最高裁平成13年 4 月20日判決・民集55巻 3 号682頁·····90, 181
最高裁平成13年 4 月20日判決・裁判集民202号161頁·····90
最高裁平成14年10月 3 日判決・民集56巻 8 号1706頁·····49
最高裁平成16年 3 月25日判決・民集58巻 3 号753頁·····169
最高裁平成16年 6 月10日判決・民集58巻 5 号1178頁·····49
最高裁平成16年12月13日判決・民集58巻 9 号2419頁·····91
最高裁平成18年 6 月 1 日判決・民集60巻 5 号1887頁·····93
最高裁平成18年 6 月 6 日判決・裁判集民220号391頁·····93
最高裁平成18年 9 月14日判決・裁判集民221号185頁·····93
最高裁平成19年 4 月17日判決・民集61巻 3 号1026頁·····93
最高裁平成19年 4 月23日判決・裁判集民224号171頁·····94
最高裁平成19年 7 月 6 日判決・民集61巻 5 号1955頁·····178
最高裁平成19年 7 月19日判決・生判19巻334頁·····178

最高裁平成19年10月19日判決・裁判集民226号155頁…………………………………178
最高裁平成20年2月19日判決・民集62巻2号534頁…………………………………126
最高裁平成21年6月2日判決・民集63巻5号953頁…………………………………163
最高裁平成24年2月20日判決・民集66巻2号742頁………………112, 113, 115
最高裁平成25年4月16日判決・裁判集民243号315頁…………………………………179
最高裁平成30年9月27日判決・民集72巻4号432頁…………………………………126

高等裁判所

大阪高裁平成11年12月21日判決・金判1084号44頁…………………………………154
東京高裁平成20年3月13日判決・判時2004号143頁…………………………………115
東京高裁平成21年10月28日判決・判時1324号135頁……………………………………53
大阪高裁平成27年4月23日判決・判例集未登載（LEX/DB25540916）………………154
東京高裁平成27年6月16日判決・生保26巻203頁…………………………………153
福岡高裁平成28年10月4日判決・金判1504号24頁……………………………………74
仙台高裁平成28年10月21日判決・判例集未登載（2016WLJPCA10216008）………184
仙台高裁平成29年11月24日判決・自保2022号1頁…………………………………115
広島高裁岡山支部平成30年3月22日判決・金判1546号33頁……………………71, 72
東京高裁平成30年4月25日判決・金判1552号51頁………………………112, 113

地方裁判所

神戸地裁平成10年5月21日判決・交民31巻3号709頁…………………………………113
仙台地裁平成27年10月16日判決・判例集未登載（2015WLJPCA10166007）…………184
名古屋地裁平成28年9月26日判決・判時2332号44頁…………………………………184

事項索引

あ 行

意向把握義務　16

遺　言　19, 148, 153, 158, 159

意思推定理論　25, 26, 28

一部保険　6 106, 109, 110

遺留分侵害額請求　157

医療保険　10

因果関係不存在特則　37-45, 68

受取人先死亡　159, 160, 162

受取人の同時死亡　163

営業職員　16, 17

オール・リスク保険　92, 98, 99

か 行

海外旅行保険　10

外形的事実説　93, 98-100

海商法　12, 133

海上保険　5, 6, 12, 131, 133, 135, 141, 142

解除請求　21, 149-154

介入権　7, 15, 19

学資保険　146, 150, 151, 154

家計保険　73, 74

がん保険　10

企業保険　9, 10, 74, 133

危険除斥説　49

危険選択　34, 41, 134, 141

危険測定説　35

危険の減少・増加　19, 21

技術説　105

帰属における附従性　123

期待値　3

器物損壊罪　54, 55

客観的解釈の原則　28

急激かつ偶然な外来の事故　177

給付金　10

給付事由　15, 35, 47, 48, 64, 67, 101, 145, 156,

166, 176, 177, 183

給付反対給付均等の原則　3-5

（絶対的）強行規定　13-15, 50, 76, 107, 108,

119, 120, 130, 174, 181, 182

共　済　4, 12

強制保険　9

偶　然　5, 9, 45, 49, 52, 63, 88-96, 98, 100-

102, 175, 177-183

クーリング・オフ　13

グッドリスク　4

契約継続の困難　70, 71

契約終期　21

契約自由の原則　14, 131, 140

原子力損害の賠償に関する法律（原賠法）

12, 118

原子力保険　118, 131

故意の保険事故招致　64, 67

故意免責　47-50, 52-54, 56-60, 89, 91, 95, 98,

180-182

航空保険　131

交渉力の非対称性　130-132

公序良俗　48-50, 168, 171

公保険　4, 5, 126

項目別比較法　114, 115

効力要件　16, 18, 19, 76, 80, 148, 153, 158,

159

告　知　18, 19, 35-37, 39, 40, 42-45, 132, 134,

137, 139, 141, 142

告知義務　18, 21, 34-41, 43-45, 132-141

故殺免責　166

個人賠償責任保険　117

子ども保険　10

固有権説　156, 157

ゴルファー保険　51, 57

さ 行

災害関係特約　90, 175, 177

209

財産保険　7, 50
差額説　110, 113, 114
詐　欺　5, 65, 66, 69, 70, 72, 97, 150
作成者不利の原則　28
残存物代位　6, 20, 21, 78, 104-107
三大疾病保険　10
自家保険　2
事業活動リスク　132, 133
事故説　97, 100
自己の生命の保険契約　144, 156
自己のためにする保険契約　156
自己の負担部分　20
事故発生の通知義務　20
自殺免責　47, 166-174
事情変更の原則　152
自傷免責　47, 166, 168
地震保険　9, 84
施設賠償責任保険　117, 122
実損てん補型の人保険契約　108
疾病保険　10
質問応答義務　35, 132-134, 137-139, 141
指定失効説　159, 163
指定代理請求人制度　20
指定非失効説　163
自動車損害賠償責任保険（自賠責保険）　9,
　12, 118, 126
自動車損害賠償保障法（自賠法）　9, 12, 118
自動車保険　9, 18, 29, 30, 42, 55, 56, 88, 92,
　117, 121, 122, 132, 147, 157
自発的申告義務　35, 132-135, 137-142
私保険　4, 5
射倖契約　63
車両入替　18
車両保険　9, 30, 31, 51, 55, 56, 88, 92, 93, 96,
　99, 112, 113, 121, 122
収支相等の原則　3-5
終身保険　6, 10, 21
重大解除事由　69-71, 149
重大事由（による）解除　21, 63-69, 71, 148
準共有　124, 128
純保険料　3, 61

傷害疾病　6, 7, 8, 35, 37, 39, 145, 146, 176
傷害疾病損害保険　6
傷害疾病定額保険　4, 5, 7, 8, 13-16, 19, 20,
　35, 37, 47, 48, 63-67, 89, 101, 133, 144-146,
　148, 149, 156, 166, 175, 176
傷害保険　10, 48, 89-92, 94, 101-103, 147,
　157, 175, 177, 179, 181-183
情報提供義務　16
情報の非対称性　34, 130-132
情報の偏在　34, 132
証明責任　89-95
除斥期間　68
人格権　144-146, 152, 153
信義誠実の原則（信義則）　16, 49, 50, 52, 56,
　63, 137, 168, 169, 172, 173
診　査　18
人身傷害保険　112, 114, 115, 123
親族主義　144, 145
人保険（契約）　7, 76, 108, 122, 133, 175
信頼関係（の）破壊（の法理）　63, 66, 70,
　71, 150
随伴性　123
請求権代位　20, 21, 78, 104, 105, 107-110,
　121, 123, 125
生産物賠償責任保険　117
精神疾患　170
精神障害　170
生存保険　6, 10, 57
生命保険契約　4-8, 14, 15, 18-20, 35, 63, 64,
　66, 67, 73, 90, 108, 133, 144, 146, 153, 156, 157,
　168-171, 175
生命保険契約の自殺推進機能　169
生命保険契約の不当目的利用　169
積算額比較法　114, 115
責任保険　6, 9, 15, 117-119, 121, 122,
　126-128
善意契約　63
先進医療特約　61
全　損　21, 78, 104-106
船舶油濁損害等賠償保障法　13
相続債権者　157

損益相殺　32
損害説　97-100
損害てん補　7, 10, 107, 110, 112, 113, 115
損害の発生・拡大の防止義務　20
損害保険契約　5-8 13-15, 19, 20, 35, 39, 47-
　50, 63, 64, 66, 67, 73, 76, 77, 79, 80, 88, 89, 91,
　92, 94-96, 104, 107, 108, 117, 125, 130-135,
　138-142, 175, 176

た　行

対応の原則　110, 112-116, 126
第三者のためにする保険契約　156, 163
対象事象反公益性説　53
対人対物共通のてん補限度額　122
大数の法則　3, 24, 28
タイミングリスク　3
他人の生命の保険契約　16, 144, 156
他人のためにする保険契約　156
団体生命保険　10
団体年金保険　10
中心極限定理　3, 28
超過重複保険　20
重複保険　20, 78, 106
直接請求権　118, 126
直販社員　16
D&O 保険　9
定額給付　7, 10, 82, 84, 87, 108, 175
定額給付型の人保険契約　108
定額保険　4, 6, 76
定期保険　10, 147
定型取引　26, 27, 137
定型約款　25-27, 29, 139
電話販売　16
同意主義　144, 145, 151, 153
等　級　18
特別受益の持戻し　157
賭　博　76-78, 81, 82, 84, 87, 144

な　行

内部補助　4
任意解除権　21, 149

任意規定　13-15, 18, 35, 50, 134, 135,
　137-141, 157, 174, 179, 181-183
任意保険　9
ネット販売　16
年金保険　6, 10

は　行

バッドリスク　4
反社会的勢力　68-73
反社会的勢力排除条項（反社条項）　68-74
PL 保険　9, 117
被害者優先権　118
非故意性　89, 91-95, 98, 100-102
被保険者債権　108-110
被保険者同意　7, 18, 144-148, 153
被保険者による解除請求　7, 15, 21, 148
被保険利益　5, 21, 76
不意打ち条項　25, 29, 139
不確定性　89, 92-95, 101, 102
付加保険料　3, 34
附合契約性　14, 25, 130, 131
物保険　5, 6, 21, 104
不当条項　25, 29, 139
不慮の事故　177
分　散　2, 3
分　損　104, 106
別除権　119
変額保険　10
弁済による代位　124, 125
片面的強行規定　13-15, 35, 39, 64, 69-71,
　105, 130-135, 137-141
包括条項（バスケット条項）　66, 71
法定免責事由　181
暴力団排除条項　68
ホールインワン保険　51, 56, 57
保険価額の著しい減少　19
保険給付（請求についての）詐欺　63, 64,
　150
保険給付請求権の譲渡・質入れ　19
保険給付反公益性説　53
保険業法　10, 13, 16, 17, 26, 31

事項索引　211

保険金受取人（の）変更　7, 19, 146, 148, 157-159, 164
保険金殺人　52, 53, 62
保険金請求権の譲渡・質入れ　146
保険契約者の破産等　19
保険契約者の変更　18
保険契約の終了　16, 21, 149
保険契約の譲渡　18
保険契約の成立　12, 16, 148
保険契約の申込み　16, 18
保険契約申込書　15, 25, 135-137, 139
保険集団　3, 4, 31, 172, 174
保険証券不発行　18
保険代位　20, 78, 104, 112, 113, 121, 123-125, 128
保険引受リスク　3
保険保護　27, 106
保険募集　16
保険料　2-4, 8, 10, 18, 19, 21, 28, 30-32, 34, 36, 41-43, 45, 52, 54, 62, 81, 103, 118, 132, 147, 148, 151, 156, 157, 168, 172, 174
保険料積立金　21
保証保険契約　108

ま　行

満　期　21, 150, 151

満期保険金　150, 151, 154
未成年者　146, 152-154
無理心中　50-54, 62
モラルハザード　76-78, 81, 82, 84, 87
モラルリスク　63, 64, 68, 71, 73, 81, 84, 86, 91, 100, 144-146, 151, 152, 181

や　行

役員保険（キーマン保険）　10
約款解釈　28, 29, 100, 115, 116, 179, 181-183
約款取引　24, 25
約款内容の表示義務　27
約款内容の変更　27
約款の拘束力　25, 29, 31
緩やかな対応範囲説　113
養老保険　6, 10

ら　行

利益主義　144, 145
リスク移転　2
リスク分散　3, 81
利得禁止原則　76-78, 80-87, 105, 107, 108
利得防止説　105

■執筆者一覧（担当章順）

吉澤　卓哉（よしざわ　たくや）京都産業大学法学部教授
　　第1章（共著）、第2章（共著）、第5章、第10章担当
　　主要業績　「保険先取特権の準拠法」損害保険研究81巻2号（2019年）
　　　　　　　『傷害保険の約款構造―原因事故の捉え方と2種類の偶然性を中心に―』（法律文化社、
　　　　　　　2020年）
　　　　　　　『インシュアテックをめぐる法的論点』（保険毎日新聞社、2023年）

原　弘明（はら　ひろあき）関西大学法学部教授
　　第1章（共著）、第2章（共著）、第3章、第12章、第13章、第14章担当
　　主要業績　「P2P保険と保険の法的定義」生命保険論集216号（2021年）
　　　　　　　「生命保険契約における『対価関係』とは何か」保険学雑誌661号（2023年）
　　　　　　　「神経発達症（発達障害）と医療・保険制度」生命保険論集226号（2024年）

山下　徹哉（やました　てつや）京都大学大学院法学研究科教授
　　第4章、第7章、第8章、第11章、第15章担当
　　主要業績　「重複保険における保険者間の法律関係に関する一考察」保険学雑誌641号（2018年）
　　　　　　　「傷害保険における外来性要件の判断枠組みに関する一考察」損害保険研究82巻1号
　　　　　　　（2020年）
　　　　　　　「人身傷害保険における死亡保険金請求権の帰属のあり方に関する一考察」法学論叢
　　　　　　　192巻1～6号（2023年）

野口　夕子（のぐち　ゆうこ）近畿大学法学部教授
　　第6章、第9章担当
　　主要業績　『保険契約における損害防止義務―モラル・ハザード防止機能という観点から―』（成
　　　　　　　文堂、2007年）
　　　　　　　「保険金受取人変更の意思表示―かかる行為の性質と保険契約者の意思能力―」近畿大
　　　　　　　学法学66巻3＝4合併号（2019年）
　　　　　　　「保険法51条3号における『保険金受取人』の範囲―高松高裁平成26年9月12日判決を
　　　　　　　再考する―」生命保険論集228号（2024年）

考える保険法
── 制度趣旨から見直す重要論点

2024年12月15日　初版第1刷発行

著　者　　吉澤卓哉・原　弘明
　　　　　山下徹哉・野口夕子

発行者　　畑　　光

発行所　　株式会社 法律文化社
　　　　　〒603-8053
　　　　　京都市北区上賀茂岩ヶ垣内町71
　　　　　電話 075(791)7131　FAX 075(721)8400
　　　　　https://www.hou-bun.com/

印刷：㈱冨山房インターナショナル／製本：㈱吉田三誠堂製本所
装幀：白沢　正
ISBN978-4-589-04376-4

ⓒ2024　T. Yoshizawa, H. Hara, T. Yamashita,
Y. Noguchi　Printed in Japan

乱丁など不良本がありましたら、ご連絡下さい。送料小社負担にて
お取り替えいたします。
本書についてのご意見・ご感想は、小社ウェブサイト、トップページの
「読者カード」にてお聞かせ下さい。

JCOPY　〈出版者著作権管理機構　委託出版物〉

本書の無断複写は著作権法上での例外を除き禁じられています。複写される
場合は、そのつど事前に、出版者著作権管理機構（電話 03-5244-5088、
FAX 03-5244-5089、e-mail: info@jcopy.or.jp）の許諾を得て下さい。

吉澤卓哉著

傷害保険の約款構造
―原因事故の捉え方と2種類の偶然性を中心に―

A5判・280頁・6380円

「一貫した保険金支払基準の提示を」との問題意識のもと、著者の実務経験とその理論化を手がかりに約款構造を解明、体系化を試みる。従来の学説を詳細に分析、考察し、最高裁判例では示されていない理論を提示。

竹濵 修監修／泉 裕章・矢野慎治郎
前田順平編著

保険法の新潮流
―SDGs時代における保険法の役割と諸法との交錯―

A5判・370頁・6820円

「SDGs時代に相応しいテーマ設定」「保険法と諸法との交錯」の2つの基本的視座を踏まえ、保険制度について法学的に探究した論考集。実務家の立場から、従来の研究の方法論への問題提起を含め、保険法学研究の深化へ向けて新たな知見を提起する。

山下典孝編

スタンダード商法 Ⅲ 保険法

A5判・286頁・2860円

丁寧な解説で商法の基本像とリーガルマインドを修得できるシリーズ第3巻。条文の紹介にとどまらず随所にあるコラムで重要判例や学説上の論点に触れ、理論の修得をめざす。また、実際の保険約款の内容や実務的な運用にも言及することにより、保険法を立体的に理解することができる。

多田 望・北坂尚洋編

ベーシック国際取引法

A5判・208頁・3080円

私たちの生活や仕事を成り立たせている国際取引の実態とその仕組みがどうなっているかを初学者にわかりやすく解説。設例、写真、図を交えながら基礎を学習できる。関連条文は巻末で、専門用語はコラムで取り上げる。

松岡 博編〔αブックス〕

レクチャー国際取引法〔第3版〕

A5判・300頁・3300円

問題指向型アプローチに基づく設例の具体的記述、コラムでの判例・条約・論点の解説など親しみやすさと使いやすさを追求した標準的教科書。第2版刊行後の実務や大学カリキュラムの変化に対応し、私法的規制の充実や新規立法・重要判例のフォローアップを図る。

―――法律文化社―――
表示価格は消費税10%を含んだ価格です